Wagener/Berg

Fälle zum handels- und steuerrechtlichen Jahresabschluss

Sie finden uns im Internet unter: www.kiehl.de

PRÜFUNGS*BÜCHER*
für Fachwirte und Fachkaufleute

Fälle mit Lösungen zum handels- und steuerrechtlichen Jahresabschluss

Vorbereitung auf die Bilanzbuchhalter- und Steuerfachwirteprüfung

Von

Diplom-Kaufmann Klaus Wagener
Diplom-Kauffrau Juliane Berg

3., erweiterte und aktualisierte Auflage

ISBN 13: 978 3 470 **51473** 4
ISBN 10: 3 470 **51473** 9 · 2006

© Friedrich Kiehl Verlag GmbH, Ludwigshafen (Rhein) 2000
Das Werk und seine Teile sind urheberrechtlich geschützt. Jede Nutzung in anderen als den gesetzlich zugelassenen Fällen bedarf der vorherigen schriftlichen Einwilligung des Verlages. Hinweis zu § 52a UrhG: Weder das Werk noch seine Teile dürfen ohne eine solche Einwilligung eingescannt und in ein Netzwerk eingestellt werden. Dies gilt auch für Intranets von Schulen und sonstigen Bildungseinrichtungen.
Druck: Druckpartner Rübelmann, Hemsbach – mü

Vorwort zur 3. Auflage

Sämtliche Fälle der 3. Auflage dieses Lehrbuchs wurden aufgrund der zahlreichen gesetzlichen Änderungen überarbeitet und an den Rechtsstand zum 31.12.2005 angepasst. Die Zahl der aus den Vorauflagen resultierenden Fälle wurde zu Gunsten einer Darstellung zusätzlicher Bilanzierungsthematiken gestrafft. Die Kerngebiete der Bilanzierung nach Handels- und Steuerrecht haben wir konkret um die Thematik „Wechsel der Gewinnermittlungsart", „Kapitalangleichung nach einer Betriebsprüfung" sowie um die Thematik der „Bilanzanalyse" erweitert. Der dem Anhang dieses Buchs beigefügte DATEV-Kontenrahmen SKR 03 weist die Buchungskonten des Jahres 2006 aus. Wir hoffen damit dem interessierten Leser mit der 3. Auflage eine nochmals verbesserte Fallsammlung zur Examensvorbereitung an die Hand geben zu können.

Siegen, im Frühjar 2006

Steuerberater, Dipl.-Kfm.
Klaus Wagener

Steuerberaterin, Dipl.-Kffr.
Juliane Berg

Vorwort zur 1. Auflage

Vorliegende Fallsammlung (mit Lösungen) behandelt die wesentlichen Bereiche der handels- und steuerrechtlichen Bilanzierung und dient als Kurzwiederholung im Hinblick auf die Vorbereitung zur Bilanzbuchhalter- und Steuerfachwirteprüfung sowie für Studierende an Universitäten und Fachhochschulen insbesondere mit dem Interessenschwerpunkt „Steuerlehre" sowie „Betriebswirtschaftliche Steuerlehre".

Die Fälle wurden so ausgewählt, dass der Bearbeiter/die Bearbeiterin sowohl rechnerische Lösungen als auch – im Hinblick auf die mündliche Prüfung – Lösungen mit erklärendem Charakter findet. Der Aufbau der Falllösungen hat den Anspruch, in einem ersten Schritt die handelsrechtliche Bilanzierungsweise darzulegen. Daran anschließend wird die Bilanzierung nur nach steuerrechtlichen Grundsätzen aufgezeigt. In einem weiteren Schritt erfolgt eine Erörterung der steuerbilanziellen Lösung mit Blick auf die Maßgeblichkeitsregeln der Handels- für die Steuerbilanz. In einem letzten Kapitel werden die Grundzüge der deutschen Konzernrechnungslegung mit Bezügen zur internationalen Rechnungslegung aufgezeigt.

Die praktische Umsetzung der gefundenen Lösung im Jahresabschluss wird durch die Angabe von Buchungssätzen fallweise unterstützt. Wesentliche Kernaussagen sowie Anmerkungen zu einzelnen Bilanzierungsproblematiken werden im Rahmen der Lösung gesondert durch Umrandungen hervorgehoben. Die Vermerke haben lediglich erläuternden Charakter und sind daher nicht unmittelbarer Bestandteil der Falllösung.

Siegen, im Sommer 2000

Dipl.-Kfm. Klaus Wagener
IHK-Dozent in der Bilanzbuchhalterausbildung

Dipl.-Kffr. Juliane Berg

Benutzerhinweis

Alle Fälle sind grundsätzlich auf Basis des Rechtsstands 2005 zu lösen, es sei denn, es ist ausdrücklich durch Klammerhinweis auf einen alten Rechtsstand Bezug genommen. Die Datumsangaben, z. B. 30.06.01, sind **Periodenangaben**, keine Jahreszahlangaben, sodass auch hier grundsätzlich immer der Rechtsstand 2005 gelten soll.

Die Darstellung der Buchungssätze orientiert sich an folgender Schreibweise: „Soll-Konto | Haben-Kto"; sprich: Soll-Konto an Haben-Konto. Entsprechendes gilt auch für zusammengesetzte Buchungssätze. Den jeweiligen Buchungskonten sind numerische Kontierungen nach dem DATEV-Kontenrahmen SKR 03 vorangestellt. Der DATEV-Kontenrahmen ist als Anhang diesem Buch beigefügt. Dem in der Finanzbuchführung noch Unerfahrenen empfehlen wir, die in den Falllösungen dargestellten Buchungen anhand des Kontenrahmens nachzuvollziehen.

Inhaltsverzeichnis

A. Buchführungs- und Abschlusspflichten 11

Fall 1: Buchführungspflicht Einzelunternehmen... 11
Fall 2: Buchführungspflicht Gesellschaften... 13
Fall 3: Gewinnermittlungsarten.. 14
Fall 4: Wechsel der Gewinnermittlungsart von Einnahmen-Überschuss-Rechnung nach Betriebsvermögensvergleich.. 16
Fall 5: Wechsel der Gewinnermittlungsart von Betriebsvermögensvergleich nach Einnahmen-Überschuss-Rechnung 18

B. Bilanzielle Grundprinzipien 21

Fall 6: Maßgeblichkeitsregeln 21
Fall 7: Steuerbilanzielle Wirkungsweisen von handelsrechtlichen Aktivierungs- und Passivierungswahlrechten.. 22

C. Bilanzierung dem Grunde und der Höhe nach 25

I. Wirtschaftsgut – Vermögensgegenstand 25

Fall 8: Materielles Wirtschaftsgut... 25
Fall 9: Immaterielles Wirtschaftsgut 27

II. Zurechnung Wirtschaftsgut – Vermögensgegenstand 29

Fall 10: Sicherungsübereignung... 29
Fall 11: Leasing 30
Fall 12: Factoring 34
Fall 13: Sachliche Zurechnung 36

III. Bilanzierungshilfen 41

Fall 14: Charakterisierung von Bilanzierungshilfen 41
Fall 15: Ursache für Steuerlatenzen 41
Fall 16: Aufwendungen für die Ingangsetzung und Erweiterung des Geschäftsbetriebs 43
Fall 17: Aktive latente Steuern 45

IV. Anlagevermögen 47

1. Anschaffungskosten 47

Fall 18: Ermittlung der Anschaffungskosten 47

Fall 19: Entnahme und Einlage 49
Fall 20: Anteile an einer Kapitalgesellschaft 52
Fall 21: Bewertung von Gebäuden 54
Fall 22: Investitionszuschüsse... 55
Fall 23: Derivativer Geschäfts- oder Firmenwert 57

2. Herstellungskosten 59

Fall 24: Umfang der Herstellungskosten... 59
Fall 25: Herstellungsaufwand und Instandhaltungsaufwand bei Gebäuden 63
Fall 26: Anschaffungsnaher Herstellungsaufwand bei Gebäuden 65
Fall 27: Leerkosten und Ermittlung der Herstellungskosten 65

3. Abschreibungen 67
Fall 28: Planmäßige und außerplanmäßige Abschreibung bei
        Personenunternehmen 67
Fall 29: Außerplanmäßige Abschreibung bei Kapitalgesellschaften................ 72
Fall 30: Geringwertige Wirtschaftsgüter 74
Fall 31: Nicht abnutzbarer Vermögensgegenstand im Anlagevermögen 76
Fall 32: Abschreibemethoden des abnutzbaren Anlagevermögens 79
Fall 33: Geometrisch-degressive Abschreibung... 82
Fall 34: Ansparabschreibung und Sonderabschreibung 82
Fall 35: Wertansatz einer Maschine in der Handelsbilanz im Falle
        der Inanspruchnahme von Sonderabschreibungen 87

V. Umlaufvermögen 88

1. Inventur- und Bewertungsvereinfachungen 88

Fall 36: Inventurerleichterung... 88
Fall 37: Festbewertung 90
Fall 38: Gruppenbewertung... 93
Fall 39: Sammelbewertung... 94

2. Anschaffungskosten und Wertberichtigungen 96

Fall 40: Immaterieller Vermögensgegenstand.. 96
Fall 41: Einzelwertberichtigung auf Forderungen 97
Fall 42: Pauschalwertberichtigung von Forderungen 100

VI. Rechnungsabgrenzungsposten 103

Fall 43: Rechnungsabgrenzungsposten... 103
Fall 44: Sonderleasingzahlung 106
Fall 45: Disagio.. 107

VII. Eigenkapital und Sonderposten mit Rücklageanteil ... 110

Fall 46: Ausstehende Einlagen ... 110
Fall 47: Reinvestitionsrücklage nach § 6 b EStG ... 114

VIII. Rückstellungen ... 118

Fall 48: Verbindlichkeitsrückstellungen ... 118
Fall 49: Drohverlustrückstellungen bei Absatz und Beschaffungsgeschäften ... 121
Fall 50: Rückstellung für latente Steuern ... 125
Fall 51: Rückstellungen für Rückbauverpflichtung ... 127

IX. Verbindlichkeiten ... 129

Fall 52: Umsatzsteuer auf erhaltene Anzahlungen ... 129
Fall 53: Verbindlichkeiten in ausländischer Währung ... 131
Fall 54: Umsatzsteuer ... 133

D. Gewinn- und Verlustrechnung ... 137

Fall 55: GuV nach dem Gesamtkostenverfahren ... 137
Fall 56: GuV nach dem Umsatzkostenverfahren ... 139
Fall 57: Gesamtkosten- und Umsatzkostenverfahren im Falle der Aktivierung von Teilherstellungskosten ... 140
Fall 58: Nicht abzugsfähige Betriebsausgaben ... 141

E. Mitunternehmerschaften ... 143

Fall 59: Steuerliche Ergänzungsbilanzen ... 143
Fall 60: Gründung einer Personenhandelsgesellschaft sowie Gesellschafterwechsel ... 144
Fall 61: Übertragung von Veräußerungsgewinnen i.s.d. § 6 b EStG aus dem Sonderbetriebsvermögen in das Gesamthandsvermögen ... 147
Fall 62: Jahresabschluss der GmbH & Co. KG ... 150

F. Umstrukturierungen von Unternehmen ... 153

Fall 63: Systematik Umwandlungssteuergesetz ... 153
Fall 64: Umwandlung einer Kapitalgesellschaft in eine Personenhandelsgesellschaft ... 154
Fall 65: Einbringung in eine Personengesellschaft ... 157

G. Bilanzanpassungsbuchungen ... 161

Fall 66: Kapitalangleichung nach Betriebsprüfung bei Einzelunternehmen ... 161

Fall 67: Kapitalangleichung nach Betriebsprüfung bei
Kapitalgesellschaften 163

H. Bilanzanalyse 167

Fall 68: Kennzahlenrechnung 167
Fall 69: Fallstudie zur Bilanzanalyse 174

I. Konzernabschlüsse 179

Fall 70: Aufstellung eines Konzernabschlusses 179
Fall 71: Stufenkonzeption im Konzernabschluss 180
Fall 72: Vollkonsolidierung 182

J. Internationale Rechnungslegung 187

Fall 73: Systeme internationaler Rechnungslegungsgrundsätze 187
Fall 74: Anwendungsbereich der IFRS in der deutschen Rechnungslegung 189

DATEV-Kontenrahmen SKR 03 191

Stichwortverzeichnis 215

A. Buchführungs- und Abschlusspflichten

Fall 1: Buchführungspflicht Einzelunternehmen

Wilhelm Busch betreibt seit dem Jahre 01 in Siegen einen kleinen Getränkemarkt. Eine Handelsregistereintragung hat bisher nicht stattgefunden. Das Finanzamt stellt im Jahre 03 durch Mitteilung an Herrn Busch fest, dass der Gewinn aus dem Handel mit Getränken im Wirtschaftsjahr 02 erstmals die Schwelle von 30.000,00 EUR überschritten hat.
Fallabwandlung: Herr Busch unterhält in Siegen mehrere Getränkemarktfilialen.

Herr Busch, der bisher jegliche Abgabe von Steuererklärungen für überflüssig ansah, reichte schließlich nach mehrmaliger Aufforderung durch das Finanzamt erstmals in 03 seine Einkommensteuererklärung für die Jahre 01-02 ein. In diesem Zusammenhang wendet sich Herr Busch mit der Frage an Sie, ob er mit seinem(n) Getränkemarkt (Filialen) der gesetzlichen Buchführungspflicht unterliegt. Wie ist die Rechtslage?

Lösung:

Wilhelm Busch könnte Kaufmann nach § 1 Abs. 2 HGB sein, da er Waren einkauft und weiterveräußert und damit ein Gewerbe betreibt. Voraussetzung für die Kaufmannseigenschaft nach § 1 HGB ist, dass ein Handelsgewerbe vorliegt. Handelsgewerbe ist jeder Gewerbebetrieb, es sei denn, dass das Unternehmen nach Art oder Umfang einen in kaufmännischer Weise eingerichteten Geschäftsbetrieb nicht erfordert.

Kennzeichen einer *Erfordernis* kaufmännischer Einrichtungen sind bezüglich der/des

(1) „Art" der Geschäftstätigkeit: Vielfalt der zum Verkauf angebotenen Erzeugnisse und Leistungen, das Vorliegen einer grenzüberschreitenden Tätigkeit, die Schwierigkeit der Geschäftsvorfälle, die Art und Weise der betrieblichen Organisation sowie die Art und der Umfang der Buch- und Kontenführung,

(2) „Umfanges" der Geschäftstätigkeit: Höhe des Umsatzes, Zahl der Betriebsstätten, Mitarbeiterzahl, die Höhe des Anlage- und Betriebskapitals sowie die Höhe der Lohnsumme.

> Wichtig ist in diesem Zusammenhang, dass nur die *Erfordernis* kaufmännischer Einrichtungen bejaht werden muss. Ob der Unternehmer bei Feststellung einer Erfordernis kaufmännischer Einrichtungen auch tatsächlich solche führt, ist für die Beurteilung **un**erheblich.

Daraus ergibt sich, dass Wilhelm Busch mit seinem Geschäft nicht die Voraussetzungen des § 1 Abs. 2 HGB erfüllt. Er ist folglich kein Istkaufmann. Wegen der fehlenden Handelsregistereintragung ist Herr Busch damit auch kein Kannkaufmann nach § 2 HGB, da die Handelsregistereintragung hier Voraussetzung für die Erlangung der Kaufmannseigenschaft ist (konstitutive Wirkung der Eintragung). Da Herr Busch ebenso kein Kaufmann nach den §§ 3 bzw. 6 HGB ist, ergibt sich, dass Herr Busch keine Kaufmannseigenschaft innehat.

Als Nichtkaufmann unterliegt Herr Busch aus vorgenanntem Grunde nicht den Vorschriften der §§ 238 ff. HGB und damit keiner Buchführungspflicht nach Handelsrecht. Das Steuerrecht schließt sich dieser Lösung zunächst über § 140 AO an. Eine Buchführungspflicht nur aufgrund steuerrechtlicher Vorschriften könnte sich für Herrn Busch aber aus § 141 Abs. 1 AO ergeben.

> Voraussetzungen für eine nur steuerliche Buchführungspflicht gewerblicher Unternehmer gem. § 141 Abs. 1 AO ist das Überschreiten einer der nachstehenden Größen durch Feststellung des Finanzamts:
> - Umsätze i. S. des § 141 Abs. 1 S. 1 Nr. 1 AO von > 350.000,00 EUR
>   **oder**
> - einen Gewinn von > 30.000,00 EUR.

Da das Finanzamt festgestellt hat, dass der Gewinn aus dem „Saftladen" die maßgebliche Schwelle von 30.000,00 EUR überschritten hat, unterliegt Herr Busch gem. § 141 Abs. 1 S. 1 AO der Buchführungspflicht.

> In einem solchen Falle aber könnte gem. § 148 AO eine Freistellung von der Buchführungspflicht beantragt werden. Soweit die Aufgabenstellung keine diesbezüglichen Angaben macht, darf in der Lösung von Ihnen auch nicht auf das Vorliegen eines solchen Antrages geschlossen werden.

Da die Mitteilung des Finanzamts Herrn Busch in 03 erreicht, unterliegt er mit seinem Geschäft ab dem 01.01.04 der steuerlichen Buchführungspflicht, § 141 Abs. 2 S. 1 AO.

Lösung Fallabwandlung:

Da Herr Busch mehrere Filialen in Siegen unterhält, folgt daraus aufgrund des Umfanges seines Unternehmens, dass ein kaufmännischer Geschäftsbetrieb erforderlich ist. Damit ist Herr Busch Kaufmann nach § 1 Abs. 2 HGB.

Istkaufleute unterliegen den Vorschriften zur Führung von Handelsbüchern und damit auch einer handelsrechtlichen Buchführungspflicht entsprechend § 238 Abs. 1 S. 1 HGB. Diese Buchführungspflicht hat Herr Busch gem. § 140 AO auch für steuerliche Zwecke zu erfüllen.

Fall 2: Buchführungspflicht Gesellschaften

Die Gesellschafter Katz und Maus beschließen die Gründung einer Großhandels-OHG. Da sich die beiden über die Frage der Buchführungspflicht der OHG nicht einig werden, beschließen diese, sich fachkundigen Rat einzuholen.

(1) Wie muss die Antwort auf die Frage der Gesellschafter richtigerweise ausfallen?

(2) Ändert sich an der zu Frage (1) gefundenen Lösung etwas, wenn die Gesellschafter statt einer OHG eine Kommanditgesellschaft (KG) gründen wollen?

(3) Ändert sich an der zu Frage (1) gefundenen Lösung etwas, wenn die Gesellschafter nicht eine OHG sondern eine Gesellschaft mit beschränkter Haftung (GmbH) zu gründen beabsichtigen?

(4) Wie würden Sie entscheiden, wenn es sich bei der OHG um eine rein vermögensverwaltende Gesellschaft handelt?

Lösung:

Zu (1):

Eine offene Handelsgesellschaft ist als Handelsgesellschaft Kaufmann (vgl. § 6 Abs. 1 HGB), soweit ein Handelsgewerbe vorliegt, dass nach Art oder Umfang einen in kaufmännischer Weise eingerichteten Geschäftsbetrieb erfordert. Aus der Großhandelstätigkeit folgt zunächst, dass wegen des damit verbundenen Umfangs an organisatorischen Einrichtungen etc. ein in kaufmännischer Weise eingerichteter Geschäftsbetrieb erforderlich ist.

Die Pflicht zur Buchführung erwächst daher für die Gesellschaft konkret aus § 238 Abs. 1 S. 1 HGB. Das Steuerrecht übernimmt die Buchführungspflicht entsprechend der Regelung des § 140 AO.

Zu (2):

Wird die Großhandelstätigkeit in der Rechtsform der Kommanditgesellschaft betrieben, hat dies keine Auswirkungen auf die zu (1) gefundene Lösung, da die KG ebenfalls eine Handelsgesellschaft i. S. des § 6 Abs. 1 HGB darstellt.

Zu (3):

Den Charakter einer Handelsgesellschaft und damit die Erlangung der Kaufmannseigenschaft erreichen Kapitalgesellschaften kraft gesetzlicher Fiktion. Anknüpfungspunkt hierfür ist in Bezug auf Aktiengesellschaften § 3 Abs. 1 AktG; für die Gesellschaft mit beschränkter Haftung ergibt sich die Eigenschaft einer Handelsgesellschaft aus § 13 Abs. 3 GmbHG. Nach § 6 Abs. 2 HGB liegt die Kaufmannseigenschaft selbst dann vor, wenn die Voraussetzungen des § 1 Abs. 2 HGB – also Vorliegen eines Gewerbebetriebs, der einen nach Art oder Umfang in kaufmännischer Weise eingerichteten Geschäftsbetriebs erfordert – nicht erfüllt sind. Unternehmen in der Rechtsform der GmbH, AG oder KGaA sind also auch in den Fällen Formkaufmann, wenn das von ihnen betriebene Unternehmen kleingewerblichen oder auch nichtgewerblichen Charakter hat. Eine freiberuflich tätige Kapitalgesellschaft (z.B. Steuerberatungs-GmbH) ist deshalb Formkaufmann.

Die GmbH unterliegt damit immer sowohl handels- als auch steuerrechtlich der Buchführungspflicht.

Zu (4):

Die zentrale Frage für die Beurteilung der Buchführungspflicht ist, ob die vermögensverwaltende Gesellschaft einen Gewerbebetrieb i. S. d. § 1 Abs. 2 HGB betreibt. Ausgangspunkt für die Einschätzung ist in diesem Falle § 105 Abs. 2 HGB. Diese Bestimmung spricht einem solchen Unternehmen die Eigenschaft eines Gewerbebetriebes zu. § 105 Abs. 2 HGB besagt nämlich, dass eine Gesellschaft, die nur eigenes Vermögen verwaltet, eine OHG ist, wenn sie ins Handelsregister eingetragen ist. Gleiches gilt für eine Immobilien-KG (§ 161 Abs. 2 HGB). Ist die Immobilien-Gesellschaft folglich ins Handelsregister eingetragen, so unterliegt sie sowohl handelsrechtlich (§ 238 ff. HGB) als auch steuerrechtlich (§ 140 AO) der Buchführungspflicht.

Fall 3: Gewinnermittlungsarten

Nachdem die Frage der Buchführungspflicht von Wilhelm Busch (vgl. Fall 1) geklärt ist, fragt dieser bei Ihnen an, welche Gewinnermittlungsart er für die Jahre 01-03 seinen Jahresabschlüssen zu Grunde legen muss (kann). Welche Antwort müsste Herr Busch richtigerweise von Ihnen erhalten?

Lösung:

Da Herr Busch mit seinem kleinen Getränkemarkt in den Jahren 01-03 Nichtkaufmann ist, bedeutet dies zunächst aus handelsrechtlicher Sicht, dass dieser keine Bilanz aufstellen muss. Steuerrechtlich eröffnet sich diesem ein Wahlrecht, den Gewinn entweder durch Aufstellung einer

Fall 3 15

▷ Einnahmen-Überschuss-Rechnung gem. § 4 Abs. 3 EStG oder durch
▷ Betriebsvermögensvergleich nach § 5 EStG i. V. m. § 4 Abs. 1 EStG

zu ermitteln.

> Die Einnahmen-Überschuss-Rechnung (auch 4/3-Rechnung oder kurz: Überschussrechnung genannt) ist eine rein steuerliche Gewinnermittlung. Sie ist dadurch gekennzeichnet, dass lediglich die Betriebseinnahmen den Betriebsausgaben gegenübergestellt werden. Die Zuordnung der Einnahmen und Ausgaben erfolgt hierbei nach dem Zu- und Abflussprinzip gem. § 11 EStG.
>
> Die Gewinnermittlung durch Betriebsvermögensvergleich erfolgt unter Berücksichtigung der nachstehenden Rechnung. Hier erfolgt die Zuordnung der Betriebseinnahmen und -ausgaben entsprechend der wirtschaftlichen Zugehörigkeit:
>
>   Betriebsvermögen am Schluss des Wirtschaftsjahres (Wj.)
> ./. Betriebsvermögen am Schluss des vorangegangenen Wj.
>
> = Betriebsvermögenszuwachs/-abnahme
> + Entnahmen
> ./. Einlagen
>
> = Gewinn bzw. Verlust

Da Herr Busch durch die Aufforderung des Finanzamtes ab dem 01.01.04 der Buchführungspflicht unterliegt, muss Herr Busch zugleich zwingend seinen Steuerbilanzgewinn nach § 5 EStG ermitteln.

Lösung Fallabwandlung:

Unterhält Herr Busch in Siegen gleich mehrere Getränkemarktfilialen (siehe Abwandlung von Fall 1) konnten Sie bereits oben feststellen, dass Herr Busch die Stellung eines Istkaufmanns nach § 1 HGB innehat. Als Istkaufmann unterliegt er der handelsrechtlichen Abschlusspflicht gem. § 242 HGB.

Diese aus Sicht des Steuerrechts sich ergebende Rechnungslegungspflicht aus „anderen Gesetzen" wird über § 140 AO in das Steuerrecht übernommen. Für die steuerliche Gewinnermittlung bedeutet dies, dass Herr Busch aufgrund der gesetzlichen Vorschrift des § 242 HGB i. V. mit § 140 AO zwingend seinen Gewinn nach § 5 EStG durch Betriebsvermögensvergleich ermitteln muss.

Fall 4: Wechsel der Gewinnermittlungsart von Einnahmen-Überschuss-Rechnung zu Betriebsvermögensvergleich

Der Gewerbetreibende Wilhelm Busch hat bislang seinen Gewinn durch Einnahmen-Überschuss-Rechnung gemäß § 4 Abs. 3 EStG ermittelt. Ab dem 01.01.02 ermittelt er seinen Gewinn durch Betriebsvermögensvergleich gem. § 4 Abs. 1 EStG.

Im Zeitpunkt des Wechsels der Gewinnermittlungsart

(1) betragen seine Forderungen aus Lieferungen und Leistungen 10.000,00 EUR zzgl. 16 % Umsatzsteuer,

(2) betragen seine Verbindlichkeiten aus Lieferungen und Leistungen 5.000,00 EUR zzgl. 16 % Umsatzsteuer,

(3) beträgt die Umsatzsteuerzahllast 1.000,00 EUR,

(4) beträgt sein Warenbestand 4.000,00 EUR.

Herr Busch versteuert seine Umsätze nach vereinnahmten Entgelten gem. § 20 Abs. 1 S. 1 Nr. 1 UStG.

Welche Besonderheiten hat Herr Busch aufgrund des Wechsels der Gewinnermittlungsart zu berücksichtigen und wie lauten die zugehörigen Buchungssätze in der Eröffnungsbilanz 01.01.02?

Lösung:

Der Übergang von der Einnahmen-Überschuss-Rechnung zur Gewinnermittlung durch Betriebsvermögensvergleich erfordert die Berücksichtigung von Gewinnberichtigungen für solche Geschäftsvorfälle, die einerseits im Rahmen der Einnahmen-Überschuss-Rechnung nicht zu berücksichtigen waren und ohne eine gesonderte Betrachtung zu keiner Erfolgsauswirkung im Rahmen des Betriebsvermögensvergleichs führen sowie andererseits bei der Einnahmen-Überschuss-Rechnung bereits berücksichtigt wurden und ohne eine gesonderte Betrachtung im Rahmen des Betriebsvermögensvergleichs eine nochmalige Erfolgsauswirkung auslösen würden. Durch diese Gewinnkorrekturen ist gewährleistet, dass beide Gewinnermittlungsarten zu gleichem Totalgewinn führen.

Der Wechsel von der Einnahmen-Überschuss-Rechnung zum Betriebsvermögensvergleich kommt in Betracht:

- weil die Voraussetzungen des § 140 AO erfüllt sind oder die Grenzen des § 141 AO überschritten wurden und eine Aufforderung der Finanzbehörde vorliegt, den Gewinn durch Betriebsvermögensvergleich zu ermitteln,

- bei Betriebsveräußerung oder Betriebsaufgabe (vgl. R 16 Abs. 7 EStR 2003),
- wegen eines freiwilligen Wechsels zur Gewinnermittlung durch Betriebsvermögensvergleich.

Herr Wilhelm Busch hat daher folgende Besonderheiten wegen des Wechsels der Gewinnermittlungsart zu berücksichtigen:

Zu (1):

Die Entstehung der Forderungen im Übergangszeitpunkt haben ihre Ursache darin, dass Herr Busch im Jahr 01 Leistungen ausgeführt hat, denen bis zum 31.12.01 aber noch keine Zahlungen gegenüberstehen. Mangels Vereinnahmung waren diese Forderungen daher in der Einnahmen-Überschuss-Rechnung nicht zu berücksichtigen.

Im Zeitpunkt des Wechsels der Gewinnermittlungsart hat Herr Busch die Forderungen und die Umsatzsteuerverbindlichkeiten in der Eröffnungsbilanz 01.01.02 auszuweisen. Dies erfolgt über nachstehende Buchungssätze:

				Soll	Haben
1400	Forderungen aus Lieferungen und Leistungen	9000	Saldenvorträge, Sachkonten	11.600,00	11.600,00

Die spätere Bezahlung der Forderungen führt im Rahmen des Betriebsvermögensvergleichs zu einer erfolgsneutralen Vereinnahmung.

Damit wirken sich die Forderungen weder in der Einnahmen-Überschuss-Rechnung noch im Rahmen des Betriebsvermögensvergleichs erfolgswirksam aus. Um eine Nichterfassung der Erfolgswirkung zu vermeiden, muss dem Ergebnis des Jahres 02 außerbilanziell 10.000,00 EUR hinzugerechnet werden.

Zu (2):

Die Verbindlichkeiten aus Lieferungen und Leistungen haben mangels Zahlung im Rahmen der Einnahmen-Überschuss-Rechnung zu keiner Erfolgsauswirkung geführt. Die Zahlung der Verbindlichkeiten hat erfolgsneutrale Wirkung, da die Verbindlichkeit in die Eröffnungsbilanz 01.01.02 eingestellt wurde.

Das Ergebnis des Jahres 02 ist deshalb außerbilanziell um 5.000,00 EUR zu mindern.

In der Eröffnungsbilanz 01.01.02 hat Herr Busch zu buchen:

				Soll	Haben
9000	Saldenvorträge, Sachkonten	1600	Verbindlichkeiten aus Lieferungen und Leistungen	5.800,00	5.800,00

Zu (3):

Die Entstehung der Umsatzsteuerzahllast beruht darauf, dass die Umsatzsteuer die abzugsfähige Vorsteuer übersteigt. Im Rahmen der Einnahmen-Überschuss-Rechnung hat die Umsatzsteuer zu Betriebseinnahmen und die Vorsteuer zu Betriebsausgaben geführt. Auf die Totalperiode hin betrachtet, darf die Umsatzsteuer zu keinen Erfolgswirkungen führen. Da die Umsatzsteuerzahllast in der Eröffnungsbilanz 01.01.02 als Verbindlichkeit aufgenommen wurde und die Zahlung an das Finanzamt erfolgsneutrale Wirkung hat, würde keine Korrektur der im Jahr 01 erfolgten Gewinn mindernden Wirkung eintreten. Aus diesem Grunde hat für das Jahr 02 eine außerbilanzielle Kürzung des Ergebnisses zu erfolgen.

In der Eröffnungsbilanz ist zu buchen:

				Soll	Haben
9000	Saldenvorträge Sachkonten	1700	Sonstige Verbindlichkeiten	1.000,00	1.000,00

Zu (4):

Der Warenbestand ist der auf Lager befindliche Bestand an fertigen und unfertigen Erzeugnissen. Im Rahmen der Einnahmen-Überschuss-Rechnung hat der Einkauf der Waren im Zeitpunkt der Bezahlung zu Betriebsausgaben geführt. Da der Warenbestand in die Eröffnungsbilanz aufzunehmen ist und der spätere Verbrauch dieser Waren über den Wareneinsatz in die Gewinn- und Verlustrechnung einfließt, würde ohne eine Ergebniskorrektur der Warenbestand doppelt im Aufwand verhaftet sein. Aus diesem Grunde hat eine außerbilanzielle Hinzurechnung des Warenbestandes zu erfolgen.

				Soll	Haben
3980	Bestand Waren	9000	Saldovorträge Sachkonten	4.000,00	4.000,00

Ergebnis aus Wechsel der Gewinnermittlungsart:

(1) + 10.000,00
(2) ./. 5.000,00
(3) ./. 1.000,00
(4) + 4.000,00
= 8.000,00

Dieser Übergangsgewinn ist abzugrenzen von dem laufenden Ergebnis des Jahres 02, da Verteilung über 3 Jahre möglich, um steuerliche Härten zu vermeiden.

Fall 5: Wechsel der Gewinnermittlungsart von Betriebsvermögensvergleich zu Einnahmen-Überschuss-Rechnung

Der Gewerbetreibende Wilhelm Busch hat bislang seinen Gewinn durch Betriebsvermögensvergleich gemäß § 4 Abs. 1 EStG ermittelt. Ab dem 01.01.02 ermittelt er seinen Gewinn durch Einnahmen-Überschuss-Rechnung gem. § 4 Abs. 3 EStG.

Im Zeitpunkt des Wechsels der Gewinnermittlungsart

(1) betragen seine Forderungen aus Lieferungen und Leistungen 10.000,00 EUR zzgl. 16 % Umsatzsteuer,

(2) betragen seine Verbindlichkeiten aus Lieferungen und Leistungen 5.000,00 EUR zzgl. 16 % Umsatzsteuer,

(3) beträgt die Umsatzsteuerzahllast 1.000,00 EUR,

(4) beträgt sein im Jahr 01 bezahlter Warenbestand 4.000,00 EUR.

Die Zahlung zu a) bis c) erfolgt im Jahr 02.

Welche Besonderheiten hat Herr Busch aufgrund des Wechsels der Gewinnermittlungsart zu berücksichtigen?

Lösung:

Der Übergang von dem Betriebsvermögensvergleich zur Einnahmen-Überschuss-Rechnung erfordert sowohl die Berücksichtigung von Gewinnberichtigungen für solche Geschäftsvorfälle, die bereits ihren Niederschlag in der Bilanzbuchhaltung gefunden haben und sich nochmals in der Einnahmen-Überschuss-Rechnung auswirken als auch die Berücksichtigung von solchen Geschäftsvorfällen, die sich im Rahmen der Einnahmen-Überschuss-Rechnung nicht mehr erfolgswirksam auswirken.

Der Wechsel von der Einnahmen-Überschuss-Rechnung zum Betriebsvermögensvergleich kommt in Betracht:
- weil keine Buchführungspflicht mehr besteht wegen Wegfall des Handelsgewerbes,
- weil Umsatz und Gewinn nach Feststellung der Finanzbehörden unter die Grenzen des § 141 AO absinken,
- weil bisher freiwillig Bücher geführt wurden.

Herr Wilhelm Busch hat daher folgende Besonderheiten wegen des Wechsels der Gewinnermittlungsart zu berücksichtigen:

Zu (1):

Die Forderung führt in der Bilanz 01 zu einer Erfolgswirkung in Höhe des Verkaufserlöses. Die Vereinnahmung dieser Forderung im Jahr 02 führt im Bereich der Einnahmen-Überschuss-Rechnung zu einer nochmaligen erfolgswirksamen Erfassung, sodass wegen des Wechsels der Gewinnermittlungsart der Verkaufserlös zu einer zweifachen Erfolgswirkung führen würde. Der Gewinn des Jahres 02 ist daher um 10.000,00 EUR zu kürzen.

Die in den Forderungen aus LuL enthaltene Umsatzsteuer bedarf ebenfalls einer gesonderten Betrachtung. Wegen der Vereinnahmung der Forderungen im Folgejahr erhöht die Umsatzsteuer die Betriebseinnahmen des Jahres 02 in Höhe von 1.600,00 EUR. Soweit die Umsatzsteuer auf diesen Forderungen bereits im Jahr 01 an das Finanzamt beglichen wurde, ist der Überschussgewinn des Jahres 02 um 1.600,00 EUR zu kürzen. Erfolgte die Zahlung an das Finanzamt im Jahr 02 hat nur dann keine Kürzung zu erfolgen, wenn die Ausgabe erfolgsneutrale Wirkung hatte.

Zu (2):

Die Verbindlichkeiten haben den Gewinn der Bilanz 01 in Höhe von 5.000,00 EUR gemindert. Die Bezahlung der Verbindlichkeit im Jahr 02 führt zu einer nochmaligen Betriebsausgabe in Höhe von 5.000,00 EUR zzgl. 800,00 EUR Vorsteuer. Der Überschussgewinn des Jahres 02 ist deshalb zunächst um 5.000,00 EUR zu erhöhen. Eine Hinzurechnung des Vorsteuerbetrags hat dann zu erfolgen, wenn die Vorsteuererstattung nicht bereits ertragswirksam erfasst wurde.

Zu (3):

Die Umsatzsteuer ist aus Unternehmersicht ein durchlaufender Posten und hat im Rahmen des Betriebsvermögensvergleichs in der Regel keinerlei Erfolgswirkung. Die Zahlung der Umsatzsteuer im Jahr 02 führt im Rahmen der Einnahmen-Überschuss-Rechnung zu einer Betriebsausgabe. Dieser Betriebsausgabe steht aber keine vorherige Betriebseinnahme im Jahr 01 gegenüber. Um die Erfolgsneutralität der Umsatzsteuer wieder herzustellen, muss der Überschussgewinn des Jahres 02 um den Zahlbetrag in Höhe von 1.000,00 EUR erhöht werden.

Zu (4):

Der Warenbestand ist als aktives Wirtschaftsgut in der Bilanz zu erfassen. Erst wenn die Waren in den Fertigungsprozess einfließen, führen diese über den Wareneinsatz zu einer Erfolgswirkung. Wegen der Bezahlung der Lieferantenrechnungen im Jahr 01 führt der Warenbestand zu keiner Betriebsausgabe im Jahr 02. Ohne eine Ergebniskorrektur würde der Warenbestand daher weder im Jahr 01 noch im Jahr 02 eine Erfolgswirkung nachsichziehen. Aus diesem Grunde ist der Überschussgewinn des Jahres 02 um 4.000,00 EUR zu kürzen.

B. Bilanzielle Grundprinzipien

Fall 6: Maßgeblichkeitsregeln

Erläutern Sie in abstrakter Form die Wirkungsweise der bilanziellen Maßgeblichkeitsregeln!

Lösung:

In Bezug auf die bilanziellen Maßgeblichkeitsregeln ist zwischen der Maßgeblichkeit der Handels- für die Steuerbilanz und der sog. umgekehrten Maßgeblichkeit (der Steuer- für die Handelsbilanz) zu unterscheiden.

Der Grundsatz der Maßgeblichkeit der Handelsbilanz für die Steuerbilanz besagt allgemein, dass die Steuerbilanz aus der Handelsbilanz abzuleiten ist. Dies ergibt sich konkret aus § 5 Abs. 1 S. 1 EStG, wonach bilanzierende Gewerbetreibende den Gewinn für steuerliche Zwecke nach den handelsrechtlichen Grundsätzen ordnungsmäßiger Buchführung zu ermitteln haben. Dies bedeutet einerseits, dass handelsrechtliche Aktivierungsgebote und Passivierungsgebote auch steuerlich jeweils ein Aktivierungsgebot bzw. Passivierungsgebot darstellen und bedeutet andererseits, dass handelsrechtliche Aktivierungsverbote und Passivierungsverbote auch steuerrechtlich Aktivierungsverbote bzw. Passivierungsverbote darstellen.

Der Grundsatz der Maßgeblichkeit der Handels- für die Steuerbilanz gilt aber nicht, soweit dem zwingende steuerrechtliche Vorschriften entgegenstehen. Dies ist der Fall in § 5 Abs. 2 bis Abs. 6 EStG betreffend dem Ansatz von Wirtschaftsgütern sowie den § 6 ff. EStG hinsichtlich der Bewertung. Es gilt dann für die Steuerbilanz das spezielle Steuerrecht, sodass handelsrechtliche Bilanzierungs- und Bewertungsvorschriften insoweit keine Bedeutung für die Erstellung der Steuerbilanz haben. Dieser Grundsatz der Maßgeblichkeit und somit die Möglichkeit der Aufstellung einer einheitlichen Handels- und Steuerbilanz wird durch das Steuerrecht mehrfach durchbrochen (z. B. Drohverlust-Rückstellung, in der Handelsbilanz besteht Passivierungspflicht, in der Steuerbilanz hingegen ein Passivierungsverbot, aber auch bei der Bewertung von Anlage- und Umlaufvermögen bzw. Rückstellungen).

Der Grundsatz der umgekehrten Maßgeblichkeit verlangt, dass steuerrechtliche Gewinnermittlungswahlrechte in der Steuerbilanz nur dann beansprucht/ausgeübt werden können, wenn diese (zuvor) in der Handelsbilanz ausgeübt wurden. Zweck dieser Vorschrift ist die Verhinderung einer Ausschüttung des erreichten Steuervorteils an die jeweiligen Anteilseigner. Diese Ausschüttungssperrfunktion wird dadurch deutlich, dass im Falle einer Ausübung von subventionellen Steuervergünstigungen in Gestalt von Sonderabschreibungen, der Übertragung von aufgedeckten stillen Reserven oder der Bildung steuerfreier Rücklagen Erfolgswirkungen auf die Steuerbilanz erreicht werden, während das handelsbilanzielle Ergebnis ohne eine Regelung in Gestalt der sog. umgekehrten Maßgeblichkeit insoweit unberührt bleiben würde. Im Falle der (wahlweise zulässigen) Inanspruchnahme von Sonderabschreibungen würde das steuerbilanzielle Ergebnis damit geringer als das handelsbilanzielle Ergebnis ausfallen mit der Folge, dass der Fiskus gewolltermaßen auf Steuereinnahmen verzichtet, während der Handelsbilanzgewinn (wg. Fehlens einer solchen Spezialvorschrift) unverändert bliebe. Der insoweit höhere Handelsbilanzgewinn (und der dadurch erzielte Steuervorteil) könnte dann an die jeweiligen Anteilseigner ausgeschüttet werden. Die staatliche Intention einer Förderung des Unternehmens durch Steuervergünstigungen könnte damit insoweit hintergangen werden, als nicht eine Verknüpfung von Handels- und Steuerbilanz existiert.

Aus diesem Grund hat der Gesetzgeber in § 5 Abs. 1 S. 2 EStG festgelegt, dass steuerliche Wahlrechte zunächst einen Ansatz in der Handelsbilanz voraussetzen, um diese in der Steuerbilanz ausüben/beanspruchen zu können. Es bleibt daher an dieser Stelle resümierend festzuhalten, dass die Ausübung steuerlicher Bilanzierungs- und Bewertungswahlrechte für die Steuerbilanz nur in Übereinstimmung mit der Handelsbilanz vorgenommen werden können. Da in diesem Zusammenhang die Handelsbilanzansätze insoweit durch die steuerbilanziellen Bilanzierungswünsche geprägt sind, spricht man von der sog. „Umgekehrten Maßgeblichkeit" (der Steuerbilanz für die Handelsbilanz). Öffnungsklauseln in der Handelsbilanz sind hierbei § 247 Abs. 3 HGB, § 254 HGB und § 273 HGB als spezielle Vorschrift für Kapitalgesellschaften.

Gleichwohl ist anzumerken, dass die mit der "umgekehrten Maßgeblichkeit" verbundene Ausschüttungssperrwirkung rechtsformabhängige Ungleichbehandlungen zur Folge hat. Aufgrund der Gewinnverwendungsregelungen für Kapitalgesellschaften haben diese aufgrund gesetzlicher und/oder satzungs- bzw. gesellschaftsvertraglicher Verpflichtungen einen Teil des Jahresergebnisses den Gewinnrücklagen zuzuführen. Der für Ausschüttungszwecke zur Verfügung stehende Betrag ist auf den (Rest-) Betrag nach der Rücklagendotierung begrenzt.

Im Vergleich dazu können Einzelunternehmen und Personengesellschaften die Höhe der Entnahmen regelmäßig unabhängig von dem Jahresüberschuss tätigen. Damit wird deutlich, dass die Ausschüttungssperrfunktion typischerweise nur bei Unternehmen in der Rechtsform von Kapitalgesellschaften erreicht wird.

Fall 7: Steuerbilanzielle Wirkungsweisen von handelsrechtlichen Aktivierungs- und Passivierungswahlrechten

Erläutern Sie in allgemeiner Form die Wirkung von handelsbilanziellen Aktivierungs- und Passivierungswahlrechten auf die Steuerbilanz!

Fall 7

Lösung:

Die Wirkungsweise von handelsrechtlichen Aktivierungs- und Passivierungswahlrechten auf die Steuerbilanz lässt sich nicht den Regelungen des Einkommensteuergesetzes entnehmen. Die für die Bilanzierung in der Steuerbilanz insoweit zu beachtenden Regeln basieren vielmehr auf einem Urteil des Großen Senats des BFH (vgl. BFH vom 03.02.1969, BStBl II 1969, S. 291 ff.). Danach führen

- handelsbilanzielle **Aktivierungswahlrechte** in der Steuerbilanz zu einem Aktivierungsgebot,

- handelsbilanzielle **Passivierungswahlrechte** in der Steuerbilanz zu einem Passivierungsverbot.

Mit Blick auf die Erstellung der Steuerbilanz bedeutet dies, dass die im Handelsgesetzbuch festgelegten Vorschriften in Gestalt von Aktivierungswahlrechten und Passivierungswahlrechten – unabhängig von der Art und Weise der Wahlrechtsausübung in der Handelsbilanz – zwingend als Aktivierungsgebot bzw. Passivierungsverbot zu berücksichtigen sind.

Obwohl vorgenannte Bilanzierungsgrundsätze auf den ersten Blick den Anschein erwecken, keine gemeinsame Zielrichtung zu haben (es wird einerseits nur die Aktivseite der Bilanz und andererseits nur die Passivseite der Bilanz angesprochen), zielen beide Bilanzierungsgrundsätze dennoch in die gleiche Richtung. Dies wird deutlich mit Blick auf die damalige Aussage des BFH, wonach „es dem Sinn und Zweck der steuerrechtlichen Gewinnermittlung entspricht, den vollen Gewinn zu erfassen und es daher nicht im Belieben des Kaufmanns stehen könne, sich durch Nichtaktivierung von Wirtschaftsgütern, die handelsrechtlich aktiviert werden dürfen (also im Falle von Aktivierungswahlrechten), oder durch den Ansatz eines Passivpostens, der handelsrechtlich nicht geboten ist (also im Falle von Passivierungswahlrechten), ärmer zu machen, als er tatsächlich ist".

Die Aussage des BFH „...darf sich nicht ärmer rechnen als er tatsächlich ist" ist der Schlüssel für das Erkennen der gemeinsamen Zielrichtung der beiden Bilanzierungsgrundsätze. Denn im Falle eines Aktivierungswahlrechts hat der Bilanzierende die Wahlentscheidung, den Geschäftsvorfall zu aktivieren oder eine Aufwandsverrechnung vorzunehmen. Im Falle der Nichtaktivierung des Geschäftsvorfalls würde die Aufwandsverrechnung eine unmittelbare/sofortige Gewinnminderung zur Folge haben.

Bestünde die Bilanzierungsregel „Handelsrechtliche Aktivierungswahlrechte führen zu steuerlichen Aktivierungsgeboten" nicht, hätte der Steuerpflichtige die Möglichkeit, die Gewinnsituation seines Unternehmens insoweit nach Belieben zu beeinflussen, da er einerseits (erfolgsneutral) aktivieren oder andererseits eine Aufwandsverrechnung vornehmen könnte. Dies aber will der BFH dadurch verhindern, dass handelsrechtliche Aktivierungswahlrechte in der Steuerbilanz zwingend zu aktivieren sind. Wie oben bereits festgestellt, gilt dies unabhängig davon, wie in der Handelsbilanz verfahren wird.

Im gleichen Licht ist die BFH-Aussage im Hinblick auf den Passivierungsgrundsatz zu betrachten. Hinsichtlich des Bestehens von Passivierungswahlrechten ist zunächst allgemein festzustellen, dass die Wahlrechtsausübung darin besteht, dass entweder eine Passivierung des Geschäftsvorfalls oder aber keine Buchung erfolgt. Des Weiteren ist klar zu sehen, dass im Falle der Passivierung eines Geschäftsvorfalls durch die Soll-Buchung eine Aufwandsposition entsteht. Würde es daher im Belieben des Steuerpflichtigen stehen, handelsrechtliche Passivierungswahlrechte derart auszuüben, dass wahlweise passiviert werden kann, hätte dies zur Konsequenz, dass der Steuerpflichtige seinen Gewinn durch Ausübung von Passivierungswahlrechten – aufgrund der Aufwandsbuchung im „Soll" – wahlweise minimieren könnte. Dies aber will der BFH dadurch verhindern, dass handelsrechtliche Passivierungswahlrechte in der Steuerbilanz zu Passivierungsverboten werden.

Fazit: Beide BFH-Grundsätze zielen darauf ab, den vollen steuerbilanziellen Gewinn zu erfassen, um so eine wahlweise bilanzielle Ärmerrechnung des Steuerpflichtigen zu verhindern. Dies geschieht dadurch, dass im Falle der vorbezeichneten Bilanzierungswahlrechte keine Aufwandsbuchungen mit steuerlicher Wirkung zulässig sind.

Die Aufstellung einer sog. Einheitsbilanz (Handelsbilanz = Steuerbilanz) ist daher nur möglich, wenn die handelsrechtlichen Wahlrechte im Sinne einer Aktivierung bzw. eines Passivierungsverzichts ausgeübt werden.

C. Bilanzierung dem Grunde und der Höhe nach

I. Wirtschaftsgut – Vermögensgegenstand

Fall 8: Materielles Wirtschaftsgut

Die Knallinger GmbH kauft für ihre Fertigungsabteilung eine Maschine für 1.160,00 EUR (inkl. 16 % Umsatzsteuer). Die Nutzungsdauer der Maschine wird nach der amtlichen Abschreibungstabelle mit 8 Jahren angenommen.

Prüfen Sie, ob die Knallinger GmbH mit dem Erwerb der Maschine ein Wirtschaftsgut erlangt hat und gehen Sie auf die bilanziellen Folgen ein!

Lösung:

Die Maschine ist als Wirtschaftsgut zu qualifizieren, wenn nachstehende Kriterien erfüllt sind:

> Der Begriff des Wirtschaftsguts (WG) ist gesetzlich **nicht** definiert. Sein Inhalt wird vielmehr durch die Rechtsprechung zum Bilanzsteuerrecht bestimmt. Die Merkmale des WG-Begriffs hat der BFH in mehreren Punkten konkretisiert (vgl. etwa BFH-Urteil vom 08.04.1992, BStBl II 1992, S. 893 ff.):
>
> (1) Der Kaufmann lässt (würde) sich die Erlangung des Gegenstands oder Vorteils etwas kosten (lassen),
>
> (2) die vom Kaufmann getätigten Aufwendungen bringen einen über mehrere Jahre erstreckenden greifbaren Nutzen,
>
> (3) die Gegenstände oder Vorteile sind nach der Verkehrsanschauung einer besonderen Bewertung zugänglich (kurz: Selbstständige Bewertbarkeit).
>
> Im Einzelfall konkretisiert der BFH den WG-Begriff anhand weiterer Prüfungskriterien. Als weiteres Merkmal ist insbesondere die Verkehrsfähigkeit eines Vorteils (= immaterielles WG) zu nennen. Der Vorteil muss danach allein oder in Verbindung mit dem Betrieb übertragbar sein (vgl. etwa BFH-Urteil vom 22.01.1992, BStBl II 1992, S. 529 ff).

> Stellen Sie bei der Prüfung eines Geschäftsvorfalls fest, dass eines dieser Kriterien **un**erfüllt bleibt, ist nicht von der Existenz eines Wirtschaftsguts auszugehen. Die entstandenen Ausgaben sind dann aber in voller Höhe als Betriebsausgabe zu verrechnen, es sei denn, die Voraussetzungen zur Bildung eines aktiven Rechnungsabgrenzungspostens liegen vor.

Konkret bedeutet dies für den Maschinenkauf der Knallinger GmbH:

(1) Die Knallinger GmbH hat für die Erlangung der Maschine netto 1.000,00 EUR aufwenden müssen. Damit hat sich die GmbH die Erlangung der Maschine etwas kosten lassen.

Das 1. Wirtschaftsgut-Kriterium ist damit erfüllt.

> Eine Bejahung des 1. WG-Kriteriums setzt nicht zwingend voraus, dass tatsächlich Ausgaben für die Erlangung des Gegenstands/Vorteils notwendig bzw. geleistet worden sind. Bedeutsam wird diese Feststellung für den Fall, in dem Gegenstände/Vorteile unentgeltlich z. B. durch Schenkung oder Einlage erworben wurden. Das 1.WG-Kriterium ist deshalb auch dann erfüllt, wenn der Kaufmann im Falle eines nur möglichen entgeltlichen Erwerbs bereit wäre, entsprechende Ausgaben zu tätigen.

(2) Da die Nutzungsdauer der Maschine mit 8 Jahren angenommen wird, bedeutet dies zugleich einen über den Bilanzstichtag der Anschaffung hinausgehenden Nutzen.

Damit ist das 2.WG-Kriterium erfüllt.

(3) Eine selbstständige Bewertbarkeit des Gegenstands/Vorteils nimmt der BFH dann an, wenn ein gedachter Erwerber des gesamten Betriebs/Teilbetriebs im Rahmen des Gesamtkaufpreises für diese Maschine ein ins Gewicht fallendes besonderes Entgelt an den fiktiven Verkäufer bezahlen würde.

Auch wenn im vorliegenden Falle lediglich von geringen Anschaffungskosten i. H. von 1.000,00 EUR/Maschine ausgegangen wird, ist dennoch eine selbstständige Bewertbarkeit im vorbeschriebenen Sinne anzunehmen.

Folge daraus ist für die Knallinger GmbH, dass von einer Bejahung des 3. WG-Kriteriums auszugehen ist.

> Da die Maschine ein materielles Wirtschaftsgut darstellt, entfällt damit zugleich die Prüfung einer Verkehrsfähigkeit der Maschine. Mit Blick auf das Prüfungskriterium der Übertragbarkeit ist aber wichtig zu wissen, dass das Merkmal nicht alleine auf eine nur nach zivilrechtlichen Grundsätzen mögliche Übertragung beschränkt ist. Als ausreichend sieht der BFH auch eine Übertragung im „wirtschaftlichen Sinne" an.

So sind etwa im Grund und Boden lagernde Mineralien zivilrechtlich als Bestandteil des Grundstücks anzusehen und deshalb nicht einzeln veräußerbar, daraus folgend auch nicht einzeln übertragbar. Dennoch ist eine Übertragung im wirtschaftlichen Sinne möglich. Wendet etwa ein fremder Dritter Aufwendungen für die Erlangung von Ausbeutungsrechten an den Bodenschätzen auf, liegt hierin eine wirtschaftliche Übertragung nur der Bodenschätze.

Wegen der kumulativen Erfüllung aller drei Kriterien zur Bestimmung eines Wirtschaftsguts wird an dieser Stelle deutlich, dass in dem Erwerb der Maschine ein Wirtschaftsgut zu sehen ist.

Haben Sie festgestellt, dass ein Wirtschaftsgut vorliegt (= abstrakte Aktivierungsfähigkeit), ist in einem nächsten Schritt zu prüfen, ob der Aktivierung dieses Wirtschaftsguts ein Bilanzierungsverbot i. S. des § 248 Abs. 2 HGB bzw. § 5 Abs. 2 EStG entgegensteht (= konkrete Aktivierungsfähigkeit). Der weitere Lösungsaufbau könnte sich daher wie folgt darstellen:

Da der Bilanzierung des Wirtschaftsguts „Maschine" kein Bilanzierungsverbot gegenübersteht, folgt aus dem Vollständigkeitsgebot des § 246 Abs. 1 HGB, § 5 Abs. 1 S. 1 EStG, dass zwingend eine Aktivierung der Maschine in der Handels- als auch Steuerbilanz vorzunehmen ist.

Die Aktivierung der Maschine hat mit Anschaffungskosten vermindert um Abschreibungen zu erfolgen, § 253 Abs. 2 S. 1 HGB, § 6 Abs. 1 Nr. 1 S. 1 EStG.

Da die Knallinger GmbH die Rechtsform der Kapitalgesellschaft trägt, folgt für den bilanziellen Ausweis der Maschine in der Bilanz, dass das Bilanzgliederungsschema des § 266 Abs. 2 HGB heranzuziehen ist.

Konkret hat daher der Bilanzausweis unter der Position des § 266 Abs. 2 A. II. Nr. 2 HGB technische Anlagen und Maschinen im Anlagevermögen zu erfolgen.

Fall 9: Immaterielles Wirtschaftsgut

Die Brauerei „Gerstensaft" unterstützt einen Gastwirt mit Blick auf die Ausbaukosten seiner Gastwirtschaft durch Zahlung von 10.000,00 EUR. Als Gegenleistung dafür erklärt sich der Gastwirt bereit, ausschließlich Bier der ihn unterstützenden Brauerei anzubieten.

Die Brauerei möchte wissen, wie sie den Betrag von 10.000,00 EUR im steuerlichen Jahresabschluss zu behandeln hat!

Lösung:

> Die Aufgabenstellung fordert auch hier von Ihnen eine Prüfung, ob die Brauerei mit der Zahlung an den Gastwirt ein Wirtschaftsgut erlangt hat. Da des Weiteren nach der Buchung der Zahlung gefragt ist, muss von Ihnen auch die Frage beantwortet werden, ob im Falle der Bejahung eines Wirtschaftsguts eine Aktivierung *zwingend oder wahlweise* zulässig ist oder aber ein *Aktivierungsverbot* besteht.

Das Bierlieferungsrecht ist dann als Wirtschaftsgut zu qualifizieren, wenn folgende vier Wirtschaftsgut-Kriterien kumulativ erfüllt sind:

(1) Die Brauerei hat durch die Unterstützungszahlungen an den Gastwirt Ausgaben für die Erlangung eines vermögenswerten Vorteils getätigt.

Da der Gastwirt die Verpflichtung eingegangen ist, nach Abschluss der Umbauarbeiten für die Zukunft ausschließlich Bier dieser Brauerei auszuschenken, bedeutet dies für die Brauerei einen „besonderen Vorteil".

Das 1. Wirtschaftsgut-Kriterium ist damit erfüllt.

> Die Bejahung eines „Vorteils" für die Brauerei lässt bei Erfüllung der übrigen Wirtschaftsgutkriterien auf ein "immaterielles Wirtschaftsgut" schließen.
>
> Weitere Beispiele für immaterielle Wirtschaftsgüter:
> - Computerprogramme;
> - Konzessionen;
> - Warenzeichen;
> - Nutzungsrechte;
> - Automatenaustellungsverträge;
> - Zeitschriftenabonnementverträge;
> - Bewachungsverträge u. a.

(2) So weit das Bierlieferungsrecht an den Gastwirt für einen Zeitraum von mehreren Jahren (genauer: mindestens 2 Jahre) vereinbart wurde, bedeutet dies für die Brauerei einen über mehrere Jahre gesicherten Bierabsatz. Dies stellt zugleich den für die Erfüllung des 2. Wirtschaftsgutkriteriums erforderlichen mehrjährigen Nutzen aus den getätigten Ausgaben dar.

(3) Da bei Bemessung des Gesamtkaufpreises einer Brauerei u. a. die Höhe des Bierausstoßes entscheidend ist, letzterer aber von den Absatzmengen aus dem Bierlieferungsrecht beeinflusst wird, würde ein gedachter Käufer letztlich ein besonderes Entgelt für das Lieferungsrecht über den Gesamtkaufpreis mitbezahlen.

Das 3. Wirtschaftgutkriterium ist damit erfüllt.

(4) Das Bierlieferungsrecht stellt ein selbstständiges Recht dar und kann deshalb sowohl einzeln als auch mit dem Betrieb als Ganzes veräußert werden.

Damit ist auch das 4. Wirtschaftsgut-Kriterium erfüllt.

Schlussendlich ist zu erkennen, dass wegen Erfüllung aller vier Kriterien ein (immaterielles) Wirtschaftsgut vorliegt.

II. Zurechnung Wirtschaftsgut – Vermögensgegenstand

Fall 10: Sicherungsübereignung

Die Großdruckerei „Feinstich" beabsichtigt aufgrund der guten Auftragslage ihren Maschinenpark zu erweitern. In diesem Zusammenhang trifft die Geschäftsleitung die Entscheidung, die Maschinen fremdzufinanzieren. Die Hausbank der Druckerei stimmt der Darlehensgewährung unter der Bedingung zu, dass die Maschinen ihr sicherungsübereignet werden.

In wessen Bilanz sind die Maschinen auszuweisen?

> Eine Sicherungsübereignung liegt vor, wenn ein Schuldner das Eigentum an der Sicherheit (z. B. einer Maschine) auf den Gläubiger (Bank) überträgt, wobei der Schuldner im Besitz der Sache bleibt und diese für seine Zwecke nutzen kann.

Lösung:

Die Übertragung der Maschinen nur sicherheitshalber an die Bank führt dazu, dass das bürgerlich-rechtliche Eigentum an den Maschinen von der Druckerei auf die Bank übergeht.

Da die Druckerei aber die Maschinen in ihrer täglichen Fertigung einsetzt, übt diese die tatsächliche Herrschaft über die Maschinen aus. Sie kann die Bank solange von jeglichen Einwirkungen auf die Maschinen ausschließen, wie sie ihre Zahlungsverpflichtungen erfüllt.

Hinsichtlich der Frage nach der bilanziellen Zurechnung der Maschine folgt daraus mit Blick auf das Handelsrecht, dass die Maschine wegen § 246 Abs. 1 S. 2 HGB in der Bilanz des Sicherungsgebers (hier also der Bilanz der Druckerei) auszuweisen ist, da dieser wirtschaftlicher Eigentümer ist.

Für das Steuerrecht gilt (ebenfalls), dass die Druckerei als wirtschaftliche Eigentümerin der Maschinen diese nach § 39 Abs. 2 Nr. 1 AO in ihrer Steuerbilanz ausweisen muss.

> Fallen das bürgerlich-rechtliche Eigentum und das wirtschaftliche Eigentum auseinander, ist für das Handels- als auch Steuerrecht stets das wirtschaftliche Eigentum für die Frage der Objektzuordnung maßgebend. Damit wird die Frage nach der sog. personellen Zurechnung von Vermögensgegenständen/Wirtschaftsgütern beantwortet.

Fall 11: Leasing

Die Großhandels-KG steht vor der Entscheidung, ihren überalterten Fuhrpark mit neuen Fahrzeugen auszustatten. Wegen der angespannten Liquiditätslage der KG sollen die Fahrzeuge mit einem Gesamtlistenpreis von 100.000,00 EUR für den Zeitraum vom 01.01.00 bis 31.12.02 geleast werden. Die Nutzungsdauer der Fahrzeuge nimmt die KG entsprechend den amtlichen Abschreibungstabellen mit 6 Jahren an.

(1) Mit der Leasinggesellschaft wurde vereinbart, dass für die Dauer des Vertrags monatlich 3.200,00 EUR zuzüglich Umsatzsteuer von der KG bezahlt werden müssen. Eine Kauf- oder Mietverlängerungsoption haben die Vertragsparteien nicht vereinbart.

(2) Mit der Leasinggesellschaft wurde über die Dauer der Grundmietzeit von drei Jahren die Zahlung von monatlichen Leasingraten in Höhe von 2.500,00 EUR zuzüglich Umsatzsteuer vereinbart. Die Vertragsvereinbarung sieht des Weiteren vor, dass die Großhandels-KG nach Ablauf der Grundmietzeit auf Verlangen der Leasinggesellschaft verpflichtet werden kann, die PKW käuflich zu einem Preis von 40.000,00 EUR von der Leasinggesellschaft zu erwerben.

In wessen Bilanz sind die Fahrzeuge zu bilanzieren?

Lösung:

Zu (1):

Die Vertragsparteien haben hier einen sog. Finanzierungsleasingvertrag abgeschlossen, da dem Vertrag eine 3-jährige feste Grundmietzeit zu Grunde liegt und die Zahlungen der KG in dieser 36-monatigen Grundmietzeit alle Kosten der Leasinggesellschaft abdecken (36 Monate x 3.200,00 EUR/Monat = 115.200,00 EUR > 100.000,00 EUR/Gesamtlistenpreis).

Fall 11

Das Vollamortisationsleasing (full-pay-out-Verträge) zeichnet sich dadurch aus, dass das Vertragsverhältnis über einen längeren Zeitraum (= Grundmietzeit) unkündbar ist und die in dieser Grundmietzeit zu zahlenden Leasingraten die Anschaffungskosten des Gegenstands, alle Finanzierungs- und Nebenkosten sowie die Gewinnspanne des Leasinggebers decken.

Die Objektzurechnung von Leasing-Gegenständen regeln für die Steuerbilanz (Handelsbilanz) die Leasing-Erlasse. Einen Schnellüberblick für die Objektzurechnung in Finanzierungsleasingfällen im Falle von Vollamortisationsleasing ermöglicht nachstehende Tabelle:

Art des Leasing-Vertrages	Art des Leasing-Gegenstands		Bewegliche Wirtschaftsgüter und Gebäude		Boden
			Grundmietzeit 40-90 % der betriebsgewöhnlichen Nutzungsdauer	Grundmietzeit < 40 % oder > 90% der betriebsgewöhnlichen Nutzungsdauer	
Ohne Mietverlängerungs- oder Kaufoption	Spezial-Leasing		Nehmer	Nehmer	Geber
	Kein Spezial-Leasing		Geber		
Mit Kaufoption	Spezial-Leasing		Nehmer	Nehmer	wie Gebäude
	Kein Spezial-Leasing	Kaufpreis < Buchwert bei Verkauf	Nehmer		
		Kaufpreis >= Buchwert bei Verkauf	Geber		
Mit Mietverlängerungsoption	Spezial-Leasing		Nehmer	Nehmer	Geber
	Kein Spezial-Leasing	Anschlussmiete < Werteverzehr	Nehmer		
		Anschlussmiete >= Werteverzehr	Geber		

Tabelle: Schnellübersicht Zurechnung Wirtschaftsgut in Finanzierungs-Leasingfällen (Vollamortisierungsleasing)

Da in vorliegendem Sachverhalt die Großhandels-KG einen Leasingvertrag über bewegliche Wirtschaftsgüter ohne Mietverlängerungs- und Kaufoption abgeschlossen hat, kein Spezialleasing vorliegt, die Grundmietzeit aufgrund der 3-jährigen Laufzeit 50 % der betriebsgewöhnlichen (sechsjährigen) Nutzungsdauer erreicht und damit innerhalb der entscheidenden 40/90-Grenze liegt, sind die Leasingfahrzeuge handels- wie steuerbilanziell der Leasinggesellschaft zuzurechnen (vgl. BMF-Schreiben vom 19.04.1971, BStBl I 1971, S. 264 ff.).

Wegen Fehlens expliziter handelsbilanzieller Zuordnungskriterien in Leasingfällen ist auf die steuerrechtlichen Leasing-Erlasse zurückzugreifen. Danach hat auch handelsrechtlich eine Bilanzierung der Fahrzeuge in der Bilanz der Leasinggesellschaft zu erfolgen.

Zu (2):

Die Vertragsparteien haben hier einen sog. Teilamortisationsleasingvertrag abgeschlossen, da dem Vertrag zwar eine 3-jährige unkündbare Grundmietzeit zu Grunde liegt, die Leasingraten aber während der Grundmietzeit nicht die Anschaffungskosten sowie alle Nebenkosten einschließlich der Finanzierungskosten der Leasinggesellschaft voll decken (36 Monate x 2.500,00 EUR/Monat = 90.000,00 EUR < 100.000,00 EUR/Gesamtlistenpreis).

Da die Leasinggesellschaft nach Ablauf der Grundmietzeit die Großhandels-KG dazu verpflichten kann, die PKW käuflich zu erwerben, liegt ein Leasingvertrag mit Andienungsrecht des Leasinggebers vor. Aufgrund der Verpflichtung des Leasingnehmers den Leasinggegenstand auf Verlangen des Leasinggebers nach Ablauf der Grundmietzeit zu einem im Zeitpunkt des Vertragsschlusses vereinbarten Kaufpreis zu erwerben, hat der Leasinggeber die Chance der Wertsteigerung, da er sein Andienungsrecht dann nicht ausüben wird, wenn er das Wirtschaftsgut zu einem über dem Andienungspreis liegenden Marktpreis verkaufen kann. Der Leasinggeber ist deshalb in diesem Fall auch als wirtschaftlicher Eigentümer anzusehen, sodass die Leasingfahrzeuge in der Bilanz der Leasinggesellschaft auszuweisen sind (vgl. BMF-Schreiben vom 22.12.1975, BTA-E § 6/3 1).

Für die Handelsbilanz gilt, dass aufgrund der Übernahme der steuerlichen Zuordnungsregeln (s.o.) ebenfalls eine Bilanzierung der Leasingfahrzeuge in der Bilanz des Leasinggebers zu erfolgen hat.

Fall 11

Das Teilamortisationsleasing (= non-pay-out-Verträge) zeichnet sich dadurch aus, dass das Vertragsverhältnis über die Grundmietzeit unkündbar ist und die in dieser Grundmietzeit zu zahlenden Leasingraten die Anschaffungskosten des Gegenstands, alle Finanzierungs- und Nebenkosten sowie die Gewinnspanne des Leasinggebers nicht voll abdecken. Die Zurechnung des Leasinggegenstandes steht in Abhängigkeit von dem Vertragstyp. Folgende Fälle sind zu unterscheiden:

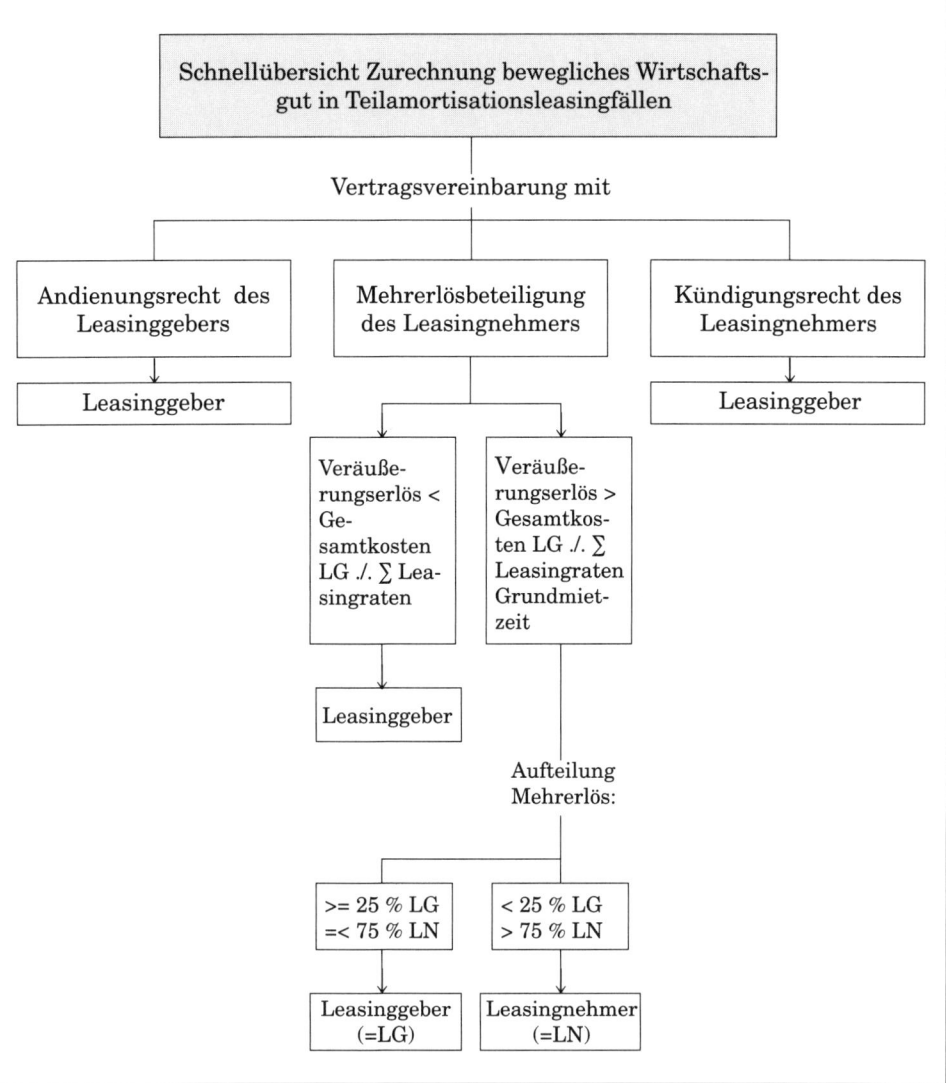

Fall 12: Factoring

Der Unternehmer Klein (eingetragener Kaufmann) liefert an seinen Abnehmer Schlau Waren im Wert von 1.000,00 EUR steuerfrei in die Schweiz auf Ziel.

Klein bedient sich eines modernen Finanzierungsgeschäftes, des Factoring. Er tritt die sich aus dem Warengeschäft ergebende Forderung an das Factoringinstitut F-Bank ab. Hierfür werden ihm 100,00 EUR an Finanzierungsgebühren in Rechnung gestellt.

Wer hat die Forderung bei echtem sowie unechtem Factoring zu bilanzieren? Wie ist zu buchen?

Lösung:

a) Allgemeines

Unter Factoring versteht man ein Finanzierungsgeschäft, bei dem der so genannte Factor (spezialisiertes Finanzierungsinstitut) von einem Verkäufer (Klient) dessen Forderungen aus Lieferungen und Leistungen unter Übernahme bestimmter Service-Funktionen und häufig auch des Delkredererisikos (Ausfallrisiko) vor Fälligkeit ankauft.

Der Klient, der aufgrund eines Kaufvertrages mit anschließender Lieferung auf Ziel eine Forderung gegenüber seinem Abnehmer erworben hat, schließt mit dem Factor einen Vertrag, indem letzterer sich verpflichtet, dem Klienten seine Forderungen zu bevorschussen. Durch den Ankauf der Forderungen tritt nun der Factor als Gläubiger gegenüber dem Schuldner auf.

Da die Forderung i. H. von 1.000,00 EUR der abstrakten Aktivierungsfähigkeit unterliegt, ist sie als Vermögensgegenstand in der Bilanz anzusetzen. Problematisch ist allerdings, wem die Forderung bilanzrechtlich zuzuordnen ist.

> Es gilt der Grundsatz, dass ein Vermögensgegenstand bei demjenigen zu bilanzieren ist, der das wirtschaftliche Eigentum an dem Vermögensgegenstand innehat.
>
> Die Zuordnung der Forderung muss sich also nicht nach dem zivilrechtlichen Eigentum richten, sondern danach, wer „wirtschaftlicher Eigentümer" des Gegenstandes ist.

b) Echtes Factoring

Beim echten Factoring geht die Forderung des Klienten auf den Factor über, sodass der Factor das volle Ausfallrisiko der von dem ursprünglichen Forderungsinhaber erworbenen Forderung trägt.

Fall 12

Der Unternehmer Klein hat bereits in Höhe der Forderung einen Ertrag ausgewiesen. Er bekommt anschließend den Rechnungsbetrag abzüglich einer Factoringgebühr von der F-Bank gutgeschrieben. Die Forderung ist auszugleichen; die Factoringgebühr wird als Betriebsausgabe berücksichtigt.

Somit ist also im Fall des echten Factorings das Factoringinstitut F-Bank neuer Forderungsinhaber.

Der Unternehmer Klein kann in keiner Weise mehr über die Forderung verfügen.

Folglich ist also die F-Bank sowohl zivilrechtlicher als auch wirtschaftlicher Eigentümer.

Die Forderung ist in der Bilanz des Factoringinstitutes F-Bank zu bilanzieren.

					Soll	Haben
1400	Forderungen aus LuL	8120	Steuerfreie Umsätze § 4 Nr. 1a UStG		1.000,00	1.000,00
1200	Bank	1400	Forderungen aus LuL		900,00	1.000,00
4970	Nebenkosten des Geldverkehrs				100,00	

c) Unechtes Factoring

Beim unechten Factoring handelt es sich nicht um einen Forderungsverkauf, sondern nur um eine Bevorschussung der Forderungen. Der Klient Klein verpflichtet sich, den Vorschuss wieder dem Factor zufließen zu lassen, falls der Abnehmer des Klienten seiner Zahlungsverpflichtung gegenüber dem Factor nicht nachkommt. D. h. das Ausfallsrisiko verbleibt bei dem Unternehmer Klein. Er ist somit auch weiterhin wirtschaftlicher Eigentümer der Forderung, da bei ihm die Gefahr des Delkredererisikos verbleibt. Im Gegensatz zum echten Factoring sind die Forderungen immer noch in der Bilanz des Unternehmers Klein zu bilanzieren. Die Bevorschussung durch das Kreditinstitut hat Klein als Darlehen auszuweisen. Bekommt er von der F-Bank die Mitteilung, dass Schlau seine Forderung bezahlt hat, werden Forderung und Darlehen gegeneinander ausgebucht.

				Soll	Haben
1400	Forderungen aus LuL	8120	Steuerfreie Umsätze § 4 Nr. 1a UStG	1.000,00	1.000,00

				Soll	Haben
1200	Bank	0630	Verbindlichkeiten F-Bank	900,00	1.000,00
4970	Nebenkosten des Geldverkehrs			100,00	

Bei Zahlung durch Kunden:

				Soll	Haben
0630	Verbindlichkeiten F-Bank	1400	Forderungen aus LuL	1.000,00	1.000,00

Fall 13: Sachliche Zurechnung

Der Einzelunternehmer Willy Schlumpf (Kaufmann i. S. des § 1 HGB) least ab dem 01.07.05 (= 2005) einen PKW mit einem Listenpreis von 40.000,00 EUR zzgl. 6.400,00 EUR Umsatzsteuer. Im Jahr 01 sind folgende Kfz-Kosten angefallen: Treibstoffkosten 4.500,00 EUR, Versicherung 1.000,00 EUR, Kfz-Steuer 240,00 EUR, Leasingkosten 6.000,00 EUR. Der auf die Anschaffung des PKW sowie auf die Kfz-Kosten entfallende Vorsteuerabzug wurde zutreffend in ungekürzter Höhe vorgenommen. Der PKW ist ertragsteuerlich dem Leasingnehmer zuzurechnen.

Die Nutzung des PKW fällt im Jahr 01 wie folgt aus:

(1) betriebliche Nutzung 75 %,
(2) betriebliche Nutzung 40 %,
(3) betriebliche Nutzung 7 %.

Wie kann bzw. muss Herr Schlumpf den PKW im Jahresabschluss seines Unternehmens ausweisen und wie sind die auf die Privatnutzung entfallenden Kosten ertragsteuerlich zu berücksichtigen? Wie lauten die jeweiligen Buchungssätze?

Lösung:

In der Annahme, dass das Kfz in einem objektiven Zusammenhang mit dem Betrieb des Schlumpf steht und den Betrieb zu fördern bestimmt und geeignet ist, gilt nach R 13 (1) EStR 2003 Folgendes:

Zu (1):

Da die betriebliche Nutzung mit 75 % über der maßgeblichen 50 %-Grenze liegt, muss Herr Schlumpf den PKW zwingend als notwendiges Betriebsvermögen in der Bilanz seines Unternehmens ausweisen, § 246 Abs. 1 HGB, § 5 Abs. 1 S. 1 EStG, R 13 Abs. 1 S. 4 EStR 2003.

Die mit 25 % angenommene Privatnutzung muss im Rahmen des Jahresabschlusses als Nutzungsentnahme verbucht werden. Für die Berechnung dieser Entnahme eröffnet § 6 Abs. 1 Nr. 4 EStG ein Wahlrecht.

Herr Schlumpf kann entweder die Nutzungsentnahmen mit 1 % vom inländischen Brutto-Listenpreis je Kalendermonat berechnen (hier also 46.400 EUR x 1 % x 6 Monate).

Andererseits kann Herr Schlumpf statt vorgenannter Pauschalierungsmethode die tatsächlichen auf die Privatfahrten entfallenden Kosten als Nutzungsentnahme ansetzen, soweit die Voraussetzungen des § 6 Abs. 1 Nr. 4 S. 3 EStG erfüllt sind (vgl. zu

Voraussetzungen ordnungsgemäßes Fahrtenbuch BMF-Schreiben vom 12.05.1997, BStBl I S. 727 ff, Tz. 15-23).

Umsatzsteuerlich ist zu klären, ob der Leasinggeber den PKW an den Leasingnehmer geliefert oder lediglich zum Gebrauch überlassen hat. Das Umsatzsteuerrecht knüpft zur Klärung dieser Frage an die ertragsteuerliche Zuordnung des Leasinggegenstands an (vgl. A 25 Abs. 4 S. 2 UStR 2005). Wegen der ertragsteuerlichen Zuordnung des PKW zum Leasingnehmer ist der PKW auch dem umsatzsteuerlichen Unternehmensvermögen des Schlumpf zuzuordnen. Dies hat zur Folge, dass die Privatnutzung des PKW als unentgeltliche Wertabgabe i.S.d. § 3 Abs. 9 a S. 1 Nr. 1 UStG zu erfassen ist, soweit aus den Leasingraten und den Unterhaltskosten des PKW ein voller oder teilweiser Vorsteuerabzug möglich war.

Da Herr Schlumpf die auf den Leasingraten und den Unterhaltskosten des PKW lastende Umsatzsteuer in voller Höhe als Vorsteuer abziehen konnte, bilden nur diese Kosten die umsatzsteuerliche Bemessungsgrundlage für die Ermittlung der Nutzungsentnahme (vgl. § 10 Abs. 4 S. 1 Nr. 2 UStG).

Ist der Leasinggegenstand aufgrund der ertragsteuerlichen Regelung nicht dem umsatzsteuerlichen Unternehmensvermögen des Leasingnehmers zuzuordnen, verbleibt die Verfügungsmacht über den Gegenstand bei dem Leasinggeber. Auf der Ebene des Leasingnehmers ist deshalb eine unentgeltliche Wertabgabe i.S.d. § 3 Abs. 9 S. 1 Nr. 1 UStG nicht möglich. Die Überlassung des Leasinggegenstandes erfolgt im Rahmen einer sonstigen Leistung. Dies hat zur Folge, dass die für die Nutzung eines solchen Gegenstandes in Rechnung gestellte Umsatzsteuer in einen als Vorsteuer abziehbaren Anteil für den betrieblichen Nutzungsanteil und einen nicht abziehbaren Anteil für die Privatnutzung aufzuteilen ist (vgl. A 192 Abs. 21 Nr. 1 UStR). Aus Vereinfachungsgründen lässt die Finanzverwaltung aber zu, die dem Leasingnehmer berechnete Umsatzsteuer in voller Höhe als Vorsteuer abzuziehen und für die Privatnutzung eine Umsatzbesteuerung als unentgeltliche Wertabgabe gem. § 3 Abs. 9 a Nr. 1 UStG vorzunehmen (vgl. A 192 Abs. 21 Nr. 2 a UStR 2005).

Pauschalierungsmethode:

Im Rahmen der Pauschalierungsmethode wird aus Vereinfachungsgründen von dem 1 %-Wert ein pauschaler Abschlag in Höhe von 20 % vorgenommen, um damit die Kosten aus der umsatzsteuerlichen Bemessungsgrundlage herauszurechnen, die nicht mit Umsatzsteuer belastet sind (vgl. BMF-Schreiben vom 27.08.2004, BStBl I S. 864, Tz. 2.1). Der danach verbleibende Wert stellt die umsatzsteuerliche Bemessungsgrundlage für die Besteuerung der nichtunternehmerischen Kfz-Nutzung dar. Für den Jahresabschluss 01 des Schlumpf ist danach folgende Berechnung vorzunehmen:

	EUR
Bruttolistenpreis 46.400 EUR x 6 % (für 6 Monate)	2.784,00
./. 20 % Abschlag für nicht mit Vorsteuer belastete Kosten	556,80
= Umsatzsteuerliche Bemessungsgrundlage	2.227,20
+ Umsatzsteuer 16 %	356,35
= Bruttowert für Umsatzsteuerzwecke	2.583,55

				Soll	Haben
1800	Privatentnahmen	8920	Verwendung von Gegenständen für Zwecke außerhalb des Unternehmens 16 % USt	3.140,35	2.227,20
		1775	Umsatzsteuer 16 %		356,35
		8924	Verwendung von Gegenständen für Zwecke außerhalb des Unternehmens ohne USt		556,80

Fahrtenbuchmethode:

Die Fahrtenbuchmethode berücksichtigt die nicht mit Vorsteuern belasteten Kosten bei der Ermittlung der Bemessungsgrundlage für die nichtunternehmerische Kfz-Nutzung dadurch, dass aus den Gesamtaufwendungen die nicht mit Vorsteuern belasteten Kosten ausgesondert werden (vgl. BMF-Schreiben vom 27.08.2004 Tz. 2.2). Sämtliche angefallenen Kfz-Kosten sind also darauf hin zu prüfen, ob diese mit Vorsteuern belastet sind oder nicht. Die Berechnung der Nutzungsentnahme lässt sich anhand des nachstehenden allgemein gültigen Schemas entwickeln:

		km	%
Jahreskilometer lt. Fahrtenbuch davon Privatfahrten		....	100,00
		....	25,00

Kostenart	Konto	Kosten mit USt EUR	Kosten ohne USt EUR
Abschreibungen	4830		-
Zinsen für Darlehnsfinanzierung Kfz-Kauf	2100		
Kfz-Steuer	4510	-	240,00
Kfz-Versicherung	4520	-	1.000,00
TÜV- und ASU-Untersuchung	4580		
Garagenmieten	4550		
Leasingraten	4810	6.000,00	
Treibstoffe	4530	4.500,00	
Reparaturen	4540		
Reifen	4530		
Wagenpflege	4530		
Sonstige	4580		
		10.500,00	1.240,00
davon Anteil für Privatnutzung 25 %:		2.625,00	310,00
darauf 16 % Umsatzsteuer:		420,00	-
		3.045,00	310,00

Fall 13   39

Es ergibt sich dann folgender Buchungssatz:

				Soll	Haben
1800	Privatentnahmen	8920	Verwendung von Gegenständen für Zwecke außerhalb des Unternehmens 16 % USt	3.355,00	2.625,00
		1775	Umsatzsteuer 16 %		420,00
		8924	Verwendung von Gegenständen für Zwecke außerhalb des Unternehmens ohne USt		310,00

Ist wegen Verwendung des betrieblichen PKW auch für Privatzwecke des Unternehmers die auf die Anschaffung des PKW entfallende Vorsteuer nur zu 50 % abzugsfähig gewesen (zwingend bei Anschaffung von PKW im Zeitraum vom 5.3.2000 bis 31.12.2002), entfällt im Rahmen der Ermittlung der Nutzungsentnahme die Umsatzbesteuerung. Grund dafür ist, dass mit der Beschränkung des Vorsteuerabzugs die Umsatzsteuer auf die Nutzungsentnahme bereits abgegolten ist.

Überblick der Vorsteuerabzugsmöglichkeiten bei privatgenutzten Fahrzeugen des umsatzsteuerlichen Unternehmensvermögens:

Zeitraum	Vorsteuerabzug
01.01.1999 – 04.03.2000	Wahlrecht hälftiger oder voller Vorsteuerabzug
05.03.2000 – 31.12.2002	zwingend hälftiger Vorsteuerabzug
01.01.2003 – 31.12.2003	Wahlrecht hälftiger oder voller Vorsteuerabzug
ab 01.01.2004 zwingend	voller Vorsteuerabzug

Zu (2):

Wegen einer betrieblichen Nutzung zwischen 10 % und 50 % hat Herr Schlumpf gem. R 13 Abs. 1 S. 6 EStR 2003 ein Wahlrecht. Der PKW kann danach als gewillkürtes Betriebsvermögen in der Bilanz ausgewiesen oder aber dem gewillkürten Privatvermögen zugeordnet werden.

Wird das Fahrzeug dem Betriebsvermögen zugerechnet, ermittelt sich der private Nutzungsanteil sowie der Buchungssatz entsprechend des zu (1) Gesagten. An das gewählte Verfahren ist man bei dem gleichen Fahrzeug für jeweils ein Wirtschaftsjahr gebunden.

Wird der PKW von Herrn Schlumpf ertragsteuerlich als Privatvermögen behandelt, erfolgt für die betriebliche Nutzung eine (Nutzungs-) Einlage. Die Höhe dieser Einlage kann mit 0,30 EUR/gefahrenen Kilometer oder aber mit den tatsächlichen auf die betrieblichen Kilometer entfallenden Kosten berechnet werden. Ist der PKW auch umsatzsteuerlich dem nichtunternehmerischen Bereich zugeordnet, können

Umsatzsteuerbeträge unter den Voraussetzungen des § 15 UStG in voller Höhe als Vorsteuer abgezogen werden, wenn diese unmittelbar und ausschließlich auf die unternehmerische Verwendung des PKW entfallen. Es ergibt sich der allgemein gültige Buchungssatz:

4530	lfd. Kfz-Kosten	1890	Privateinlagen
1575	abziehb. Vorsteuer 16 %		

Zu (3):

Eine 7%ige betriebliche Nutzung bedeutet zugleich eine 93%ige Privatnutzung. Damit ist die maßgebliche 90 %-Grenze in R 13 Abs. 1 S. 5 EStR 2003 überschritten. Folge davon ist, dass der PKW zwingend dem Privatvermögen von Herrn Schlumpf zuzuordnen ist (= notwendiges Privatvermögen).

Die Aufwendungen für die betriebliche Nutzung des Privat-PKW werden auch hier als Nutzungseinlage behandelt. Es gilt deshalb das zu (2) Gesagte.

In Bezug auf das Handelsrecht gilt, dass vorgefundene Lösungen analoge Anwendung finden.

Von den ertragsteuerlichen Zuordnungsregeln eines Wirtschaftsguts zum Betriebs- bzw. Privatvermögen ist die umsatzsteuerliche Zuordnung eines Gegenstandes zum Unternehmensvermögen zu unterscheiden. Umsatzsteuerlich kann (= Wahlrecht) ein Gegenstand nur dann dem Unternehmensvermögen zugerechnet werden, wenn der in einem objektiven und erkennbaren wirtschaftlichen Zusammenhang mit der gewerblichen und beruflichen Tätigkeit des Leistungsempfängers stehende Gegenstand zu mindestens 10 % unternehmerisch genutzt wird (vgl. § 15 Abs. 1 Satz 2 UStG). Dient der Gegenstand dem Unternehmen zu weniger als 10 %, ist dieser umsatzsteuerlich zwingend dem nichtunternehmerischen Bereich zuzuordnen. Im Vergleich zur ertragsteuerlichen Zuordnung eines Wirtschaftsguts kann der Gegenstand dem umsatzsteuerlichen Unternehmensvermögen nur teilweise zugeordnet werden (A 192 Abs. 21 Nr. 2 c UStR 2005).

III. Bilanzierungshilfen

Fall 14: Charakterisierung von Bilanzierungshilfen

Beschreiben Sie in knapper Form die wesentlichen Merkmale von Bilanzierungshilfen!

Lösung:

Die Aktivierung von Bilanzierungshilfen in der Handelsbilanz ist als Ausnahme von den allgemeinen Aktivierungsvoraussetzungen für Kapitalgesellschaften wahlweise möglich, wenngleich Bilanzierungshilfen weder einen Vermögensgegenstand noch einen Rechnungsabgrenzungsposten darstellen. Das HGB unterscheidet folgende Bilanzierungshilfen:

- Aufwendungen für die Ingangsetzung und Erweiterung des Geschäftsbetriebs (vgl. § 269 HGB): die Bildung dient der Verhinderung oder Verminderung eines Verlustausweises,
- Steuerabgrenzungsposten wegen künftiger Steuerentlastungen (vgl. § 274 Abs. 2 HGB).

In der Steuerbilanz können Bilanzierungshilfen grundsätzlich nicht ausgewiesen werden, da diese nicht die Voraussetzungen eines Wirtschaftsguts erfüllen. Das steuerliche Aktivierungsgebot von handelsrechtlichen Aktivierungswahlrechten gilt daher insoweit nicht. Ebenso führt die Aktivierung von Bilanzierungshilfen in der Handelsbilanz zu keiner Aktivierung in der Steuerbilanz mit Blick auf § 5 Abs. 1 S. 1 EStG.

Fall 15: Ursachen für Steuerlatenzen

Aktive Steuerlatenzen entstehen:
Handelsbilanzgewinn < Steuerbilanzgewinn

Ursache aus Sicht der Handelsbilanz	Rechtsgrundlage HGB	Rechtsgrundlage EStG
1. Aktiva		
• Nichtaktivierung des Geschäfts- oder Firmenwertes in der Handelsbilanz, Ansatzpflicht in der Steuerbilanz	§ 255 Abs. 4	§ 6 Abs. 1 Nr. 2 S. 1

Ursache aus Sicht der Handelsbilanz	Rechtsgrundlage HGB	Rechtsgrundlage EStG
• Schnellere Abschreibung des Geschäfts- oder Firmenwertes	§ 255 Abs. 4	§ 7 Abs. 1 S. 3
• Niedrigerer Ansatz der Herstellungskosten	§ 255 Abs. 2	R 33 EStR 2003
• Höhere Abschreibung von abnutzbarem materiellen und immateriellen Anlagevermögen (andere Methode, kürzere Nutzungsdauer)	§ 253 Abs. 2 S. 3	§ 7 Abs. 1 und 2
• Höhere Abschreibungen im nichtabnutzbaren Anlagevermögen	§ 253 Abs. 2 S. 3 § 279 Abs. 1 S. 2	§ 6 Abs. 1 Nr. 2
• Höhere Abschreibungen im Umlaufvermögen	§ 253 Abs. 3 S. 3, Abs. 4	§ 6 Abs. 1 Nr. 2
2. Passiva		
• Ansatz von Aufwandsrückstellungen	§ 249 Abs. 2, § 249 Abs. 1 S. 3	§ 5 Abs. 1 S. 1
• Ansatz von sonstigen Rückstellungen, die in der Steuerbilanz nicht akzeptiert werden	–	§ 5 Abs. 3, 4 und 4a
• Bewertungsunterschiede bei Rückstellungen	§ 253 Abs. 1 S. 2	§ 6 Abs. 1 Nr. 3a § 6a

Passive Steuerlatenzen entstehen:
Handelsbilanzgewinn > Steuerbilanzgewinn

Ursache aus Sicht der Handelsbilanz	Rechtsgrundlage HGB	Rechtsgrundlage EStG
1. Aktiva		
• Aktivierung der Aufwendungen für die Ingangsetzung oder Erweiterung des Geschäftsbetriebes	§ 269 S. 1	Aktivierung steuerlich nicht zulässig
• Niedrigere Abschreibungen bei abnutzbarem Anlagevermögen	–	§ 7 Abs. 4 S. 1 Nr. 1
• Bewertung von Vorräten nach der FIFO-Methode bei steigenden Preisen; Durchschnittsmethode in der Steuerbilanz	§ 256 S. 1	R 36 Abs. 4 EStR 2003
2. Passiva		
• Keine Ursachen mehr vorhanden		

Fall 16: Aufwendungen für die Ingangsetzung und Erweiterung des Geschäftsbetriebs

Die Knallgas-GmbH wurde am 01.01.01 mit einem Stammkapital von 50.000,00 EUR gegründet. Im Jahr 01 hat sie einen Jahresfehlbetrag von 70.000,00 EUR erwirtschaftet. Da dieser das bilanzielle Eigenkapital der Knallgas-GmbH übersteigt, muss in der Bilanz zum 31.12.01 auf der Aktivseite die Position "Nicht durch Eigenkapital gedeckter Fehlbetrag" i. H. von 20.000,00 EUR ausgewiesen werden.

Die Bilanz hat also folgendes Aussehen:

Aktiva		Bilanz zum 31.12.01		Passiva
Anlagevermögen	40.000	Eigenkapital		
Umlaufvermögen	40.000	Stammkapital	50.000	
Nicht durch Eigenkapital gedeckter Fehlbetrag	20.000	Jahresfehlbetrag	- 70.000	
			- 20.000	
		Fremdkapital		100.000
	100.000			100.000

Die im Jahre 01 getätigten Ausgaben für einen Reklamefeldzug belaufen sich auf 20.000,00 EUR.

Welche bilanzpolitische Maßnahme ist zum 31.12.01 möglich, um kein negatives Eigenkapital in der Bilanz ausweisen zu müssen? Welche Besonderheiten müssen beachtet werden?

Lösung:

> Gemäß § 269 HGB besteht für Kapitalgesellschaften ein Wahlrecht, Aufwendungen für die Ingangsetzung des Geschäftsbetriebes und dessen Erweiterung, soweit sie nicht bilanzierungsfähig sind, als Bilanzierungshilfe zu aktivieren.

Normalerweise müssten diese Ausgaben nämlich nach dem Grundsatz der Abgrenzung der Sache und der Zeit nach als Aufwendungen des Geschäftsjahres das Jahresergebnis mindern. Mit dem Wahlrecht allerdings wird dem Bilanzierenden die Möglichkeit gegeben, in Phasen der Ingangsetzung oder Erweiterung des Geschäftsbetriebes bestimmte Aufwendungen zu aktivieren und auf die Folgejahre zu verteilen, um das Jahresergebnis in der zumeist besonders ausgabenintensiven Ingangsetzungs- oder Erweiterungsphase zu entlasten.

> Die Aktivierung der Bilanzierungshilfe kann nachfolgenden Zwecken dienen:
>
> - Vermeidung bzw. Verringerung eines negativen Jahresergebnisses bzw. Bilanzergebnisses,
>
> - Vermeidung bzw. Verringerung einer Unterbilanz,
>
> - Vermeidung der Einberufung einer außerordentlichen Haupt-, Gesellschafter- bzw. Generalversammlung,
>
> - Vermeidung bzw. Verringerung einer formellen Überschuldung in der Handelsbilanz.

Unter den Ingangsetzungsaufwendungen versteht man alle Ausgaben, die notwendig sind, um das Unternehmen mit wirtschaftlichem Leben zu füllen, so z. B. Aufbau der Unternehmensorganisation, Akquisition und Einarbeitung von Personal, Einrichtung der Beschaffungs- und Absatzkanäle oder die Einführungswerbung. Im vorliegenden Fall werden also die Ausgaben für den Reklamefeldzug unter die Ingangsetzungsaufwendungen subsumiert.

Hier sollte die GmbH von ihrem Wahlrecht Gebrauch machen und die Aufwendungen für den Reklamefeldzug aktivieren. Allerdings ist die Bilanzierungshilfe gesondert vor dem Anlagevermögen auszuweisen und im Anhang zu erläutern. Ebenfalls ist sie mit einer Gewinnausschüttungssperre verbunden, d. h. Gewinne dürfen nur dann ausgeschüttet werden, wenn die nach der Ausschüttung verbleibenden jederzeit auflösbaren Gewinnrücklagen zuzüglich eines Gewinnvortrages und abzüglich eines Verlustvortrages dem angesetzten Betrag mindestens entsprechen.

Diese Beschränkung dient dem Gläubigerschutz, da es sich bei der Bilanzierungshilfe nicht um einen Vermögensgegenstand handelt. Bei Aktivierung der Aufwendungen für den Reklamefeldzug mindert sich der Jahresfehlbetrag um 20.000,00 EUR, da die Ingangsetzungsaufwendungen nunmehr nicht mehr erfolgswirksam in der GuV verbucht werden. Die Position "Nicht durch Eigenkapital gedeckter Fehlbetrag" muss nicht mehr ausgewiesen werden, was zu einer erheblichen Verbesserung der Bilanzoptik führt. Die veränderte Bilanz hat demnach folgendes Aussehen:

Aktiva		Bilanz zum 31.12.01	Passiva
Aufwendungen für die Ingangsetzung und Erweiterung des Geschäftsbetriebs	20.000	Eigenkapital Stammkapital Jahresfehlbetrag	50.000 - 50.000
Anlagevermögen	40.000	Fremdkapital	100.000
Umlaufvermögen	40.000		
	100.000		100.000

Die Folgebewertung richtet sich nach § 282 HGB, d. h. die Ingangsetzungsaufwendungen müssen in jedem folgenden Geschäftsjahr zu mindestens einem Viertel durch Abschreibungen getilgt werden (pauschale Abschreibungen).

Steuerlich dagegen besteht keine Möglichkeit der Aktivierung einer Bilanzierungshilfe. Somit werden die Kosten für den Reklamefeldzug direkt als Aufwendungen gewinnmindernd im Jahr 01 verbucht.

Der steuerliche Gewinn ist folglich in diesem Jahr geringer als in der Handelsbilanz. Dies gleicht sich aber in den nachfolgenden Geschäftsjahren wieder aus, da die Bilanzierungshilfe pauschal abgeschrieben werden muss. Es liegt also ein Fall passiver latenter Steuern vor. Gemäß § 274 Abs. 1 S. 1 HGB ist in Höhe der voraussichtlichen Steuerbelastung eine Verbindlichkeits-Rückstellung i. S. des § 249 Abs. 1 S. 1 HGB zu bilden und in der Bilanz oder im Anhang gesondert anzugeben.

Nach § 274 Abs. 1 S. 2 HGB ist diese Rückstellung nur aufzulösen, sobald die höhere Steuerbelastung eintritt oder mit ihr voraussichtlich nicht mehr zu rechnen ist.

Fall 17: Aktive latente Steuern

Die Knallgas-GmbH nimmt zum 01.10.03 ein Darlehen unter Einbehalt eines Disagios in Höhe von 20.000,00 EUR auf; Laufzeit des Kredits 5 Jahre. Die Rückzahlung des Darlehens erfolgt am Ende der Laufzeit. Die GmbH macht von ihrem handelsrechtlichen Wahlrecht zur Aktivierung des Disagios keinen Gebrauch. Außerdem hat sie in der Handelsbilanz zum 31.12.03 eine Rückstellung für freiwillige Prüfungen des Jahresabschlusses i. H. von 10.000,00 EUR gebildet. (Es handelt sich bei der Knallgas-GmbH um eine kleine Kapitalgesellschaft i. S. des § 267 HGB, die nach § 316 Abs. 1 HGB nicht unter die Prüfungspflicht durch einen Abschlussprüfer fällt.)

Wie wirken sich diese Gestaltungen im Jahresabschluss aus?

Lösung:

Da die Knallgas-GmbH in ihrer Handelsbilanz keinen Gebrauch von dem Aktivierungswahlrecht für das Disagio macht, steuerlich dagegen Aktivierungspflicht besteht, hat die Kapitalgesellschaft nach § 274 Abs. 2 HGB das Wahlrecht, eine Bilanzierungshilfe für aktive latente Steuern i. H. des Unterschiedsbetrages von 19.000,00 EUR (20.000,00 ./. 1.000,00 wg. Auflösung für 3 Monate) multipliziert mit dem Steuersatz anzusetzen.

Die Knallgas-GmbH hat außerdem eine Rückstellung für freiwillige Prüfungen des Jahresabschlusses i. H. von 10.000,00 EUR in der Handelsbilanz gebildet.

Es handelt sich hierbei um eine Aufwandsrückstellung, die nach § 249 Abs. 2 HGB für ihrer Eigenart nach genau umschriebene, dem Geschäftsjahr oder einem früheren Geschäftsjahr zuzuordnende Aufwendungen gebildet werden kann, die am Abschlussstichtag wahrscheinlich oder sicher, aber hinsichtlich ihrer Höhe oder des Zeitpunktes ihres Eintritts unbestimmt sind. Grund hierfür ist, dass die Prüfung freiwillig und nicht notwendig ist. Eine öffentlich-rechtliche Verpflichtung besteht somit nicht.

Die GmbH hat in ihrer Handelsbilanz von diesem Wahlrecht Gebrauch gemacht. Ein handelsrechtliches Passivierungswahlrecht führt steuerlich allerdings zu einem Passivierungsverbot. Somit darf die Rückstellung in der Steuerbilanz nicht gebildet werden. Der steuerliche Gewinn ist also im Jahre 03 höher als das handelsrechtliche Ergebnis. Dies gleicht sich aber bei Auflösung wieder aus. Folglich liegt der Fall der aktiven latenten Steuern vor.

Gemäß § 274 Abs. 2 HGB darf die GmbH in Höhe der voraussichtlichen Steuerentlastung eine Bilanzierungshilfe bilden, da der nach den steuerlichen Vorschriften zu versteuernde Gewinn höher als das handelsrechtliche Ergebnis ist und sich der zu hohe Steueraufwand des Geschäftsjahres in späteren Geschäftsjahren voraussichtlich ausgleicht. Diese Bilanzierungshilfe i. H. von 10.000,00 EUR multipliziert mit dem Steuersatz ist in der Bilanz oder im Anhang anzugeben und in der Bilanz gesondert auszuweisen. Eine Auflösung muss erfolgen, sobald die Steuerentlastung eintritt oder mit ihr voraussichtlich nicht mehr zu rechnen ist.

Im Allgemeinen ist außerdem zu erwähnen, dass sich generell die Frage stellt sowohl nach einem aktiven als auch nach einem passiven Abgrenzungsbedarf. Der Wortlaut des § 274 HGB geht nach herrschender Meinung von einer Gesamtdifferenzenbetrachtung, also somit einer Saldierung der aktiven und passiven Steuerlatenzen, aus. Bei der Ermittlung und dem Ausweis stehen die folgenden drei Varianten zur Auswahl:

1) Die aktive und die passive Steuerlatenz werden jeweils gesondert, also unsaldiert ausgewiesen.

2) Die beiden Latenzen werden miteinander saldiert. Entsteht ein aktivischer Überhang, so hat man ein Wahlrecht, diesen anzusetzen. Ein passivischer Überhang hingegen muss ausgewiesen werden.

3) Auf den Ausweis aktiver latenter Steuern wird verzichtet. Nur die passiven Steuerlatenzen werden ausgewiesen, ohne zuvor mit den aktiven verrechnet worden zu sein.

Die erste Variante liefert den besten Einblick in die Vermögens- und Ertragslage und sollte somit zur Anwendung kommen.

Latente Steuern entstehen, wenn das handelsrechtliche Ergebnis nicht dem nach steuerrechtlichen Vorschriften ermittelten Steueraufwand entspricht. Ursache für die unterschiedlichen Gewinne sind insbesondere von einander abweichende Bewertungsvorschriften in Handels- und Steuerbilanz. Der Steuersatz für die Berechnung der latenten Steuern ist der Steuersatz, der im Entstehungszeitpunkt der Differenz anzuwenden ist.

IV. Anlagevermögen

1. Anschaffungskosten

Fall 18: Ermittlung der Anschaffungskosten

Die Knallgas-GmbH kauft zum 01.05.03 eine Maschine, die speziell zum Transportieren von Gasgemisch entwickelt wurde zum Preis von 290.000,00 EUR (einschließlich 16 % USt).

Daneben entstanden noch folgende Kosten:

Kosten der Montage (inkl. 16 % USt)	13.920,00 EUR
Anteilige Kosten des Einkaufs	5.800,00 EUR
Frachtkosten (inkl. 16 % USt)	1.160,00 EUR

(1) Mit welchem Wert ist die Maschine in der Handelsbilanz und Steuerbilanz anzusetzen?
(2) Wie ist der Anschaffungsvorgang der Maschine zu buchen, wenn der Kauf der Maschine auf Ziel erfolgt und die übrigen Aufwendungen in 03 unmittelbar nach Rechnungseingang per Bank bezahlt werden?

Lösung:

Zu (1):

Nach § 253 Abs. 1 S. 1 HGB sind Vermögensgegenstände höchstens mit ihren Anschaffungskosten anzusetzen.

Es handelt sich hier um das so genannte Anschaffungskostenprinzip.

Eine Bewertung über die Anschaffungskosten hinaus, z. B. bei einem höheren Verkehrswert darf nicht durchgeführt werden. Es entstände ein positiver Erfolgsbeitrag „Gewinn", der aber nach dem Realisationsprinzip des § 252 Abs. 1 Nr. 4 HGB erst dann berücksichtigt werden kann, wenn mit dem Gut durch dessen Verkauf der Sprung zum Absatzmarkt geschafft ist.

Der Ausweis von Scheingewinnen ist also nicht zulässig.

Die Bestandteile der Anschaffungskosten sind in § 255 Abs. 1 HGB festgelegt.

Für die Ermittlung der Anschaffungskosten ergibt sich damit folgendes Schema:

  Anschaffungspreis
./. Anschaffungspreisminderungen
 + Anschaffungsnebenkosten
 + nachträgliche Anschaffungskosten

 = Anschaffungskosten

Zu den Anschaffungskosten gehören:

Anschaffungspreis	abzgl. USt	250.000,00 EUR
Montagekosten	abzgl. USt	12.000,00 EUR
Frachtkosten	abzgl. USt	1.000,00 EUR
		263.000,00 EUR

Wichtig ist zunächst herauszustellen, dass die USt im Falle von vorsteuerabzugsberechtigten Unternehmern für die Anschaffungskostenermittlung regelmäßig ohne Bedeutung ist. Die Montage- und Frachtkosten zählen zu den Anschaffungsnebenkosten. Im Rahmen der Anschaffungsnebenkosten dürfen gemäß § 255 Abs. 1 HGB nur die Aufwendungen aktiviert werden, die der Maschine einzeln zugerechnet werden können. Fracht und Montage sind notwendig, um die Maschine in den betriebsbereiten Zustand zu versetzen und können einzeln zugeordnet werden. Die anteiligen Kosten der Beschaffungsabteilung erfüllen diese Voraussetzungen nicht und müssen deshalb als Aufwand gebucht werden.

Für das Steuerrecht gilt der handelsrechtliche Anschaffungskostenbegriff entsprechend über § 5 Abs. 1 S. 1 EStG; H 32 a EStH 2003.

Der Anschaffungsvorgang ist wie folgt zu buchen:

					Soll	Haben
0210	Maschinen		1600	Verbindlichkeiten aus Lieferungen und Leistungen	263.000,00	290.000,00
1575	Abziehbare Vorsteuer 16 %		1200	Bank	42.080,00	15.080,00

Fall 19: Entnahme und Einlage

Herr Horst Schlaumeier hält mehrere Aktien im Privatvermögen, die er zu einem Börsenkurs von 300 %, d. h. zu 9.000,00 EUR am 15.05.02 erworben hat. Seine Beteiligung am Stammkapital der AG beträgt 0,5 %.

Am 01.01.03 legt er die Anteile in sein Einzelunternehmen "Horst Schlaumeier, eingetragener Kaufmann" ein. Der Kurs ist mittlerweile auf 350 %, also 10.500,00 EUR gestiegen. Am 31.12.03 beträgt der Kurs der Anteile 400 %.

(1) Mit welchem Wert sind die Aktien in der Bilanz zum 31.12.03 in Handels- und Steuerbilanz anzusetzen?
(2) Welche Änderung tritt ein, wenn Schlaumeier die Aktien erst zum 31.12.06 vom Privatvermögen ins Betriebsvermögen überführt?
(3) Was folgt, wenn Horst Schlaumeier noch ein zweites Einzelunternehmen betreibt und er Aktien in dessen Betriebsvermögen gehalten hat?

Lösung:

Zu (1):

Gemäß § 253 Abs. 1 HGB sind solche nicht abnutzbaren Vermögensgegenstände höchstens mit ihren Anschaffungskosten ggf. vermindert um außerplanmäßige Abschreibungen in der Handelsbilanz anzusetzen.

> Im vorliegenden Sachverhalt handelt es sich um den Fall einer Einlage; denn es werden Gegenstände aus dem Bereich des Privatvermögens in den Bereich des Betriebsvermögens überführt.

Handelsrechtlich besteht für den Einzelunternehmer Schlaumeier ein Wahlrecht, die Aktien zu seinen eigenen Anschaffungskosten i. H. von 9.000,00 EUR oder zu den Anschaffungskosten, die sein Unternehmen zum Zeitpunkt der Einlage hätte aufwenden müssen, somit also zu 10.500,00 EUR, anzusetzen.

Eine Bewertung über die Anschaffungskosten hinaus zu einem Kurs von 400 % kommt nicht infrage, da nicht gegen das Anschaffungskostenprinzip verstoßen werden darf.

Steuerlich richtet sich die Bewertung der Einlage nach dem Teilwert.

Teilwert ist nach § 6 Abs. 1 Nr. 1 S. 3 EStG der Betrag, den ein Erwerber des ganzen Betriebes im Rahmen des Gesamtkaufpreises für das einzelne Wirtschaftsgut ansetzen würde, dabei ist von der Fortführung des Unternehmens auszugehen, d. h. das Going-Concern-Prinzip ist zu beachten.

Gemäß § 6 Abs. 1 Nr. 5 EStG sind Einlagen grundsätzlich mit dem Teilwert für den Zeitpunkt der Zuführung anzusetzen.

Die Einlagenbewertung darf allerdings höchstens mit den Anschaffungskosten erfolgen, wenn das zugeführte Wirtschaftsgut

- innerhalb der letzten drei Jahre vor dem Zeitpunkt der Zuführung angeschafft oder hergestellt worden ist oder

- ein Anteil an einer Kapitalgesellschaft ist und der Steuerpflichtige an der Gesellschaft i.S.d. § 17 Abs. 1 EStG beteiligt ist.

Eine solche Beteiligung ist bereits bei einer Beteiligung von 1 % gemäß § 17 Abs. 1 EStG gegeben.

Obwohl die Beteiligung des Schlaumeier keine Beteiligung i. S. d. § 17 EStG ist, darf eine Bewertung dennoch nur mit den Anschaffungskosten i. H. von 9.000,00 EUR erfolgen, da die Aktien zum 15.05.02 erworben worden sind und bereits zum 01.01.03 in das Betriebsvermögen eingelegt werden.

Zu (2):

Würden die Aktien dagegen erst zum 31.12.06 in das Betriebsvermögen des Schlaumeier eingelegt, so liegt der Zeitpunkt der Zuführung nicht innerhalb der letzten drei Jahre nach der Anschaffung. Eine Bewertung der Einlage muss zwingend mit dem Teilwert bei Überführung erfolgen, d. h. die Aktien sind mit 10.500,00 EUR in der Steuerbilanz anzusetzen.

Zu (3):

In diesem Falle werden einzelne Wirtschaftsgüter aus einem Betriebsvermögen in ein anderes Betriebsvermögen desselben Steuerpflichtigen übertragen. Die Bewertung muss in diesem Falle gem. § 6 Abs. 5 S. 1 EStG zwingend zum Buchwert erfolgen, d.h. die übertragenen Aktien werden mit 9.000,00 EUR bewertet.

Ergänzende Bewertungsübersicht unentgeltliche Übertragung bzw. Überführung einzelner Wirtschaftsgüter, wenn Besteuerung der stillen Reserven sichergestellt

I. Zwischen Betriebsvermögen ohne Rechtsträgerwechsel (= Überführung)

von	auf	Bewertung
eigenem Betriebsvermögen	eigenes Betriebsvermögen desselben Steuerpflichtigen	Buchwert § 6 Abs. 5 S. 1 EStG
eigenem Betriebsvermögen	Sonderbetriebsvermögen desselben Steuerpflichtigen	Buchwert § 6 Abs. 5 S. 2 EStG
Sonderbetriebsvermögen	eigenes Betriebsvermögen desselben Steuerpflichtigen	Buchwert § 6 Abs. 5 S. 2 EStG
Sonderbetriebsvermögen	Sonderbetriebsvermögen desselben Steuerpflichtigen bei anderer Mitunternehmerschaft	Buchwert § 6 Abs. 5 S. 2 EStG

II. Zwischen Betriebsvermögen mit Rechtsträgerwechsel (= Übertragung)

von	auf	Bewertung
eigenem Betriebsvermögen des Unternehmers	Gesamthandsvermögen	Buchwert § 6 Abs. 5 S. 3 Nr. 1 EStG
Gesamthandsvermögen	eigenes Betriebsvermögen des Mitunternehmers	Buchwert § 6 Abs. 5 S. 3 Nr. 1 EStG
Gesamthandsvermögen	Sonderbetriebsvermögen bei derselben oder einer anderen Mitunternehmerschaft	Buchwert § 6 Abs. 5 S. 3 Nr. 2 EStG
Sonderbetriebsvermögen	Gesamthandsvermögen derselben oder einer anderen Mitunternehmerschaft	Buchwert § 6 Abs. 5 S. 3 Nr. 2 EStG
Sonderbetriebsvermögen des Mitunternehmers A	Sonderbetriebsvermögen des Mitunternehmers B bei derselben Mitunternehmerschaft	Buchwert § 6 Abs. 5 S. 3 Nr. 3 EStG

Wird das zum Buchwert übertragene Wirtschaftsgut innerhalb einer Sperrfrist von drei Jahren nach Abgabe der Steuererklärung des Übertragenden für den Veranlagungszeitraum, in dem die betreffende Übertragung erfolgt ist veräußert oder entnommen, ist rückwirkend auf den Zeitpunkt der Übertragung das Wirtschaftsgut mit dem Teilwert anzusetzen. Dies gilt nur dann nicht, wenn die bis zur Übertragung entstandenen stillen Reserven durch die Erstellung einer Ergänzungsbilanz dem Gesellschafter zugeordnet worden sind (vgl. § 6 Abs. 5 S. 4 EStG).

Ist an der (das Wirtschaftsgut) aufnehmenden Mitunternehmerschaft im Übertragungszeitpunkt eine Körperschaft, Personenvereinigung oder Vermögensmasse beteiligt, ist das übertragene Wirtschaftsgut zwingend zum Teilwert anzusetzen (vgl. § 6 Abs. 5 S. 5 EStG). Gleiches gilt, wenn die Körperschaft oder dergleichen erst im Anschluss an die Überführung des Wirtschaftsguts innerhalb eines Zeitraums von 7 Jahren an der Mitunternehmerschaft beteiligt wird (vgl. § 6 Abs. 5 S. 6 EStG).

Fall 20: Anteile an einer Kapitalgesellschaft

Die Knallgas-GmbH erwirbt 6 Aktien der Chemie-AG zum Kurswert von 560,00 EUR.

Die Maklergebühr beträgt 0,2 %, die Bankprovision 1 % vom Kurswert. Außerdem erhält die Knallgas-GmbH eine Dividendengutschrift auf ihr Bankkonto i. H. von 132,00 EUR in 02 für 01. (Der SolZ ist zu vernachlässigen.)

(1) Mit welchem Wert sind die Aktien zu bilanzieren und wie lautet der Buchungssatz?
(2) Welche Ausweismöglichkeiten bestehen?
(3) Wie wird die Dividendenausschüttung gebucht?

Lösung:

Zu (1):

Da es sich bei den Aktien der Chemie-AG um Vermögensgegenstände handelt, müssen sie gemäß § 253 Abs. 1 S. 1 i. V. mit § 246 Abs. 1 HGB mit ihren Anschaffungskosten in der Bilanz angesetzt werden.

Nach § 255 Abs. 1 HGB zählen zu den Anschaffungskosten die Aufwendungen, die geleistet werden, um die Aktien zu erwerben. Hierzu zählen auch die Anschaffungsnebenkosten sowie nachträgliche Anschaffungskosten.

Bei der Maklergebühr sowie der Bankprovision handelt es sich um typische Anschaffungsnebenkosten, die den Aktien einzeln zugerechnet werden können und folglich handels- als auch steuerrechtlich aktivierungspflichtig sind.

Ermittlung der Anschaffungskosten:

6 Aktien zu 560,00 EUR	3.360,00 EUR
+ Bankprovision (1 % von 3.360,00 EUR)	33,60 EUR
+ Maklergebühr (0,2 % von 3.360,00 EUR)	6,72 EUR
= Anschaffungskosten	3.400,32 EUR

Die Aktien der Chemie-AG werden folglich zu einem Betrag von 3.400,32 EUR in der Bilanz der Knallgas-GmbH aktiviert.

				Soll	Haben
1348	Sonstige Wertpapiere	1200	Bank	3.400,32	3.400,32

Fall 20

Zu (2):

Es stellt sich die Frage, ob die Aktien als Wertpapiere des Anlage- oder des Umlaufvermögens auszuweisen sind.

> Gemäß § 247 Abs. 2 HGB dürfen im Anlagevermögen nur Vermögensgegenstände ausgewiesen werden, die bestimmt sind, dauernd dem Geschäftsbetrieb zu dienen.

Hierunter fallen beispielsweise Beteiligungen, aber auch Wertpapiere, die nicht sofort wieder veräußert werden sollen. Wenn bei Wertpapieren bereits beim Erwerb oder ihrer Einlage erkennbar ist, dass sie dem Betrieb nur Verluste bringen, kommt keine Zuordnung zum Betriebsvermögen in Betracht (H 13 Abs. 1 EStH 2003). Hiervon ausgenommen sind jedoch Kapitalgesellschaften, da sie keine private Sphäre haben.

> Was unter Umlaufvermögen zu verstehen ist, wird im HGB nicht exakt beschrieben. Man definiert den Begriff deshalb in der Weise, dass er jene Vermögensteile umfasst, die nicht zum Anlagevermögen gehören und keine Posten der Rechnungsabgrenzung darstellen.

Das heißt also: Sollen die Aktien dem Geschäftsbetrieb der Knallgas-GmbH nicht dauerhaft dienen, so sind sie im Umlaufvermögen auszuweisen. Man sieht, dass es für die Entscheidung über den Ausweis im Anlagevermögen oder Umlaufvermögen auf den Willen des Bilanzierenden ankommt.

Zu (3):

Außerdem erfolgt eine Dividenausschüttung in Höhe von 22,00 EUR x 6 = 132,00 EUR. Diese Dividendenerträge unterliegen zunächst der Kapitalertragsteuer, die von der Aktiengesellschaft einbehalten und an das Finanzamt abgeführt wird. Im Zuge der Einführung des Halbeinkünfteverfahrens ab dem Veranlagungszeitraum 2001 ist die Kapitalertragsteuer auf Gewinnanteile aus Kapitalgesellschaften nach § 43 Abs. 1 Nr. 9 EStG auf 20 % gesenkt worden.

Die Dividende ist eine Einnahme aus Kapitalvermögen gemäß § 20 Abs. 1 Nr. 1 EStG. Über § 20 Abs. 3 EStG i. V. m. § 8 Abs. 2 KStG werden aber diese Einkünfte zu Einkünften aus Gewerbebetrieb. Da es sich bei der Knallgas-GmbH als Anteilseignerin um eine Kapitalgesellschaft handelt, ist die Dividende nach § 8 b Abs. 1 KStG steuerfrei. Die Dividende wird bei der Ermittlung des zu versteuernden Einkommens außerbilanziell i. H. v. 165,00 EUR herausgerechnet. Außerdem gelten 5 % der Dividende als nicht abzugsfähige Betriebsausgaben (§ 8 b Abs. 5 S. 1 KStG). Auch in diesem Fall werden 5 % = 8,25 EUR außerbilanziell hinzugerechnet.

Der Zuflussbetrag einschließlich der anrechenbaren Kapitalertragsteuer stellen den gesamten – auf dem Konto "Beteiligungserträge" zu buchenden – Dividendenertrag dar.

			Soll	Haben
1200 Bank		2615 Laufende Erträge aus Anteilen an Kapitalgesellschaften	132,00	165,00
2212 Kapitalertragsteuer 20 %			33,00	

Fall 21: Bewertung von Gebäuden

Michie Müller hat gemäß Kaufvertrag vom 12.04.01 ein bebautes Grundstück zu einem Preis von 450.000,00 EUR erworben, das Betriebsvermögen sein soll. Nutzen und Lasten sind am 01.05.01 übergegangen. Es entstanden in den folgenden Wochen Notarkosten i. H. von 5.000,00 EUR und Gebühren für die Grundbucheintragung von 3.500,00 EUR. Die Grunderwerbsteuer wurde von Müller am 12.06.01 i. H. von 15.750,00 EUR bezahlt. Das Wertverhältnis von Grund und Boden zu Gebäude beträgt beim Kaufpreis 1:3. Sämtliche Überweisungen erfolgten unmittelbar nach Rechnungseingang per Bank. Die planmäßige Gebäudeabschreibung soll nach § 7 Abs. 4 S. 1 Nr. 2 a EStG erfolgen.

Im Dezember 02 vernichtet ein Brand ein Teil des Gebäudes, sein Wert ist nach einem Gutachten durch die Versicherung auf 300.000,00 EUR gesunken.

(1) Ermitteln Sie die Anschaffungskosten des Gebäudes sowie die Buchwerte in der Bilanz zum 31.12.01 und zum 31.12.02!
(2) Wie ist in 01 und 02 zu buchen?

Lösung:

Zu (1):

Anschaffungskosten sind nach § 255 Abs. 1 HGB alle Aufwendungen, die geleistet werden, um den Vermögensgegenstand zu erwerben und ihn in einen betriebsbereiten Zustand zu versetzen, soweit die Aufwendungen dem Vermögensgegenstand einzeln zugeordnet werden können, zuzüglich Anschaffungsnebenkosten und nachträglicher Anschaffungskosten und vermindert um Anschaffungspreisminderungen.

Die Aktivierung erfolgt am 01.05.01, dem Zeitpunkt des Übergangs des wirtschaftlichen Eigentums.

Das bebaute Grundstück umfasst handelsrechtlich die Vermögensgegenstände „Grund und Boden" sowie „Gebäude". Steuerrechtlich liegen ebenfalls zwei Wirtschaftsgüter vor. Der Gesamtkaufpreis und die Nebenkosten von im Betriebsvermögen befindlichen Grundstücken ist nach dem Verhältnis der Teilwerte von Grund und Boden sowie Gebäude aufzuteilen. Es ergibt sich folgende Berechnung:

Fall 22

	450.000,00 EUR	Kaufpreis
+	5.000,00 EUR	Notarkosten
+	3.500,00 EUR	Grundbucheintragung
+	15.750,00 EUR	Grunderwerbsteuer (3,5 % v. 450.000 EUR)
=	474.250,00 EUR	Anschaffungskosten des Grundstücks
./.	118.563,00 EUR	Anschaffungskosten des Grund und Bodens (25 %)
=	355.687,00 EUR	Anschaffungskosten des Gebäudes (75 %)
./.	4.742,00 EUR	AfA 2 % f. 8 Monate
=	350.945,00 EUR	Buchwert zum 31.12.01
./.	7.114,00 EUR	AfA 2 % f. 12 Monate
./.	43.831,00 EUR	Außerplanmäßige Abschreibung/Teilwertabschreibung
=	300.000,00 EUR	Buchwert zum 31.12.02

Zu (2):

In 01 ergeben sich folgende Buchungen:

					Soll	Haben
0065	Unbebaute Grundstücke	1200	Bank		118.563,00	474.250,00
0100	Fabrikbauten				355.687,00	

					Soll	Haben
4830	Abschreibungen auf Sachanlagen	0100	Fabrikbauten		4.742,00	4.742,00

In 02 ergeben sich folgende Buchungen:

					Soll	Haben
4830	Abschreibungen auf Sachanlagen	0100	Fabrikbauten		7.114,00	50.945,00
4840	Außerplanmäßige Abschreibungen auf Sachanlagen				43.831,00	

Fall 22: Investitionszuschüsse

Die Knallgas-GmbH kauft eine Maschine im Wert von 100.000,00 EUR mit einer Nutzungsdauer von 10 Jahren. Es wird ein Investitionszuschuss von 10 % auf den Gesamtbetrag gewährt und in 01 auf das Bankkonto überwiesen.

Welche Möglichkeiten bestehen für die GmbH in Bezug auf die bilanzielle Behandlung des erhaltenen Zuschusses?

Lösung:

Im Rahmen der bilanziellen Behandlung von Zuschüssen besitzt der Zuschussempfänger sowohl in der Handels- wie in der Steuerbilanz ein Wahlrecht. Es kommen grundsätzlich drei Möglichkeiten in Betracht:

1) Berücksichtigung der Zuwendung als Anschaffungskostenminderung,
2) Ansatz eines speziellen Passivpostens (z. B. Sonderposten für Investitionszuschüsse im Anlagevermögen) und dessen erfolgswirksame Auflösung über die Nutzungsdauer des angeschafften Vermögensgegenstandes,
3) sofortige erfolgswirksame Vereinnahmung der Zuwendung.

Steuerlich sind allerdings die Vorgaben des R 34 Abs. 2 EStR 2003 zu beachten.

Die Knallgas-GmbH kann somit in der Handels- als auch der Steuerbilanz den gewährten Zuschuss i. H. von 10.000,00 EUR als Betriebseinnahme ansetzen. Sie erhöht also den Gewinn im Jahre 01 um diesen Betrag.

Entscheidet sich die GmbH allerdings dafür, den Zuschuss erfolgsneutral zu behandeln, ist die Maschine nur mit den selbst getragenen Anschaffungskosten in Höhe von 90.000,00 EUR zu aktivieren (100.000,00 EUR – 10.000,00 EUR = 90.000,00 EUR). Voraussetzung für die Behandlung des Zuschusses als Anschaffungskostenminderung ist allerdings, dass in der Handelsbilanz entsprechend verfahren wird (vgl. R 34 Abs. 2 S. 4 EStR 2003).

Die Öffnungsklausel für die Übernahme der außerplanmäßigen Abschreibungen in die Handelsbilanz ist § 254 HGB.

Soll der Zuschuss nicht als Betriebseinnahme erfasst werden, kommt es dennoch – auf indirektem Wege – zu entsprechenden Erfolgswirkungen. Aufgrund der durch den Zuschuss verminderten Anschaffungskosten liegt ein verringertes Abschreibungspotenzial vor, mit der Folge von geringeren Abschreibungsbeträgen. Im Vergleich zu einer Maschine mit ungekürzten Anschaffungskosten liegen damit über den planmäßigen Nutzungszeitraum höhere Gewinne vor. Durch die Anschaffungskostenkürzung erfolgt also nicht eine sofortige Versteuerung des Zuschusses, sondern eine gemäßigte Nachversteuerung über die Nutzungsdauer der Maschine.

Fall 23: Derivativer Geschäfts- oder Firmenwert

Die AB-GmbH kauft am 02.01.01 das Einzelunternehmen des A zu einem Preis von 1 Mio EUR. Die Verkehrswerte der einzelnen Vermögensgegenstände (=Maschinen) belaufen sich auf 750.000,00 EUR, es wird des Weiteren davon ausgegangen, dass keine Schulden vorhanden sind.

(1) Wie ist der Kauf des Unternehmens aus handelsrechtlicher sowie aus steuerrechtlicher Sicht zu behandeln?
(2) Wie ist zu buchen?

Lösung:

Zu (1):

Die einzelnen Vermögensgegenstände sind gemäß dem Vollständigkeitsgebot in § 246 Abs. 1 i. V. mit § 252 Abs. 1 Nr. 3 HGB in der Bilanz der AB-GmbH anzusetzen. Die Erstbewertung erfolgt nach § 253 Abs. 1 HGB mit den Anschaffungs- oder Herstellungskosten. In diesem Falle sind die Vermögensgegenstände mit ihren Verkehrswerten anzusetzen. Der Unterschiedsbetrag zwischen dem Kaufpreis und der Summe der einzelnen Vermögensgegenstände wird als derivativer Geschäftswert bezeichnet.

> Der Geschäftswert (auch goodwill) ist jener Bestandteil des Ertragswertes eines Unternehmens, der über den Saldo der Zeitwerte aller bilanzierungsfähigen Vermögensgegenstände und Schulden hinausgeht.
>
> Er beinhaltet zum einen die gemäß dem Aktivierungsgrundsatz nicht bilanzierungsfähigen Werte eines Unternehmens, z. B. die Güte der Organisation, Vertriebskanäle und Kundenstamm, sowie die Qualität des Managements und der anderen Mitarbeiter. Außerdem enthält der Geschäftswert Wertbestandteile der Vermögensgegenstände und Schulden, die sich über deren Zeitwerte hinaus bei einer ertragswertorientierten Bewertung ergeben würden.

Es stellt sich nun die Frage, ob dieser derivative Geschäfts- oder Firmenwert als Vermögensgegenstand einzustufen ist und dementsprechend gemäß dem Vollständigkeitsgebot des § 246 Abs. 1 HGB zu bilanzieren ist.

> Der Begriff Vermögensgegenstand umfasst nicht nur Sachen und Rechte im bürgerlich-rechtlichen Sinne, sondern ganz allgemein
>
> (1) wirtschaftliche Werte, die
> (2) selbstständig bewertbar und
> (3) selbstständig verkehrsfähig, d. h. einzeln veräußerbar sind.

Da der Geschäfts- oder Firmenwert nur in Zusammenhang mit einem ganzen Unternehmen oder zumindest einem Teilbetrieb, nicht aber isoliert veräußerbar ist, liegt hier aus handelsrechtlicher Sicht also kein aktivierungsfähiger Vermögensgegenstand vor. Nach § 255 Abs. 4 S. 1 HGB besteht aber die Möglichkeit, den Unterschiedsbetrag, um den die für die Übernahme eines Unternehmens bewirkte Gegenleistung den Wert der einzelnen Vermögensgegenstände des Unternehmens abzüglich der Schulden im Zeitpunkt der Übernahme übersteigt, als Geschäfts- oder Firmenwert zu aktivieren.

Somit hat die AB-GmbH ein Wahlrecht, in ihrer Handelsbilanz den Betrag von 250.000 EUR als Geschäftswert zu aktivieren. Die Folgebewertung richtet sich nach § 255 Abs. 4 S. 2 und S. 3 HGB. Demnach besteht die Möglichkeit, den Geschäfts- oder Firmenwert in jedem folgenden Geschäftsjahr zu mindestens einem Viertel oder planmäßig über die voraussichtliche Nutzungsdauer abzuschreiben.

> Der Geschäfts- oder Firmenwert wird handelsrechtlich als „aliud", also als Wert eigener Art eingeordnet. Für den Charakter einer Bilanzierungshilfe spricht zum einen das Aktivierungswahlrecht sowie die Möglichkeit der pauschalen Abschreibung. Der Geschäftswert weist aber ebenfalls Merkmale eines Vermögensgegenstandes auf. So kann er auch planmäßig über die voraussichtliche Nutzungsdauer abgeschrieben werden. Des Weiteren wird er gemäß dem Gliederungsschema in § 266 HGB unter den immateriellen Vermögensgegenständen ausgewiesen.

In der Steuerbilanz dagegen ist der Begriff des Wirtschaftsgutes relevant für eine Aktivierung (siehe oben). Ein Vergleich der zu Grunde gelegten Merkmale macht deutlich, dass der Begriff des Wirtschaftsgutes über den des Vermögensgegenstandes hinausgeht, und auch Güter umfasst, die zwar bei einer Veräußerung des Unternehmens den Gesamtkaufpreis erhöhen, aber nicht einzeln veräußerbar sind. Aus steuerrechtlicher Sicht ist also der Geschäfts- oder Firmenwert als Wirtschaftsgut anzusehen und es besteht insoweit eine Aktivierungspflicht (§ 5 Abs. 2 EStG).

Ein Aktivierungsverbot liegt gem. § 5 Abs. 2 EStG nur dann vor, wenn der Geschäftswert nicht entgeltlich erworben wurde, es sich also um einen originären Wert handelt. Da im vorliegenden Fall der Kaufpreis für das Unternehmen 1 Mio. EUR betrug, die Summe der Verkehrswerte der Wirtschaftsgüter dagegen nur 750.000,00 EUR, ist der derivative Geschäftswert zwingend mit 250.000,00 EUR anzusetzen. Die Folgebewertung richtet sich nach § 7 Abs. 1 S. 3 EStG. Demnach ist also der Geschäfts- oder Firmenwert planmäßig über einen Zeitraum von 15 Jahren linear abzuschreiben.

Zu (2):

In 01 ergeben sich folgende Buchungen:

				Soll	Haben
0210	Maschinen	1200	Bank	750.000,00	1.000.000,00
0035	Geschäfts- oder Firmenwert			250.000,00	

				Soll	Haben
4824	Abschreibungen auf den Geschäfts- oder Firmenwert	0035	Geschäfts- oder Firmenwert	16.667,00	16.667,00

Sofern in der Handelsbilanz vom Wahlrecht der Aktivierung des Geschäftswertes und der pauschalen Abschreibung Gebrauch gemacht wird, ergeben sich folgende Buchungen:

In 01:

				Soll	Haben
0210	Maschinen	1200	Bank	750.000,00	1.000.000,00
0035	Geschäfts- oder Firmenwert			250.000,00	

In 02:

				Soll	Haben
4824	Abschreibungen auf den Geschäfts- oder Firmenwert	0035	Geschäfts- oder Firmenwert	62.500,00	62.500,00

Dies führt zu einer Abweichung zwischen Handels- und Steuerbilanz.

2. Herstellungskosten

Fall 24: Umfang der Herstellungskosten

Das Bauunternehmen Hoch & Tief KG stellt einen eigenen Kran her. Zum 31.12.06 ist er fertig gestellt und wird in der Bilanz aktiviert. Bei der Herstellung sind nachfolgende Kosten angefallen:

a) Bleche in Form von Rechteckzuschnitten, Ringen und Ronden sowie anderes Fertigungsmaterial i.H.v. 50.000,00 EUR,

b) Kosten für den Transport und die Prüfung des Materials durch Atteste 20 % des Fertigungsmaterials: 10.000,00 EUR,

c) Arbeitslohn zur Herstellung des Kranes (Akkordlohn): 6.000,00 EUR,

d) Anteilige Stromkosten der Produktionsanlagen (aus Kostengründen pauschal ermittelt): 2.300,00 EUR,

e) Kosten für die Erstellung eines Spezialwerkzeuges: 3.500,00 EUR,

f) Die Konstruktion des Kranes hat ein Ingenieurbüro übernommen, das für seine Arbeit 5.250,00 EUR berechnete,

g) Anteilige zeitabhängige Abschreibung der für die Herstellung benötigten Maschinen: 4.500,00 EUR,

h) Anteilige Kosten des Betriebsrates, des Personalbüros und des Rechnungswesens: 1.200,00 EUR,

i) Für die Herstellung des Kranes wurde ein Darlehen i. H. von 70.000,00 EUR aufgenommen, Zinsaufwand 3.500,00 EUR,

j) Anteiliger Lohn des Meisters für die Kontrolle der Herstellung des Kranes: 1.500,00 EUR.

(1) Ermitteln Sie die jeweilige Wertober- bzw. -untergrenze der Herstellungskosten in Handels- und Steuerbilanz zum 31.12.06?
(2) Wie lautet der jeweilige Buchungssatz in der Bilanz 31.12.06?
(3) Wie lautet der in der Steuerbilanz günstigste Bilanzansatz, wenn in der Handelsbilanz ein möglichst hoher Jahresüberschuss ausgewiesen werden soll, ohne dass der Handelsbilanzansatz zusätzliche steuerliche Belastungen zur Folge hat?

Lösung:

Zu (1):

Der Umfang der Herstellungskosten bestimmt sich nach § 255 Abs. 2 HGB in der Handelsbilanz und gemäß R 33 EStR 2003 in der Steuerbilanz.

Kostenarten		HGB	EStR	Betrag
1) Materialeinzelkosten	a	**muss**	**muss**	50.000
2) Fertigungseinzelkosten	c	**muss**	**muss**	6.000
3) Sondereinzelkosten der Fertigung	e,f	**muss**	**muss**	3.500 5.250
4) unechte Gemeinkosten	d	**muss**	**muss**	2.300
5) Materialgemeinkosten	b	kann	**muss**	10.000

6) Fertigungsgemeinkosten	j	kann	**muss**	1.500
7) Werteverzehr des Anlagevermögens	g	kann	**muss**	4.500
8) Kosten der allgemeinen Verwaltung	h	kann	kann	1.200
9) Zinsen für Fremdkapital	i	kann	kann	3.500

Beispiele für die Kostenarten 1-9:

1) direkt zurechenbare Stoffkosten, insbesondere der Verbrauch an Rohstoffen

2) Fertigungslöhne einschließlich aller Zuschläge (u. a. Überstunden, Feiertage) gesetzlicher und tariflicher Sozialleistungen

3) Einzelaufwendungen für Modelle, Spezialwerkzeuge, Lizenzen usw.; auftragsgebundene Entwicklungs-, Versuchs- und Konstruktionskosten, Materialprüfungskosten

4) Eigentlich Einzelkosten, die aber aus Gründen der Wirtschaftlichkeit in der Kosten- und Leistungsrechnung als Gemeinkosten verrechnet werden, bilanziell aber Einzelkosten bleiben.

5) Lagerhaltung, Transport und Prüfung des Materials, Werkzeuglager, soweit die Aufwendungen notwendig sind

6) Notwendige Aufwendungen für Vorbereitung und Kontrolle der Fertigung, Betriebsleitung, Raumkosten, Sachversicherung und ähnliche Kosten

7) Fertigungsbezogener Werteverzehr; Ansatz der bilanziellen Abschreibungen; keine Berücksichtigung von Sonderabschreibungen oder Teilwertabschreibungen

8) Dazu gehören u. a. Aufwendungen für Geschäftsleitung, Einkauf und Wareneingang, Betriebsrat, Personalbüro, Nachrichten- und Ausbildungswesen, Rechnungswesen, Feuerwehr, Werkschutz

9) Nach § 255 Abs. 3 HGB dürfen Zinsen für Fremdkapital ausnahmsweise angesetzt werden, wenn das Fremdkapital zur Finanzierung der Herstellung des Vermögensgegenstandes verwendet wurde und die Zinsen auf den Zeitraum der Herstellung entfallen.

Unternehmen, die sich fremd finanzieren und langfristige Fertigung betreiben, dürfen in angemessener Weise – z. B. entsprechend der Kapitalstruktur – Fremdkapitalzinsen in die Herstellungskosten einbeziehen.

Handelsbilanz zum 31.12.06

Wertuntergrenze: 67.050,00 EUR
Wertobergrenze: 87.750,00 EUR

Steuerbilanz zum 31.12.06

Wertuntergrenze: 83.050,00 EUR
Wertobergrenze: 87.750,00 EUR

Zu (2):

				Soll	Haben
7110	Fertige Erzeugnisse (Bestand)	8980	Bestandsveränderungen fertige Erzeugnisse	67.050,00	67.050,00

Zu (3):

Da eine Buchung auf dem Konto „Bestandsveränderungen" unmittelbare Erfolgswirkung hat, liegt es regelmäßig im steuerlichen Interesse des bilanzierenden Unternehmens, die Bestandsveränderungen möglichst gering ausfallen zu lassen. Unter diesem Gesichtspunkt erfordert der günstigste Steuerbilanzansatz eine Bilanzierung der Herstellungskosten zur Wertuntergrenze.

Soll handelsrechtlich hingegen ein möglichst hoher Jahresüberschuss ausgewiesen werden, bedeutet dies eine höchstmögliche Dotierung der Bestandsveränderungen und damit ein Wertansatz der Fertigerzeugnisse zur Wertobergrenze. Ein Ansatz der Fertigerzeugnisse zur Wertobergrenze in der Handelsbilanz wirkt aber über § 5 Abs. 1 Satz 1 EStG auch auf die Steuerbilanz, sodass auch steuerlich eine Bilanzierung zur Wertobergrenze erfolgen müsste.

Da laut Aufgabenstellung in der Handelsbilanz der Ausweis eines möglichst hohen Jahresüberschusses aber nur dann erfolgen soll, wenn dadurch keine zusätzlichen steuerlichen Belastungen entstehen, kann der Handelsbilanzansatz nur zu dem Wert erfolgen, der keine Wirkungen auf die Steuerbilanz entfaltet. Handelsbilanziell bedeutet dies, dass ein Ansatz der Herstellungskosten zur Wertobergrenze ausscheiden muss.

Vorstehender Zielkonflikt ist dadurch zu lösen, dass in der Steuerbilanz ein Ansatz der Herstellungskosten auf die Wertuntergrenze zu beschränken ist, während handelsbilanziell die Herstellungskosten die Wertuntergrenze zuzüglich angemessene Teile der notwendigen Materialgemeinkosten und Fertigungsgemeinkosten sowie den auf die Herstellung des Vermögensgegenstandes entfallenden Werteverzehr des Anlagevermögens umfassen muss.

Der Bilanzansatz des Krans in der Bilanz 31.12.06 der Hoch & Tief KG umfasst daher handels- wie steuerbilanziell 83.050,00 EUR.

Fall 25: Herstellungsaufwand und Instandhaltungsaufwand bei Gebäuden

Bei einem 50 Jahre alten Wohnhaus der Knallgas-GmbH, das seit mehr als 10 Jahren im Besitz der GmbH ist, sind seit 20 Jahren keine größeren Reparaturen und Renovierungen mehr vorgenommen worden. Bei der dann durchgeführten Instandsetzung und Modernisierung im Jahre 01 werden die folgenden Arbeiten durchgeführt:

- Erneuerung des Daches,
- Einbau von isolierverglasten Fenstern anstelle der einfachverglasten,
- Erneuerung der Elektro- und Sanitäranlagen.

Durch diese Aufholung des Instandhaltungsrückstandes kann nach der Renovierung eine um ca. 50 % höhere Miete erzielt werden. Außerdem wird ein Balkon angebaut.

Wie sind diese Aufwendungen in der Bilanz der Knallgas-GmbH zu bilanzieren?

Lösung:

Im vorliegenden Fall stellt sich die Frage, ob die Instandsetzungs- und Modernisierungsmaßnahmen als Herstellungskosten oder als Erhaltungsaufwand angesehen werden. Dies ist von entscheidender Bedeutung, da Herstellungskosten nur über Abschreibungen und damit erst über einen längeren Zeitraum erfolgsmindernd wirken, während Erhaltungsaufwendungen im Jahr der Ausgabe den Jahresüberschuss mindern. Dies gilt sowohl handels- als auch steuerbilanziell.

Die Herstellungskosten eines Gebäudes richten sich nach § 255 Abs. 2 S. 1 HGB. Demnach sind Herstellungskosten die Aufwendungen, die durch den Verbrauch von Gütern und die Inanspruchnahme von Diensten für die Herstellung eines Vermögensgegenstandes, seine Erweiterung oder für eine über seinen ursprünglichen Zustand hinausgehende wesentliche Verbesserung entstehen.

Für die Abgrenzungsfrage der nachträglichen Herstellungskosten oder Erhaltungsaufwand bei bereits bestehenden Gebäuden sind die Kriterien „Erweiterung" und „über den ursprünglichen Zustand hinausgehende wesentliche Verbesserung" von besonderer Bedeutung. Zunächst ist herauszustellen, dass ein Balkon angebaut worden ist. D. h. es liegt eine Vergrößerung der nutzbaren Fläche vor. Eine Erweiterung und somit Herstellungskosten sind bereits gegeben, wenn Baumaßnahmen nur zu einer geringfügigen Vergrößerung der Nutzfläche führen. Die Aufwendungen für den Balkon sind folglich in der Bilanz der Knallgas-GmbH als Herstellungskosten zu aktivieren.

Die anderen Aufwendungen werden dagegen getätigt, um das Gebäude als Ganzes lediglich in einem ordnungsgemäßen Zustand entsprechend seinem ursprünglichen Zustand zu erhalten oder diesen in zeitgemäßer Form wieder herzustellen. Es ist im Folgenden zu prüfen, ob somit Erhaltungsaufwand vorliegt oder Herstellungskosten anzunehmen sind.

Grundsätzlich liegt Erhaltungsaufwand auch dann vor, wenn die Aufwendungen bei Aufholung eines Renovierungsrückstandes geballt in einem Veranlagungszeitraum anfallen und zu einer deutlichen Mietsteigerung führen. Die Renovierungsmaßnahmen Erneuerung des Daches, Einbau von isolierverglasten Fenstern sowie eine Erneuerung der Elektro- und Sanitäranlagen sind einzeln betrachtet als Erhaltungsaufwendungen einzustufen, da mit keiner der Einzelmaßnahmen eine über den ursprünglichen Zustand hinausgehende wesentliche Verbesserung i. S. des § 255 Abs. 2 S. 1 HGB erzielt wird. Der Grund für die zu erreichende Mietsteigerung i. H. von 50 % ist ausschließlich in der Wiederherstellung des zeitgemäßen Wohnkomforts zu sehen. Problematischer ist allerdings, dass drei zentrale Ausstattungsmerkmale zusammen in ihrer Qualität verbessert werden.

Laut BMF-Schreiben vom 18.07.2003, BStBl. I S. 386 sind bei Modernisierungsmaßnahmen an Gebäuden sind folgende Stufen zu unterscheiden:

- Modernisierungen, die die Einrichtung in zeitgemäßer Form ersetzen (⇒ Erhaltungsaufwand)

- Modernisierungen, die eine deutliche Funktionserweiterung bewirken (⇒ nachträgliche Herstellungskosten), Hebung des Standards

    Eine deutliche Funktionserweiterung wird angenommen, wenn eine wesentliche Verbesserung in mindestens drei Bereichen der folgenden Einrichtungen eintritt:

    → Heizungsinstallationen,

    → Sanitärinstallationen,

    → Elektroinstallationen sowie

    → Fenster.

- Modernisierungen, die eine zusätzliche Funktion erfüllen (⇒ nachträgliche Herstellungskosten).

Folglich sind nur die Aufwendungen für die Erneuerung des Daches sofort abzugsfähig. Die Aufwendungen für den Anbau des Balkons sind aufgrund der zusätzlichen Funktion als nachträgliche Herstellungskosten einzustufen. Ebenso werden aber auch die übrigen Aufwendungen behandelt, da aufgrund der neuen Elektro- und Sanitäranlagen sowie der Fenster von einer deutlichen Funktionserweiterung auszugehen ist. Der Standard der Wohnung hat sich verbessert.

Fall 26: Anschaffungsnaher Herstellungsaufwand bei Gebäuden

Wie wäre der vorherige Fall steuerlich zu behandeln, wenn das Haus erst ein Jahr vor Durchführung der Arbeiten für 500.000,00 EUR von der Knallgas-GmbH erworben wurde? Vom Anbau des Balkons ist abzusehen. Die Renovierungsarbeiten betragen insgesamt 125.000,00 EUR.

Lösung:

Es ist im Folgenden zu prüfen, ob „anschaffungsnaher Herstellungsaufwand" vorliegt. Danach können Herstellungskosten auch dann vorliegen, wenn in zeitlicher Nähe zur Anschaffung eines Gebäudes im Verhältnis zum Kaufpreis hohe Reparatur- und Renovierungsaufwendungen anfallen.

Mit dem Steueränderungsgesetz 2003 vom 15.12.2003 wurde ab 01.01.2004 der anschaffungsnahe Aufwand in § 6 Abs. 1 Nr. 1 a EStG kodifiziert. Er ist erstmals für Baumaßnahmen anzuwenden, die nach dem 31.12.2003 beginnen.

Demnach liegt kein anschaffungsnaher Herstellungsaufwand vor, wenn die innerhalb von drei Jahren nach der Anschaffung (als Erhaltungsaufwand) geltend gemachten Ausgaben für die Instandsetzung 15 % der Anschaffungskosten des Gebäudes nicht übersteigen. Im vorliegenden Fall betragen die Ausgaben für die Renovierungsarbeiten 125.000,00 EUR; das sind 25 % der Anschaffungskosten i. H. von 500.000,00 EUR des Gebäudes. Somit handelt es sich bei den Aufwendungen um anschaffungsnahen Herstellungsaufwand, der aktiviert werden muss. Entsprechendes gilt für die Handelsbilanzlösung.

Fall 27: Leerkosten und Ermittlung der Herstellungskosten

Im Jahr 07 stellt die Maschinenfabrik Bruch-GmbH eine Plasma-Brennmaschine her, mit der unter Wasser gebrannt werden kann. Dabei entstehen Gemeinkosten i. H. von 75.000,00 EUR. Aufgrund mangelnden Auftragsvolumens sind die Kapazitäten der GmbH nur zu 73 % der maximal erreichbaren Beschäftigung ausgelastet.

Außerdem ist zu Beginn des Jahres aus bisher ungeklärten Gründen ein Brand in der Lagerhalle ausgebrochen. Mehrere Maschinen wurden unbrauchbar, sodass also insoweit außerplanmäßige Abschreibungen vorgenommen werden müssen.

Diskutieren Sie, ob sich diese Situation auf die Ermittlung der Herstellungskosten in der Handelsbilanz auswirkt!

Lösung:

Nach § 255 Abs. 2 HGB dürfen bei der Ermittlung der (handelsrechtlichen) Herstellungskosten auch angemessene Teile der notwendigen Materialgemeinkosten, der notwendigen Fertigungsgemeinkosten und des Werteverzehrs des Anlagevermögens, soweit er durch die Fertigung veranlasst ist, eingerechnet werden. Das Wort „angemessen" bedeutet in diesem Zusammenhang, dass nur Aufwendungen, die das normale Maß nicht wesentlich übersteigen, in die Herstellungskosten einbezogen werden dürfen.

Somit sind also der betriebsfremde und der außergewöhnliche Werteverzehr auszuschließen, z. B. Abschreibungen in Katastrophenfällen oder die Kosten stillliegender Produktionsanlagen. Daraus folgt, dass die außerplanmäßigen Abschreibungen einiger Maschinen aufgrund des Brandes bei der Ermittlung der Herstellungskosten keine Berücksichtigung finden dürfen, da sie nicht durch die Fertigung veranlasst sind. Nur planmäßige Abschreibungen der Maschinen, die zur Herstellung eingesetzt wurden, dürfen die Herstellungskosten erhöhen.

Des Weiteren ist zu überlegen, ob die Gemeinkosten bei Ausnutzung des Wahlrechtes in § 255 Abs. 2 S. 2 HGB in voller Höhe eingerechnet werden können. Bei geringer Beschäftigung verteilen sie sich nur auf eine geringere Produktionsmenge, sodass bei Unterbeschäftigung hergestellte Vermögensgegenstände mit einem höheren Betrag an anteiligen Gemeinkosten belastet würden als ein gleichartiger Vermögensgegenstand, der bei Vollbeschäftigung produziert wird.

Aus den Begriffen „notwendig" und „angemessen" ergibt sich, dass nur der Teil der Gemeinkosten verrechnet werden darf, der auf die genutzte Kapazität entfällt (Nutzkosten), während der Rest, die sog. Leerkosten, nicht in die Herstellungskosten einbezogen werden darf. Es stellt sich nun die Frage, ab welcher Auslastung der Kapazität Unterbeschäftigung vorliegt. Hierbei sollte man auch dem Grundsatz der Wirtschaftlichkeit Rechnung tragen, d. h. nicht jede Beschäftigung unter 100 % darf bereits zu einer Herausrechnung der Leerkosten führen. Somit wird bei Ermittlung der Leerkosten die Normalbeschäftigung zu Grunde gelegt. Diese Leerkosten müssen erst dann aus den Gemeinkosten eliminiert werden, wenn die tatsächliche Auslastung unter 70 % der maximal erreichbaren Beschäftigung sinkt. Dies gilt sowohl handels- als auch steuerrechtlich.

Im vorliegenden Fall liegt also bei einer Auslastung von 73 % noch Normalbeschäftigung vor.

Macht die Bruch-GmbH von ihrem Wahlrecht nach § 255 Abs. 2 HGB Gebrauch, so kann sie die Gemeinkosten trotz des niedrigen Auftragsvolumens in voller Höhe in die Herstellungskosten der Brennmaschine einbeziehen.

3. Abschreibungen

Fall 28: Planmäßige und außerplanmäßige Abschreibung bei Personenunternehmen

Das Bauunternehmen Hoch & Tief KG hat am 02.01.00 einen neuen Kran XS 05 zum Preis von 200.000,00 EUR gekauft, der in der Bilanz zum 31.12.00 im Anlagevermögen ausgewiesen wird. Seine betriebsgewöhnliche Nutzungsdauer beträgt 10 Jahre. Die planmäßige Abschreibung erfolgt linear.

a) Im Jahr 01 stellt sich heraus, dass der Hersteller ein neues Modell dieses Kranes XS 06 auf den Markt gebracht hat. Der im Jahr 00 gekaufte Kran kann deshalb nur noch zu einem Preis von 60.000,00 EUR veräußert werden [= Wiederbeschaffungskosten eines vergleichbaren Krans]. Im darauffolgenden Jahr 02 wird das neue Modell XS 06 aufgrund erheblicher Mängel zur Jahresmitte wieder vom Markt genommen.

b) Im Jahr 01 stellt die Geschäftsführung der Hoch & Tief KG fest, dass die Anschaffung des Krans eine Fehlmaßnahme war. Der Teilwert des Krans umfasst deshalb zum Bilanzstichtag 31.12.01 einen Betrag von 60.000,00 EUR.

Mit welchem Wert ist der Kran in der Bilanz zum 31.12.00, 01 und 02 anzusetzen, wenn die Bilanzaufstellung in den ersten drei Monaten des jeweils nachfolgenden Geschäftsjahres erfolgt und wie ist zu buchen?

Lösung:

Handels- und Steuerbilanzansatz 00:

Gemäß § 253 Abs. 1 S. 1 i. V. mit § 255 Abs. 1 HGB, § 6 Abs. 1 Nr. 1 S. 1 EStG sind Vermögensgegenstände/Wirtschaftsgüter höchstens mit ihren Anschaffungskosten vermindert um Abschreibungen anzusetzen. Im Anschaffungszeitpunkt 02.01.00 ist der Kran also zunächst mit seinen Anschaffungskosten in Höhe von 200.000,00 EUR zu bilanzieren. Eine eventuell ausgewiesene abzugsfähige Vorsteuer zählt nicht zu den Anschaffungskosten (§ 9 b Abs. 1 EStG).

				Soll	Haben
0210	Maschinen	1200	Bank	200.000,00	200.000,00

Da der Kran als abnutzbarer(s) Vermögensgegenstand/Wirtschaftsgut gemäß Sachverhalt im Anlagevermögen ausgewiesen wird, sind die Anschaffungskosten nach § 253 Abs. 2 S. 1 HGB um planmäßige Abschreibungen zu verringern. Im vorliegenden Fall soll die lineare Abschreibung Anwendung finden.

> Die lineare Abschreibung führt zu gleichen Abschreibungsbeträgen im Zeitablauf. Die jährliche Abschreibung wird berechnet, indem der Abschreibungsausgangswert durch die geplante Nutzungsdauer dividiert wird.

Berechnung des Abschreibungsbetrages: 200.000,00 EUR : 10 = 20.000,00 EUR

				Soll	Haben
4830	Abschreibung auf Sachanlagen	0210	Maschinen	20.000,00	20.000,00

Somit ist der Kran in der Handelsbilanz der KG zum 31.12.00 mit einem Wert von 180.000,00 EUR auszuweisen.

Nach § 6 Abs. 1 S. 1 EStG ist der Kran in der Steuerbilanz mit den Anschaffungskosten vermindert um planmäßige Abschreibungen anzusetzen. Gemäß § 7 Abs. 1 S. 1 und 2 EStG kann auch steuerlich die lineare Absetzung für Abnutzung (AfA) Anwendung finden. Aufgrund des § 5 Abs. 1 S. 1 EStG ist die in der Handelsbilanz ermittelte Abschreibung – wegen Fehlens anderslautender steuerlicher Vorschriften – in die Steuerbilanz zu übernehmen. Somit entsprechen sich die Wertansätze des Kranes in Handels- und Steuerbilanz zum 31.12.00.

> Nach § 5 Abs. 1 S. 1 EStG gilt der Grundsatz der Maßgeblichkeit der Handelsbilanz für die Steuerbilanz, soweit dem keine steuerlichen Sondervorschriften – aufgrund des Bewertungsvorbehalts des § 5 Abs. 6 EStG – entgegenstehen.

Handels- und Steuerbilanzansatz 01:

Zu a):

Auch in den Folgejahren hat die planmäßige Abschreibung im Sinne des § 253 Abs. 2 S. 1 HGB zu erfolgen.

Im Geschäftsjahr 01 sind die fortgeschriebenen Anschaffungskosten in der Handelsbilanz zunächst um den Betrag der linearen Abschreibung zu vermindern, sodass der Buchwert des Krans nach Berücksichtigung der planmäßigen Abschreibung einen Wert von 160.000,00 EUR umfasst. Außerdem muss aber berücksichtigt werden, dass im Jahr 01 ein neues Modell dieses Kranes auf den Markt gekommen ist und der Kran somit nur zu einem niedrigeren Preis veräußert werden könnte.

> Gemäß § 253 Abs. 2 S. 3 HGB können bei Vermögensgegenständen des Anlagevermögens in der Handelsbilanz außerplanmäßige Abschreibungen vorgenommen werden, um die Vermögensgegenstände mit dem niedrigeren Wert anzusetzen, der ihnen am Abschlussstichtag beizulegen ist (= Abschreibungswahlrecht); sie sind dagegen zwingend bei einer voraussichtlich dauernden Wertminderung vorzunehmen (= Abschreibungsgebot).

> Für die Ermittlung des niedrigeren Wertes des Anlagevermögens sind die Beschaffungsmarktpreise relevant.

Im vorliegenden Fall umfassen die Wiederbeschaffungskosten eines vergleichbaren Krans nur noch 60.000,00 EUR. Somit ist der Wert des Kranes gesunken. Es ist nun zu prüfen, ob die Wertminderung voraussichtlich von Dauer oder vielmehr vorübergehender Natur ist.

> Bei einer „voraussichtlich dauernden Wertminderung" handelt es sich um einen unbestimmten Rechtsbegriff, der einer Auslegung bedarf.
>
> Handelsrechtlich ist eine dauerhafte Wertminderung für abnutzbare Vermögensgegenstände dann anzunehmen, wenn der jeweilige Stichtagswert voraussichtlich mindestens während der halben Restnutzungsdauer unter dem planmäßigen Restbuchwert liegt. Erhebliche Wertminderungen aus besonderem Anlass (z.B. Katastrophen, technischer Fortschritt) sind stets langfristiger Natur.
>
> Steuerrechtlich ist eine voraussichtlich dauerhafte Wertminderung von Wirtschaftsgütern des Anlagevermögens – erstmals für das erste nach dem 31.12.1998 endende Wirtschaftsjahr – unter Berücksichtigung des BMF-Schreibens vom 29.02.2000 (vgl. BStBl I 2000, S. 372 ff.) zu beurteilen. Für Wirtschaftsgüter
>
> - des abnutzbaren Anlagevermögens kann von einer voraussichtlich dauerhaften Wertminderung ausgegangen werden, wenn der Wert des jeweiligen Wirtschaftsguts zum Bilanzstichtag mindestens für die halbe Restnutzungsdauer (genauer: Abschreibungsdauer) unter dem planmäßigen Restbuchwert liegt.
>
> - des nichtabnutzbaren Anlagevermögens ist für die Prüfung einer voraussichtlich dauerhaften Wertminderung darauf abzustellen, ob die Gründe für eine niedrigere Bewertung voraussichtlich anhalten werden.
>
> Darüber hinaus liegt eine voraussichtlich dauerhafte Wertminderung vor, wenn die Wertminderung auf einem besonderen Anlass, wie etwa einer Naturkatastrophe (etwa auf Brand-/Wasserschäden) oder technischem Fortschritt beruht (vgl. Tz. 4 des BMF-Schreibens).

> In Bezug auf die Beurteilung der Wertminderung sind wertaufhellende Erkenntnisse bis zum Zeitpunkt der Aufstellung der Handelsbilanz/Steuerbilanz zu berücksichtigen. Wird in dem Wertaufhellungszeitraum der maßgebliche Buchwert des Wirtschaftsguts wieder erreicht, kann danach keine voraussichtliche dauerhafte Wertminderung angenommen werden (vgl. Tz. 4 des BMF-Schreibens).

Da hier ein neues Modell des Kranes auf den Markt gekommen ist, kann der Kran XS 05 – aufgrund des damit eingetretenen technischen Fortschritts – nur noch zu dem geringeren Preis veräußert werden. Damit ist der Wiederbeschaffungspreis eines vergleichbaren Krans unter den Wert der fortgeschriebenen Anschaffungskosten gesunken. Handelsrechtlich liegen damit die Voraussetzungen für eine voraussichtlich dauerhafte Wertminderung vor. Mit Blick auf den Bilanzansatz des Krans zum 31.12.01 erwächst daraus die Konsequenz, dass zwingend eine außerplanmäßige Abschreibung auf den niedrigeren beizulegenden Wert (= 60.000,00 EUR) vorzunehmen ist.

In der Steuerbilanz gilt zunächst wegen § 6 Abs. 1 Nr. 1 S. 2 EStG, dass der niedrigere Teilwert im Falle einer voraussichtlich dauerhaften Wertminderung wahlweise berücksichtigt werden kann. Da hier dem niedrigeren Teilwert ein Wertverlust aufgrund eines technischen Fortschritts zu Grunde liegt, ist auch steuerlich von einer dauerhaften Wertminderung auszugehen. Da die Hoch & Tief KG als Kaufmann den Vorschriften des HGB unterliegt, ist mit Blick auf die Steuerbilanz die Regelung des § 5 Abs. 1 S. 1 EStG zu beachten. Das steuerliche Abschreibungswahlrecht wandelt sich danach in der Steuerbilanz zu einem Abschreibungsgebot, sodass der Kran auch in der Steuerbilanz zum 31.12.01 mit dem niedrigeren Teilwert in Höhe von 60.000 EUR anzusetzen ist. Die Marktrücknahme des Krans zur Jahresmitte 02 stellt für die Bilanz zum 31.12.01 keine wertaufhellende Tatsache dar, da die Bilanz 01 bereits in den ersten drei Monaten des Jahres 02 erstellt wird.

				Soll	Haben
4830	Abscheibung auf Sachanlagen	0210	Maschinen	20.000,00	120.000,00
4840	Außerplanmäßige Abschreibungen auf Sachanlagen			100.000,00	

Der Bilanzansatz der Maschine entwickelt sich somit wie folgt:

Maschine Anschaffungskosten	200.000,00
./. AfA 00	20.000,00
Buchwert zum 31.12.00	180.000,00
./. AfA 01	20.000,00
./. außerplanmäßige Abschreibung	100.000,00
Buchwert zum 31.12.01	60.000,00

Fall 28 71

Zu b):

Da hier der niedrigere beizulegende Wert des Krans zum Bilanzstichtag 01 (= 60.000,00 EUR) bei planmäßiger Abschreibung erst mit Ablauf des Wirtschaftsjahrs 06 und damit in einem Zeitraum von mehr als die Hälfte der Restnutzungsdauer des Krans erreicht wird, ist handelsrechtlich eine außerplanmäßige Abschreibung geboten (vgl. nachstehende Grafik).

In der Steuerbilanz liegt ebenfalls eine dauerhafte Wertminderung vor (vgl. Tz. 4 des BMF-Schreibens). Aufgrund des § 5 Abs. 1 S. 1 EStG ist auch in der Steuerbilanz zwingend eine Teilwertabschreibung auf den niedrigeren Teilwert von 60.000,00 EUR vorzunehmen.

Es ergibt sich der unter (a) gefundene Buchungssatz.

Anmerkung: Mit nachstehender Tabelle können vorgefundene Ergebnisse überprüft werden:

Abschreibungsplan ohne TW-Abschreibung			
Jahr	AK ./. Abschr.	Buchwert	Erläuterung
	EUR	EUR	
	200.000		
0	20.000	180.000	
1	20.000	160.000	Jahr der Wertminderung
2	20.000	140.000	|R |halbe
3	20.000	120.000	|E |Rest-
4	20.000	100.000	|S |N
5	20.000	80.000	|T |D.
6	20.000	**60.000**	|–
7	20.000	40.000	|N
8	20.000	20.000	|D.
9	20.000	0	

Rest-ND = Restnutzungsdauer

Handels- und Steuerbilanzansatz 02:

Zu a):

Auch im Jahr 02 muss zunächst die planmäßige Abschreibung vorgenommen werden (Buchungssatz wie oben). Sie ergibt sich als Restbuchwert durch Restnutzungsdauer wie folgt: 60.000,00 EUR ./. 8 Jahre = 7.500,00 EUR.

Da das neue Modell aufgrund erheblicher Mängel vom Markt genommen werden muss, gilt der Kran XS 05 nicht mehr als veraltet. Somit steigt also auch der Beschaffungspreis wieder, d. h. die Wertminderung besteht nicht mehr.

In der Handelsbilanz besteht für Personengesellschaften (die nicht die Voraussetzungen des § 264 a HGB erfüllen) gemäß § 253 Abs. 5 HGB ein Zuschreibungswahlrecht. Somit kann also der Kran in der Handelsbilanz zum 31.12.02 sowohl mit 140.000,00 EUR (= Wertobergrenze unter Berücksichtigung der bis zum 31.12.02 fiktiv angefallenen planmäßigen Abschreibungen) als auch mit 52.500,00 EUR (= 60.000,00 ./. Abschreibungsbetrag von 60.000,00 EUR dividiert durch 8 Jahre Restnutzungsdauer = 7.500,00 EUR) angesetzt werden.

In der Steuerbilanz besteht aufgrund der zwischenzeitlich eingetretenen Erhöhung des Teilwerts ein Wertaufholungsgebot (vgl. § 6 Abs. 1 Nr. 1 S. 4 EStG). Stellt sich also zu einem späteren Zeitpunkt heraus, dass der Grund für die zuvor getätigte Teilwertabschreibung nicht mehr besteht, so muss diese zwingend rückgängig gemacht werden. Da hier der Grund für die Teilwertabschreibung im Jahre 02 entfallen ist, muss der Kran in der Steuerbilanz zum 31.12.02 zwingend mit 140.000,00 EUR angesetzt werden. In diesem Falle müssen die Wertansätze von Handels- und Steuerbilanz nicht mehr übereinstimmen, da handelsrechtlich aufgrund des Wertbeibehaltungswahlrechts in § 253 Abs. 5 HGB keine Wertaufholung vorzunehmen ist. Der Maßgeblichkeitsgrundsatz wird durchbrochen.

In der Steuerbilanz ergibt sich zwingend die Buchung zum 31.12.02:

				Soll	Haben
0210	Maschinen	2710	Erträge aus Zuschreibungen des Sachanlagevermögens	87.500,00	87.500,00

Zu b):

Nach Vornahme einer außerplanmäßigen Abschreibung/Teilwertabschreibung bemisst sich die Ermittlung der weiteren planmäßigen Abschreibung/AfA nach dem vorhandenen Restbuchwert und der Restnutzungsdauer. Für das Geschäftsjahr/Wirtschaftsjahr 02 ergibt sich daher folgende planmäßige Abschreibung/AfA:

60.000,00 EUR : 8 Jahre Restnutzungsdauer = 7.500,00 EUR

				Soll	Haben
4830	Abschreibungen auf Sachanlagen	0210	Maschinen	7.500,00	7.500,00

Fall 29: Außerplanmäßige Abschreibung bei Kapitalgesellschaften

Die Siegen-GmbH hat in ihrem Anlagevermögen eine Maschine mit fortgeführten Anschaffungskosten in Höhe von 50.000,00 EUR zum 31.12.01 bilanziert. Der Verkehrswert der Maschine am Bilanzstichtag ist mit 48.000,00 EUR festzustellen. Am Tag der Bilanzaufstellung (15.02.02) für das Geschäfts-/Wirtschaftsjahr 01 ist der Verkehrswert der Maschine mit 52.000,00 EUR zu beziffern.

Wie ist die Maschine in der Bilanz der Siegen-GmbH am Bilanzstichtag 31.12.01 zu bilanzieren?

Lösung:

Vermögensgegenstände/Wirtschaftsgüter des Anlagevermögens sind höchstens mit den Anschaffungskosten vermindert um Abschreibungen in die Bilanz aufzunehmen (vgl. § 253 Abs. 1 S. 1 HGB, § 6 Abs. 1 Nr. 1 S. 1 EStG).

Da die Maschine zum 31.12.01 einen Verkehrswert von 48.000,00 EUR und zum 15.02.02 einen Verkehrswert von 52.000,00 EUR hat, unterliegt die Maschine zum Bilanzstichtag einer vorübergehenden Wertminderung. Mit Blick auf die Handelsbilanz gilt im Falle einer vorübergehenden Wertminderung von Vermögensgegenständen des Anlagevermögens allgemein ein Abschreibungswahlrecht auf den niedrigeren beizulegenden Wert (vgl. § 253 Abs. 2 S. 3 1. Halbsatz HGB). Für Kapitalgesellschaften aber ist in diesem Zusammenhang die Spezialvorschrift des § 279 Abs. 1 S. 2 HGB zu beachten.

Danach dürfen außerplanmäßige Abschreibungen im Falle einer voraussichtlich vorübergehenden Wertminderung nur auf Vermögensgegenstände, die Finanzanlagen sind, vorgenommen werden. Da die Maschine aber dem Sachanlagevermögen zuzurechnen ist, kann die Siegen-GmbH keine außerplanmäßige Abschreibung vornehmen. Zu prüfen bleibt aber, ob eine außerplanmäßige Abschreibung aufgrund des § 279 Abs. 2 HGB zulässig erscheint.

Durch die Regelung des § 279 Abs. 2 HGB wird für Kapitalgesellschaften bestimmt, dass steuerlich zulässige Abschreibungen in die Handelsbilanz übernommen werden können, wenn das Steuerrecht die Zulässigkeit an eine entsprechende Bewertung in der Handelsbilanz knüpft. Damit wird für Kapitalgesellschaften die Möglichkeit, Abschreibungen nach § 254 S. 1 HGB vorzunehmen, ausdrücklich auf die Fälle der sog. umgekehrten Maßgeblichkeit beschränkt. Das handelsrechtliche Wahlrecht ist also von den Wahlrechtsmöglichkeiten des Steuerrechts abhängig. Nachfolgend ist deshalb zu prüfen, ob und inwieweit das Steuerrecht eine Teilwertabschreibung aufgrund einer vorübergehenden Wertminderung von Wirtschaftsgütern zulässt.

Nach der Regelung des § 6 Abs. 1 Nr. 1 S. 2 EStG ist eine wahlweise Abschreibung auf den niedrigeren Teilwert nur im Falle einer dauerhaften Wertminderung zulässig. Da der Maschine der Siegen-GmbH aber eine vorübergehende Wertminderung anhaftet (vgl. BMF-Schreiben vom 25.02.2000, BStBl I 2000, S. 372 ff.), kann steuerlich keine Teilwertabschreibung zum 31.12.01 vorgenommen werden.

Damit ist klar, dass die Regelung des §§ 279 Abs. 2 i. V. mit 254 HGB für die Handelsbilanz – wegen Fehlens von zwei deckungsgleichen Wahlrechten – nicht greifen kann. Es verbleibt damit bei der Vorgabe des § 279 Abs. 1 S. 2 HGB. Die Maschine muss deshalb in der Handels- und auch Steuerbilanz zum Stichtag 31.12.01 mit einem Wert von 50.000,00 EUR ausgewiesen werden.

Kapitalgesellschaften können im Falle von voraussichtlich vorübergehenden Wertminderungen im Sachanlagevermögen und dem immateriellen Anlagevermögen handelsrechtlich keine außerplanmäßige Abschreibung vornehmen (vgl. § 279 Abs. 1 S. 2 HGB). Die Regelung des § 279 Abs. 2 HGB läuft somit ins Leere.

Im Falle voraussichtlich vorübergehender Wertminderungen im Sachanlagevermögen/immateriellen Anlagevermögen bestehen zwischen Kapitalgesellschaften und Nichtkapitalgesellschaften gesetzliche Unterschiede. Nichtkapitalgesellschaften können im Falle vorübergehender Wertminderungen handelsbilanziell außerplanmäßige Abschreibungen vornehmen (vgl. § 253 Abs. 2 S. 3 HGB), während Kapitalgesellschaften diese Möglichkeit durch die Vorschrift des § 279 Abs. 1 S. 2 HGB verwehrt ist. Die Regelung des § 279 Abs. 2 HGB kann daran nichts ändern, da steuerlich keine Teilwertabschreibung im Falle der vorübergehenden Wertminderung zulässig ist.

Die Unterschiede zwischen Personenunternehmen und Kapitalgesellschaften im Hinblick auf die außerplanmäßigen Abschreibungsmöglichkeiten fasst nachfolgende Übersicht nochmals zusammen:

Anlagevermögen (AV) ⇓		Personenunternehmen		Kapitalgesellschaften[1]	
Voraussichtliche Wertminderung		Handelsbilanz	Steuerbilanz	Handelsbilanz	Steuerbilanz
vorübergehend	Finanzanlagen	Wahlrecht	Verbot	Wahlrecht	Verbot
	Übriges AV	Wahlrecht	Verbot	Verbot	Verbot
dauerhaft	Gesamtes AV	Gebot	Gebot	Gebot	Gebot

Das steuerliche Abschreibungswahlrecht auf den niedrigeren Teilwert im Falle einer dauerhaften Wertminderung (vgl. § 6 Abs. 1 Nr. 1 S. 2 EStG) wird aufgrund der Maßgeblichkeit der Handels- für die Steuerbilanz zu einem Abschreibungsgebot.

Fall 30: Geringwertige Wirtschaftsgüter

Die Büro-Fit GmbH schafft zum 02.05.03 eine Schreibmaschine i. H. von 398,00 EUR (ohne USt) sowie drei Rechenmaschinen im Wert von je 30,00 EUR (ebenfalls ohne USt) an.

Diskutieren Sie, welche Abschreibungsalternative die höchstmögliche Aufwandsverrechnung bietet!

---

[1] Sowie unter das KapCoRiLiG fallende Personengesellschaften, die wie Kapitalgesellschaften behandelt werden.

Lösung:

Zunächst ist festzuhalten, dass es sich bei den angeschafften Maschinen um Vermögensgegenstände handelt, die gemäß dem Vollständigkeitsgebot in § 246 Abs. 1 HGB in Verbindung mit § 253 Abs. 1 HGB zu Anschaffungskosten bilanziert werden müssen. Da sie zudem bestimmt sind, dem Geschäftsbetrieb dauerhaft zu dienen, müssen sie nach § 247 Abs. 2 HGB im Anlagevermögen ausgewiesen werden. Gemäß § 253 Abs. 1 i. V. mit Abs. 2 HGB sind die Anschaffungskosten in den Folgejahren um planmäßige Abschreibungen zu verringern.

Im vorliegenden Fall besteht die Möglichkeit, die aktivierten Vermögensgegenstände linear über die voraussichtliche Nutzungsdauer, geometrisch-degressiv oder geometrisch-degressiv mit Übergang zur linearen Abschreibungsmethode abzuschreiben.

> Bei Wirtschaftsgütern, die nach dem 31.12.2003 angeschafft werden, ist die AfA anteilig ab dem Monat des Zugangs zu berechnen (§ 7 Abs. 1 S. 4 EStG). Die Vereinfachungsregel findet keine Anwendung mehr.

Die höchstmögliche Aufwandsverrechnung und somit Steuerminimierung bietet hingegen weder die lineare noch die geometrisch-degressive oder die degressive mit Übergang zur linearen Abschreibung, sondern die Sofortabschreibung.

> Nach § 6 Abs. 2 EStG (R 40 EStR 2003) dürfen geringwertige Wirtschaftsgüter, die abnutzbar und einer selbstständigen Nutzung fähig sind, im Jahr des Zugangs voll abgeschrieben werden, wenn die Anschaffungs- oder Herstellungskosten, vermindert um die enthaltene Umsatzsteuer, für das einzelne Anlagegut 410,00 EUR nicht übersteigen. Beispiele siehe H 40 EStH 2003.

Da es sich bei der Schreibmaschine um ein abnutzbares und selbstständig nutzbares Gut handelt und die Anschaffungskosten i. H. von 398,00 EUR im Rahmen der zulässigen Anschaffungskostenhöhe liegen, kann die Maschine also sofort im Jahr der Anschaffung 03 abgeschrieben werden.

In der Praxis ist sowohl eine Vollabschreibung als auch eine Abschreibung auf einen Erinnerungswert von 0,50 EUR bzw. 1,00 EUR üblich.

Für die geringwertigen Wirtschaftsgüter ist ein besonderes Verzeichnis mit den Angaben nach § 6 Abs. 2 S. 4 EStG zu führen, sofern sich diese Angaben nicht aus der Buchführung ergeben.

Dieses Bewertungswahlrecht ist durch die in § 5 Abs. 1 S. 2 EStG verankerte umgekehrte Maßgeblichkeit in Handels- und Steuerbilanz identisch auszuüben. Es handelt sich deshalb bei der Sofortabschreibung um eine steuerrechtliche Abschreibung i. S. des § 254 HGB, die damit auch handelsrechtlich zulässig ist. § 254 HGB dient hier als Öffnungsklausel für die Anwendung der steuerlichen Sofortabschreibung in der Handelsbilanz.

Die Anschaffungskosten für die Rechenmaschinen betragen allerdings nur 30,00 EUR. Anlagegüter mit Anschaffungs- oder Herstellungskosten unter 60,00 EUR sowie kurzlebige Anlagegüter (Nutzungsdauer allenfalls unwesentlich länger als ein Jahr) müssen überhaupt nicht als Zugang erfasst werden, sondern dürfen sofort als Aufwand verbucht werden (vgl. R 40 Abs. 2 S. 2 EStR 2003). Aktivierung und Vollabschreibung sind nicht erforderlich. Ein besonderes Verzeichnis ist ebenfalls nicht für diese Wirtschaftsgüter zu führen.

Somit wird also der handels- und steuerbilanzielle Gewinn im Jahr 03 um 488,00 EUR gemindert, i. H. von 398,00 EUR in Form der Sofortabschreibung der Schreibmaschine und i. H. von 90,00 EUR durch die sofortige Aufwandsverbuchung der Rechenmaschinen.

System- und Anwendungssoftware werden als immaterielle Wirtschaftsgüter behandelt. Eine Ausnahme bilden allerdings die Trivialprogramme, die als abnutzbare bewegliche Wirtschaftsgüter angesehen werden. Aus Vereinfachungsgründen behandelt die Finanzverwaltung alle Computerprogramme, deren Anschaffungskosten netto nicht mehr als 410,— EUR betragen als Trivialprogramme, auch wenn es sich um normale Anwendersoftware handelt. Derartige Programme gelten also ebenfalls als GWG und können im Jahr der Anschaffung sofort abgeschrieben werden. Die selbstständige Nutzungsfähigkeit wird allerdings für Peripheriegeräte (Drucker, Maus, Monitor), für die Verkabelung von Netzwerken sowie Grafikkarten und Scanner verneint.

Fall 31: Nicht abnutzbarer Vermögensgegenstand im Anlagevermögen

Die Knallgas-GmbH hält eine Beteiligung an der Explosiv-AG. Die Anschaffungskosten der Beteiligung betrugen 250.000,00 EUR.

Aufgrund starker Verlustgeschäfte der AG sinkt der Börsenkurs der Beteiligung im Jahr 01 auf 0,00 EUR.

Es ist auch nicht damit zu rechnen, dass sich die wirtschaftliche Situation der AG innerhalb der nächsten Jahre wieder bessert.

Im Jahr 02 allerdings macht der Chemiker Clever der AG eine Erfindung zur schnelleren und kostengünstigeren Herstellung des Explosiv-Gases.

Fall 31

Die Explosiv-AG meldet hierauf ein Patent an und ist somit der Konkurrenz überlegen. Sie macht wieder enorme Gewinne. Der Wert der Beteiligung steigt auf 400.000,00 EUR.

Wie erfolgt die Bewertung der Beteiligung in der Handelsbilanz und der Steuerbilanz der Knallgas-GmbH im Jahr 01 und 02?

Lösung:

Jahr 01:

Gemäß § 253 Abs. 1 S. 1 i. V. mit § 255 Abs. 1 HGB muss die Beteiligung an der Explosiv-AG zunächst mit den Anschaffungskosten i. H. von 250.000,00 EUR angesetzt werden.

> Gemäß § 271 Abs. 1 S. 1 HGB sind Beteiligungen Anteile an anderen Unternehmen, die bestimmt sind, dem eigenen Geschäftsbetrieb durch Herstellung einer dauernden Verbindung zu jenen Unternehmen zu dienen.
>
> Es gilt nach § 271 Abs. 1 S. 3 HGB die Vermutung, dass eine Beteiligung vorliegt, wenn die Anteile an einer Kapitalgesellschaft 20 % des Nennkapitals dieser Gesellschaft überschreiten.

Die Beteiligung zählt also nach § 247 Abs. 2 i. V. mit § 271 Abs. 1 S. 1 HGB zum Anlagevermögen und ist gemäß § 266 Abs. 2 A. III. 3. HGB unter den Finanzanlagen auszuweisen. Sie ist nicht der planmäßigen Abschreibung zugänglich, da ihre Nutzung nicht zeitlich begrenzt ist. Ohne Rücksicht darauf besteht aber gemäß § 253 Abs. 2 S. 3 HGB ein Abschreibungswahlrecht auf den am Abschlussstichtag niedrigeren beizulegenden Wert; ist die Wertminderung von Dauer besteht ein Abschreibungsgebot.

> Der Börsenpreis ist als Wertmaßstab explizit lediglich für das Umlaufvermögen vorgesehen. Existiert aber für einen Gegenstand des Anlagevermögens ein solcher, kann dieser als beizulegender Wert bei der Bewertung des Anlagegegenstandes berücksichtigt werden. Unter dem Börsenpreis versteht man den an einer amtlich anerkannten Börse festgestellten Preis.
>
> Der Börsenpreis ist aber als Maßstab für die Bewertung der Beteiligung kritisch zu sehen, da die Beteiligung häufig als Bewertungseinheit gesehen werden muss und sich somit ihr Wert nicht einfach aus der Aufsummierung der Börsenkurse der einzelnen Anteile (Aktien) ergibt.

Da die Beteiligung aufgrund der langanhaltenden Verluste der Explosiv-AG nicht mehr veräußert werden kann und somit der Wert auf 0,00 EUR gesunken ist, liegt eine Wertminderung vor. Laut Sachverhalt ist in den nächsten Jahren eine Besserung der Situation nicht zu erwarten. Folglich ist die Wertminderung voraussichtlich dauerhaft.

Gemäß § 253 Abs. 3 S. 2 HGB ist also eine außerplanmäßige Abschreibung vorzunehmen. Der Beteiligungsbuchwert beträgt demnach in der Handelsbilanz der Knallgas-GmbH 0,00 EUR. Gleiches gilt nach dem Grundsatz der Maßgeblichkeit in § 5 Abs. 1 S. 1 i. V. mit § 6 Abs. 1 Nr. 2 EStG auch für die Steuerbilanz.

> Da es sich bei der Knallgas-GmbH um eine Kapitalgesellschaft handelt, sind zusätzlich die ergänzenden Vorschriften der §§ 264 ff. HGB zu beachten. Nach § 279 Abs. 1 S. 2 HGB gilt das Abschreibungswahlrecht auf den niedrigeren beizulegenden Wert bei nur vorübergehender Wertminderung nur für Vermögensgegenstände, die Finanzanlagen sind. Ansonsten besteht für Kapitalgesellschaften ein Abschreibungsverbot. Im vorliegenden Fall aber liegt aufgrund der voraussichtlich dauernden Wertminderung sowieso eine Abschreibungspflicht vor, sodass die Vorgabe des § 279 Abs. 1 S. 2 HGB insoweit ohne Bedeutung bleibt.

Jahr 02:

Wider Erwarten macht die Explosiv-AG aufgrund der Entdeckung des Clever wieder Gewinne, sodass auch der Wert der Beteiligung steigt. Grundsätzlich gilt gemäß § 253 Abs. 5 HGB, dass der niedrigere Wertansatz auch dann beibehalten werden kann, wenn die Gründe hierfür entfallen sind.

Nach § 280 Abs. 1 HGB besteht aber für Kapitalgesellschaften normalerweise ein Wertaufholungsgebot, also eine Rücknahme der außerplanmäßigen Abschreibung. Von der Zuschreibung kann gemäß § 280 Abs. 2 HGB nur dann abgesehen werden, wenn der niedrigere Wertansatz bei der steuerrechtlichen Gewinnermittlung beibehalten werden kann und wenn Voraussetzung für die Beibehaltung ist, dass der niedrigere Wertansatz auch in der Handelsbilanz beibehalten wird.

Da im Zuge des Steuerentlastungsgesetzes 1999/2000/2002 das Beibehaltungswahlrecht des niedrigeren Teilwertes aufgehoben wurde und somit in der Steuerbilanz ein Wertaufholungsgebot gilt (vgl. § 6 Abs. 1 Nr. 2 S. 3 i.V.m. Nr. 1 S. 4 EStG), greift die Vorschrift des § 280 Abs. 2 HGB fortan ins Leere. Es besteht also sowohl in der Handelsbilanz als auch in der Steuerbilanz die Pflicht, die außerplanmäßige Abschreibung bzw. Teilwertabschreibung rückgängig zu machen.

Allerdings muss beachtet werden, dass nicht bis auf 400.000,00 EUR zugeschrieben werden darf.

Das Anschaffungskostenprinzip des § 253 Abs. 1 HGB darf auch weiterhin nicht verletzt werden, da ansonsten unrealisierte Gewinne ausgewiesen würden. Die Beteiligung ist folglich in der Bilanz zum 31.12.02 mit 250.000,00 EUR zu aktivieren.

Fall 32: Abschreibungsmethoden des abnutzbaren Anlagevermögens

Eine Maschine wird am 04.03.03 zu einem Kaufpreis von 263.000,00 EUR von der X-GmbH erworben.

Die Nutzungsdauer der Maschine beträgt 8 Jahre.

(1) Welche Abschreibungsmethoden sind im Allgemeinen möglich?
(2) Mit welchem Wert kann die Maschine zum 31.12.03 in Handels- und Steuerbilanz angesetzt werden, wobei der höchstmögliche Aufwand verrechnet werden soll?
(3) Ab welchem Jahr ist ein Wechsel von der geometrisch-degressiven zur linearen Abschreibungsmethode sinnvoll?

Lösung:

Zu (1):

Nach § 253 Abs. 1 und 2 HGB müssen die Anschaffungskosten der Vermögensgegenstände des Anlagevermögens, die der zeitlichen Nutzung unterliegen in jedem Jahr um die planmäßige Abschreibung vermindert werden.

Als Abschreibungsmethoden in der Handelsbilanz kommen in Betracht:

(1) lineare Abschreibung,
(2) geometrisch-degressive Abschreibung,
(3) arithmetisch-degressive Abschreibung,
(4) geometrisch-degressive Abschreibung mit Übergang zur linearen Abschreibung,
(5) progressive Abschreibung,
(6) Leistungsabschreibung.

In der Steuerbilanz sind dagegen nur gemäß § 7 EStG die lineare Abschreibung, die geometrisch-degressive Abschreibung und die Leistungsabschreibung (bei erheblich schwankender Leistung und demzufolge unterschiedlichem Verschleiß des Wirtschaftsgutes) zulässig. Für Wirtschaftsgüter, die nach dem 31.12.2000 angeschafft wurden, gilt bei Anwendung der geometrisch-degressiven AfA die Einschränkung, dass der Prozentsatz höchstens das Doppelte der linearen AfA betragen und nicht 20 % übersteigen darf.

Für abnutzbare, bewegliche Wirtschaftsgüter des Anlagevermögens, die vor dem 01.01.2001 angeschafft wurden, gilt (weiterhin) bei Anwendung der geometrisch-degressiven AfA die Einschränkung, dass der Prozentsatz höchstens das Dreifache der linearen AfA betragen und nicht 30 % übersteigen darf (vgl. § 52 Abs. 21 a S. 2 EStG). Für Gebäude des Betriebsvermögens, die nicht Wohnzwecken dienen und deren Herstellungsbeginn durch den Steuerpflichtigen vor dem 01.01.2001 liegt oder, die der Steuerpflichtige aufgrund eines vor dem 01.01.2001 rechtswirksam abgeschlossenen obligatorischen Vertrags angeschafft hat, gilt weiterhin der Abschreibungssatz von 4 % (vgl. § 52 Abs. 21 b S. 1 EStG).

Zu (2):

Nachfolgend wird nur auf die in der Praxis am häufigsten verwendeten Methoden, die lineare und die geometrisch-degressive sowie die geometrisch-degressive Abschreibung mit Übergang zur linearen Abschreibung eingegangen. Es soll gemäß der Aufgabenstellung die Methode gewählt werden, die im ersten Jahr den höchsten Aufwand produziert.

Die Vereinfachungsregel findet keine Anwendung mehr; die AfA erfolgt anteilig ab dem Monat des Zuganges (§ 7 Abs. 1 S. 4 EStG).

1) Lineare Abschreibung:
   Die Anschaffungskosten werden gleichmäßig über die Nutzungsdauer verteilt. Die lineare Abschreibung ist sowohl in der Handelsbilanz (§ 253 Abs. 2 HGB) als auch in der Steuerbilanz (§ 7 Abs. 1 EStG) zulässig. Der Abschreibungsbetrag bemisst sich als Prozentsatz von den Anschaffungs- oder Herstellungskosten.

Hier: 100 % : 8 = 12,5 %. Die AfA erfolgt zeitanteilig für 10 Monate. Abschreibung im ersten Jahr: 32.875,00 EUR x 10/12 = 27.396,00 EUR.

2) Geometrisch-degressive Abschreibung:
   Es wird mit einem gleichbleibenden Prozentsatz vom jeweiligen Restbuchwert abgeschrieben. Diese Methode ist sowohl handels- als auch steuerrechtlich anwendbar, wobei in der Steuerbilanz die Beschränkung im Sinne des § 7 Abs. 2 S. 2 EStG gilt. Der Abschreibungssatz darf in der Steuerbilanz nicht mehr als das Doppelte der linearen AfA betragen und nicht 20 % übersteigen.

   Somit kann grundsätzlich in der Handelsbilanz mit einem höheren Prozentsatz als 20 % geometrisch-degressiv abgeschrieben werden. In der Praxis werden aber i.d.R. die steuerlichen Einschränkungen auch handelsrechtlich beachtet, da häufig noch auf die Erstellung einer eigenständigen Steuerbilanz verzichtet wird (Einheitsbilanz).

Fall 32

Ermittlung des höchstmöglichen Abschreibungssatzes bei geometrisch-degressiver Abschreibung: 20 % oder 2 x 12,5 % = 25 %

Der höchstmögliche Satz für die Aufstellung einer sog. Einheitsbilanz beträgt demnach 20 %.

Abschreibung im ersten Jahr: 52.600,00 EUR x 10/12 = 43.833 EUR

Fazit: Mithilfe der geometrisch-degressiven Abschreibungsmethode ist der produzierte Aufwand am höchsten.

Der Nachteil der geometrisch-degressiven Abschreibung besteht allerdings darin, dass der Buchwert des Vermögensgegenstandes am Ende der Nutzungsdauer nicht auf Null lautet. Grund hierfür ist die Abschreibung mit dem gleichbleibenden Prozentsatz vom jeweiligen Restbuchwert.

> 3) Wechsel geometrisch-degressive Abschreibung zur linearen Abschreibung: Zwecks vollständiger Abschreibung des Vermögensgegenstandes kann innerhalb der Nutzungsdauer ein Wechsel von der degressiven zur linearen Abschreibung bzw. AfA vorgenommen werden.
>
> Der Abschreibungssatz ist dann so zu wählen, dass der zunächst verbleibende Restbuchwert innerhalb der verbleibenden Nutzungsdauer auf Null oder auf den gewünschten endgültigen Restbuchwert abgeschrieben wird (§ 7 Abs. 3 S. 2 EStG für die Steuerbilanz).
>
> Diese Kombination von linearer und geometrisch-degressiver Methode gilt als eigenständige Abschreibungsmethode.
>
> Sie bringt den maximalen Steuerstundungseffekt.

Jahr	Buchwert 01.01.	AfA-Methode	AfA-Satz in %	AfA-Betrag	Buchwert 31.12.
01	263.000	g.d.	20	43.833	219.167
02	219.167	g.d.	20	43.833	175.334
03	175.334	g.d.	20	35.067	140.267
04	140.267	g.d.	20	28.053	112.214
05	112.214	lin.	25	28.053	84.161
06	84.161	lin.	25	28.053	56.108
07	56.108	lin.	25	28.053	28.055
08	28.055	lin.	25	28.054	1

Im 5. Jahr sollte ein Wechsel von der geometrisch-degressiven (kurz: g. d.) Abschreibung zur linearen erfolgen, da der lineare Abschreibungsbetrag (Restbuchwert/restliche Nutzungsdauer) höher ist. Es wird dann ein %-Satz in Höhe von 25 % auf den Restbuchwert statt der 20 % bei weiterer Anwendung der geometrisch-degressiven AfA verrechnet.

Fall 33: Geometrische-degressive Abschreibung

Am 28.01.01 wird eine Maschine mit Anschaffungskosten in Höhe von 290.000,00 EUR (inkl. 16 % USt) von der Alles-oder-Nichts-GmbH angeschafft. Die Maschine hat eine betriebsgewöhnliche Nutzungsdauer von 13 Jahren. Wie lautet der Abschreibungsplan bei Anwendung der geometrisch-degressiven Abschreibung mit Übergang zur linearen Abschreibung? In welchem Jahr muss der Übergang zur linearen Abschreibung erfolgen, um ein maximales Abschreibungsvolumen zu erreichen?

Lösung:

Jahr	Buchwert 01.01.	AfA-Methode	AfA-Satz in %	AfA-Betrag	Buchwert 31.12.
01	250.000	g.d.	15,38	38.450	211.550
02	211.550	g.d.	15,38	32.536	179.014
03	179.014	g.d.	15,38	27.532	151.482
04	151.482	g.d.	15,38	23.298	128.184
05	128.184	g.d.	15,38	19.715	108.469
06	108.469	g.d.	15,38	16.683	91.786
07	91.786	g.d.	15,38	14.117	77.669
08	77.669	lin.	16,67	12.945	64.724
09	64.724	lin.	16,67	12.945	51.779
10	51.779	lin.	16,67	12.945	38.834
11	38.834	lin.	16,67	12.945	25.889
12	25.889	lin.	16,67	12.945	12.944
13	12.944	lin.	16,67	12.943	1

Fall 34: Anspar- und Sonderabschreibung

Die Knallgas-GmbH kauft zum 01.01.05 eine neue Maschine mit Anschaffungskosten in Höhe von 150.000,00 EUR.

Die Maschine hat eine betriebsgewöhnliche Nutzungsdauer von 10 Jahren. Im Jahr 04 hatte die GmbH eine den Gewinn mindernde Rücklage nach § 7 g Abs. 3 EStG in Höhe von 100.000,00 EUR in maximaler Höhe für die Anschaffung oder Herstellung einer solchen Maschine gebildet.

Fall 34

(1) Ermitteln Sie den Wert, mit dem die Maschine zum 31.12.05 in der Steuerbilanz angesetzt werden kann, wenn die GmbH von ihrem Wahlrecht einer Sonderabschreibung nach § 7 g EStG Gebrauch macht und im Jahr 05 maximale Abschreibungen vorgenommen werden sollen!
(2) Erläutern Sie die handels- und steuerbilanziellen Zusammenhänge hinsichtlich der Bildung der Ansparrücklage einerseits und der Vornahme von Sonderabschreibungen andererseits!
(3) Wie lautet der Buchungssatz zur Bildung der Ansparrücklage in 04 und der Sonderabschreibung in 05? Was ist des Weiteren im Jahr 05 zu beachten?

Lösung:

Zu (1):

Die Maschine ist gemäß § 247 Abs. 2 HGB dem Anlagevermögen zuzurechnen, da sie bestimmt ist, dem Geschäftsbetrieb dauerhaft zu dienen.

Nach § 253 Abs. 1 i. V. mit § 255 Abs. 1 HGB bzw. § 6 Abs. 1 Nr. 1 EStG ist die Maschine mit ihren Anschaffungskosten i. H. von 150.000,00 EUR zu aktivieren, verringert um planmäßige Abschreibungen. Im vorliegenden Fall soll die Maschine im Anschaffungsjahr maximal abgeschrieben werden. Aufgrund der 10-jährigen betriebsgewöhnlichen Nutzungsdauer ist deshalb geometrisch-degressiv mit 20 % abzuschreiben (vgl. § 7 Abs. 2 S. 2 EStG). Der jährliche Abschreibungsbetrag bzw. die Absetzung für Abnutzung beträgt sowohl handels- als auch steuerlich 30.000,00 EUR.

Zusätzlich ist zu prüfen, ob die Knallgas-GmbH eine Sonderabschreibung nach § 7 g EStG in Anspruch nehmen könnte. Nach § 7 g Abs. 1 EStG können bei neuen beweglichen Wirtschaftsgütern des Anlagevermögens im Jahr der Anschaffung und in den folgenden vier Jahren neben der planmäßigen Absetzung für Abnutzung Sonderabschreibungen bis zu insgesamt 20 % der Anschaffungskosten beansprucht werden.

> Sonderabschreibungen treten immer neben die planmäßige Abschreibung, während erhöhte Abschreibungen anstelle von planmäßigen Abschreibungen vorgenommen werden.

Diese Regelung gilt nur für kleine und mittlere Unternehmen, d. h. sie soll also der Förderung des Mittelstandes dienen. Die Knallgas-GmbH kann diese Sonderabschreibung zum 31.12.05 in der Steuerbilanz geltend machen, wenn sie die Voraussetzungen des § 7 g Abs. 2 und 3 EStG erfüllt, da es sich bei der Maschine um ein neues bewegliches Wirtschaftsgut des Anlagevermögens handelt.

Folgende Voraussetzungen müssen erfüllt sein:

- Das Betriebsvermögen des Gewerbebetriebes oder des der selbstständigen Arbeit dienenden Betriebes, zu dessen Anlagevermögen das Wirtschaftsgut gehört, darf zum Schluss des der Anschaffung des Wirtschaftsgutes vorangehenden Wirtschaftsjahres nicht mehr als 204.517,00 EUR betragen.

- Das Wirtschaftsgut muss mindestens ein Jahr nach seiner Anschaffung in einer inländischen Betriebsstätte dieses Betriebes verbleiben.

- Das Wirtschaftsgut muss im Jahr der Inanspruchnahme von Sonderabschreibungen im Betrieb des Steuerpflichtigen ausschließlich oder fast ausschließlich betrieblich genutzt werden.

Diese Voraussetzungen gelten im Folgenden – ohne weitere Prüfung – als erfüllt.

- Für angeschaffte oder hergestellte Wirtschaftsgüter nach dem 31.12.2000 muss vor Anschaffung/Herstellung eine Ansparrücklage nach § 7 g Abs. 3 EStG gebildet worden sein. Die Rücklage darf nach Satz 2 40 % der Anschaffungskosten des begünstigten Wirtschaftsgutes nicht übersteigen, das der Steuerpflichtige voraussichtlich bis zum Ende des zweiten auf die Bildung der Rücklage folgenden Wirtschaftsjahres anschaffen wird. Außerdem müssen die Einschränkungen für die Bildung in § 7 g Abs. 3 S. 3 EStG beachtet werden. Insgesamt dürfen die am Bilanzstichtag gebildeten Rücklagen einen Betrag von 154.000,00 EUR nicht übersteigen.

Für Existenzgründer weitet § 7 Abs. 7 EStG die Möglichkeiten zur Bildung einer Ansparabschreibung aus. Neu gegründete Betriebe – ausgenommen Betriebe bestimmter in § 7 Abs. 8 EStG genannter Wirtschaftszweige – können im Wirtschaftsjahr der Betriebseröffnung und in den folgenden fünf Wirtschaftsjahren (= Gründungszeitraum) die erweiterte Ansparabschreibung dadurch beanspruchen, dass

- das begünstigte Wirtschaftsgut bis zum Ende des fünften auf die Bildung der Rücklage folgenden Wirtschaftsjahres angeschafft oder hergestellt wird,

- der Höchstbetrag für alle im Gründungszeitraum gebildeten Rücklagen eines Betriebes 307.000,00 EUR beträgt,

- die Rücklage spätestens am Ende des fünften auf ihre Bildung folgenden Wirtschaftsjahrs gewinnerhöhend aufzulösen ist.

Der Gewinnzuschlag des § 7 g Abs. 5 EStG findet für Existenzgründer keine Anwendung.

Da alle für die Knallgas-GmbH maßgeblichen Voraussetzungen erfüllt sind, kann sie neben der planmäßigen Absetzung für Abnutzung eine Sonderabschreibung i. H. von 20 % in Anspruch nehmen. Aufgrund der maximal gewünschten Abschreibung

Fall 34

im Jahr 05 bedingt dies, dass die Sonderabschreibung bereits im Anschaffungsjahr in voller Höhe beansprucht wird. Für 05 ergibt sich daher folgende Abschreibung

Steuerliche Sonderabschreibung (20 % von AK 150.000,00)	30.000,00 EUR
+ planmäßige Abschreibung geometrisch-degressiv	30.000,00 EUR
= steuerlich maximal mögliche Abschreibung in 05	60.000,00 EUR

Die Maschine steht also in der Steuerbilanz zum 31.12.05 mit 90.000,00 EUR zu Buche.

> Als absolute Ausnahme von der Regel können § 7 g-Sonderabschreibungen auch neben der degressiven Abschreibung vorgenommen werden (vgl. grundsätzlich § 7 a Abs. 4 EStG).

Zu (2):

Die Bildung einer Ansparrücklage nach § 7 g Abs. 3 EStG stellt ein steuerliches Wahlrecht dar. Die Inanspruchnahme von steuerlichen Wahlrechten setzt nach § 5 Abs. 1 S. 2 EStG für die Steuerbilanz voraus, dass auch in der Handelsbilanz ebenso verfahren wird. Da aber das Handelsbilanzrecht keine Vorschrift zur Bildung einer Ansparrücklage kennt, das Steuerrecht aber gleichwohl die analoge Bildung einer solchen Rücklage in der Handelsbilanz fordert, bedingt dies eine Norm im HGB, welche die handelsbilanzielle Rücklagenbildung zulässt. Die dafür erforderliche Öffnungsklausel ergibt sich aus § 273 i.V.m. § 247 Abs. 3 HGB. Die Übernahme der Ansparrücklage in die Handelsbilanz knüpft § 273 S. 1 HGB an die Bedingung, dass das Steuerrecht die Anerkennung der Rücklagenbildung bei der steuerrechtlichen Gewinnermittlung davon abhängig macht, dass der Sonderposten in der Handelsbilanz gebildet wird. Da diese Forderung durch § 5 Abs. 1 S. 2 EStG ausdrücklich erfüllt ist, steht der Übernahmemöglichkeit der Ansparrücklage in die Handelsbilanz nichts entgegen.

Ebenso wie die Bildung der Ansparrücklage stellt auch die Inanspruchnahme von § 7 g-Sonderabschreibungen ein steuerliches Wahlrecht dar. Die Vornahme der Sonderabschreibungen in der Steuerbilanz setzt daher voraus, dass in der Handelsbilanz diese Sonderabschreibung ebenfalls berücksichtigt wird (vgl. § 5 Abs. 1 S. 2 EStG). Da aber das Handelsbilanzrecht keine Vorschriften über Sonderabschreibungen wie die des § 7 g EStG kennt, muss es demnach eine Norm im HGB geben, welche die Übernahme von steuerlichen Sonderabschreibungen in die Handelsbilanz ermöglicht. Die entsprechende Öffnungsklausel ergibt sich in diesem Falle aus § 279 Abs. 2 HGB i.V.m. § 254 HGB. Danach können (= Wahlrecht) in der Handelsbilanz solche Abschreibungen vorgenommen werden, die sich nur aus steuerlichen Vorschriften ergeben. Im Ergebnis lässt sich daher festhalten, dass sowohl steuerrechtlich als auch handelsrechtlich ein Wahlrecht vorliegt und die Forderung des § 5 Abs. 1 S. 2 EStG damit erfüllt werden kann. Die Zulässigkeit zur Vornahme der § 7 g-Sonderabschreibung in der Steuerbilanz hängt damit von der Wahlrechtsausübung in der Handelsbilanz ab.

Zu (3):

Die Buchung der Ansparrücklage nach § 7 g Abs. 3 EStG im Jahr 04 stellt sich wie folgt dar:

				Soll	Haben
2341	Einstellungen in Sonderposten mit Rücklageanteil	0948	Sonderposten mit Rücklageanteil nach § 7g EStG	100.000,00	100.000,00

Die Buchung der Sonderabschreibung nach § 7 g Abs. 1 EStG ergibt sich in 05 wie folgt:

				Soll	Haben
4850	Abschreibungen auf Sachanlagen aufgrund steuerlicher Sondervorschriften	0210	Maschinen	30.000,00	30.000,00

Die Ansparrücklage ist im Anschaffungsjahr der Maschine entsprechend § 7 g Abs. 5 EStG mit folgender Buchung erfolgswirksam aufzulösen:

				Soll	Haben
0948	Sonderposten mit Rücklageanteil nach § 7g EStG	2739	Erträge aus der Auflösung von Sonderposten mit Rücklageanteil	100.000,00	100.000,00

Schließlich ist zu berücksichtigen, dass die im Zeitpunkt der Ansparrücklage angenommenen Anschaffungskosten der neuen Maschine in Höhe von 250.000,00 EUR (= maximale Ansparrücklage 40 % von 250.000,00 = 100.000,00) tatsächlich im Jahr 05 nicht erreicht werden. Dies bedeutet, dass die Ansparrücklage im Jahr 04 in Höhe von 40.000,00 EUR zu hoch gebildet wurde. Entsprechend § 7 g Abs. 5 EStG ist der Gewinn des Wirtschaftsjahrs 05 für jedes volle Wirtschaftsjahr, in dem die Rücklage bestanden hat, um einen Gewinnzuschlag in Höhe von 6 % des zu viel gebildeten Rücklagenbetrags zu erhöhen. Aufgrund der Bildung der Rücklage im Jahr 04 und der möglichen Auflösung der Rücklage im Jahr 05 ergibt sich daher ein Gewinnzuschlag in Höhe von 2.400,00 EUR. Mangels Buchungsmöglichkeit hat die Gewinnerhöhung außerbilanziell zu erfolgen. Die Rücklage kann i. H. v. 40.000,00 EUR aber auch erst zum 31.12.06 aufgelöst werden; in diesem Falle beträgt der Gewinnzuschlag jedoch 40.000,00 EUR x 6 % x 2 Jahre = 4.800,00 EUR.

> Durch die Vornahme der § 7 g-Sonderabschreibung in Höhe von 20 % im Anschaffungsjahr sowie der Inanspruchnahme der geometrisch-degressiven Abschreibung in Höhe von 20 % wird deutlich, dass die Ertragswirkungen aus der Auflösung der Rücklage im Anschaffungsjahr vollständig eliminiert werden können, wenn die der Rücklagenbildung zu Grunde liegenden Anschaffungskosten den später anfallenden tatsächlichen Anschaffungskosten entsprechen.

Fall 35: Wertansatz einer Maschine in der Handelsbilanz im Falle der Inanspruchnahme von Sonderabschreibungen

Erläutern Sie mit Blick auf die Sonderabschreibungen aus vorstehendem Fall die bilanziellen Zusammenhänge zwischen der Steuer- und der Handelsbilanz!

Lösung:

Bei der Inanspruchnahme einer Sonderabschreibung handelt es sich um ein steuerliches Wahlrecht. Gemäß dem Grundsatz der umgekehrten Maßgeblichkeit in § 5 Abs. 1 S. 2 EStG dürfen steuerliche Wahlrechte nur in Übereinstimmung mit der handelsrechtlichen Jahresbilanz ausgeübt werden.

Somit muss also die Sonderabschreibung auch in der Handelsbilanz vorgenommen werden. Die Regelung des § 254 i. V. mit § 279 Abs. 2 HGB gilt hier als sog. Öffnungsklausel. Demnach dürfen Abschreibungen vorgenommen werden, um Vermögensgegenstände des Anlage- oder Umlaufvermögens mit dem niedrigeren Wert anzusetzen, der auf einer nur steuerrechtlichen Abschreibung beruht.

Die Knallgas-GmbH hat hierbei zwei Möglichkeiten die Sonderabschreibungen in der Handelsbilanz zu berücksichtigen.

- Direkte Berücksichtigung
  Die Sonderabschreibung mindert auch in der Handelsbilanz den Buchwert der Maschine. Somit entsprechen sich die steuerlichen und handelsbilanziellen Wertansätze.

- Indirekte Berücksichtigung
  Steuerrechtliche Sonderabschreibungen dürfen nach § 281 Abs. 1 HGB auch in der Weise vorgenommen werden, dass der Unterschiedsbetrag zwischen der handelsrechtlich gebotenen und der steuerlich zulässigen Abschreibung in den Sonderposten mit Rücklageanteil eingestellt wird.

Steuerlich zulässige Abschreibung	60.000,00 EUR
./. handelsrechtliche Abschreibung	30.000,00 EUR
= Einstellung in den Sonderposten mit Rücklageanteil	30.000,00 EUR

Somit ist also in dem Falle der indirekten Berücksichtigung der Sonderabschreibung die Maschine in der Handelsbilanz zum Wert von 120.000,00 EUR anzusetzen. In den Sonderposten mit Rücklageanteil ist die Differenz zwischen der steuerlich zulässigen Abschreibung und der handelsrechtlich vorzunehmenden einzustellen. Die

Sonderabschreibung wird also indirekt in Form einer passivischen Wertberichtigung innerhalb des Sonderpostens mit Rücklageanteil ausgewiesen.

Die über die handelsrechtlichen Möglichkeiten hinausgehenden steuerrechtlichen Abschreibungen bilden in aller Regel keine echten Wertminderungen der Wirtschaftsgüter ab. Sie sind teils als Eigenkapital, teils als Fremdkapital anzusehen. Der Mischcharakter des Sonderpostens mit Rücklageanteil wird auch durch § 273 S. 2 1. Halbsatz HGB verdeutlicht. Demnach ist er nämlich auf der Passivseite der Bilanz vor den Rückstellungen auszuweisen. Nach § 281 Abs. 1 S. 3 HGB ist die Wertberichtigung insoweit aufzulösen, als die Vermögensgegenstände, für die sie gebildet worden ist, aus dem Vermögen ausscheiden oder die steuerliche Wertberichtigung durch handelsrechtliche Abschreibungen ersetzt wird.

Beide Methoden der Berücksichtigung der steuerlichen Sonderabschreibung sind also möglich; es muss nur über die gewählte Methode in der Bilanz oder im Anhang (vgl. § 285 Nr. 5 HGB) berichtet werden.

V. Umlaufvermögen

1. Inventur- und Bewertungsvereinfachungen

Fall 36: Inventurerleichterung

Die Silvesterknaller-GmbH ist zum 01.01.05 gegründet worden. Ihr Geschäftsjahr umfasst einen Zeitraum von 12 Monaten, sodass also zum 31.12.05 der erste Jahresabschluss aufzustellen ist. Da aber im Dezember Hochsaison für das Silvestergeschäft ist, kann die GmbH kein Inventar zum 31.12.05 aufstellen, da hierfür die Silvesterknallerproduktion für mindestens drei Tage stillgelegt werden müsste.

Welche Möglichkeiten bestehen für die GmbH?

Lösung:

Gemäß § 240 Abs. 2 HGB ist die GmbH verpflichtet, für den Schluss eines jeden Geschäftsjahres ein Inventar aufzustellen.

Nach § 240 Abs. 1 HGB muss die GmbH Grundstücke, Forderungen und Schulden, den Bargeldbestand sowie die sonstigen Vermögensgegenstände genau verzeichnen und dabei den Wert der einzelnen Vermögensgegenstände und Schulden angeben.

Das HGB sieht verschiedene Vereinfachungen vor, um die Wirtschaftlichkeit der Inventuren, die unter Umständen hohen Aufwand verursachen, zu erhöhen. Hierzu zählen:

- Festwertansätze nach § 240 Abs. 3 HGB,
- Gruppenbewertung nach § 240 Abs. 4 HGB,
- Stichprobeninventur nach § 241 Abs. 1 HGB,
- Permanente Inventur nach § 241 Abs. 2 HGB,
- Vor- und nachverlegte Stichtagsinventur nach § 241 Abs. 3 HGB,
- Buchmäßige Bestandsaufnahme für Anlagevermögen entsprechend § 241 Abs. 2 HGB.

In Bezug auf vorliegenden Sachverhalt kann die GmbH mit Blick auf das Zeitproblem zwecks Durchführung einer Inventur im Dezember eine vor- bzw. nachverlegte Stichtagsinventur vornehmen. Darüber hinaus ist grds. auch die permanente Inventur geeignet, eine körperliche Bestandsaufnahme von Vermögensgegenständen des Vorratsvermögens zum Stichtag 31.12.05 umgehen zu können. Gleichwohl ist anzumerken, dass die permanente Inventur nur dann für die Silvesterknaller-GmbH eine Inventurerleichterung darstellen kann, wenn bereits im abgelaufenen Geschäftsjahr die Bestände an Silvesterknallern nach Art und Menge in eine Lagerbuchführung aufgenommen und auf den Stichtag 31.12.05 entsprechend fortgeschrieben wurden. Unter Berücksichtigung der Anwendungsvoraussetzungen der übrigen Inventurerleichterungsverfahren ist auch eine fallweise Kombination mit der vor- bzw. nachverlegten Inventur einerseits und der permanenten Inventur andererseits möglich.

Die permanente Inventur ist ein von der Praxis entwickeltes Verfahren. Eine körperliche Bestandsaufnahme der Vermögensgegenstände kann zum Abschlussstichtag unterbleiben, wenn durch die Anwendung eines anderen Verfahrens, das den Grundsätzen ordnungsmäßiger Buchführung (GoB) entspricht, gesichert ist, dass der Bestand der Vermögensgegenstände nach Art, Menge und Wert auch ohne die körperliche Bestandsaufnahme für diesen Zeitpunkt festgestellt werden kann.

Als Ersatz für die Stichtagsinventur wird implizit eine Inventur zu einem anderen Stichtag und explizit ein den GoB entsprechendes Verfahren gefordert, das ermöglicht, den Bestand nach Art, Menge und Wert zum Bilanzstichtag festzustellen. Es muss also eine lückenlose Fortschreibung der einzelnen Vermögensgegenstände nach Menge und Wert mittels einer ordnungsgemäßen Lagerbuchführung möglich sein.

Ein großer Vorteil dieser permanenten Inventur besteht darin, dass am Jahresende nicht der Geschäftsbetrieb unterbrochen oder erheblich eingeschränkt werden muss. Die auf das Jahr verteilte partielle Stilllegung von kleineren Betriebseinheiten verursacht weniger organisatorische Probleme und weniger Kosten als die Stilllegung des gesamten Betriebes. Ist also bei der Silvesterknaller-GmbH eine solche Lagerbuchführung vorhanden, so kann die permanente Inventur Anwendung finden.

Auch in der Steuerbilanz ist diese Methode nach R 31 Abs. 5 EStR 2003 erlaubt. Nachteilig ist allerdings, dass diese Erleichterung nur für Vermögensgegenstände, nicht dagegen für Schulden gilt.

Nach § 241 Abs. 3 HGB ist die vor- oder nachverlegte Inventur unter folgenden Voraussetzungen möglich:

- Aufnahme von Vermögensgegenständen
- aufgrund einer körperlichen Bestandsaufnahme,
- die nach Art, Menge und Wert in einem
- besonderen Inventar verzeichnet sind, das
- innerhalb der ersten drei Monate vor oder
- der ersten beiden Monate nach dem Schluss des Geschäftsjahres aufgestellt ist und durch Anwendung eines
- den GoB entsprechenden Fortschreibungs- oder Rückrechnungsverfahrens
- gesichert ist, dass der am Schluss des Geschäftsjahres vorhandene Bestand der Vermögensgegenstände
- für diesen Zeitpunkt
- ordnungsgemäß bewertet werden kann.

Der Aufnahmetag für die Erstellung des Inventars darf also bis zu drei Monaten vor und bis zu zwei Monaten nach dem Abschlussstichtag liegen. Die gesetzliche Vorschrift verlangt aber keine mengenmäßige Fortschreibung bzw. Rückrechnung bis zum Bilanzstichtag, da am Jahresabschlussstichtag kein besonderer Inventarausweis der mit diesem Inventursystem aufgenommenen Vermögensgegenstände nach Art, Menge und Wert erforderlich ist. Eine wertmäßige Fortschreibung reicht also aus. Somit kann also die Silvesterknaller-GmbH bereits zum 30.09.05 oder erst zum 28.02.06 ein Inventar aufstellen.

Fall 37: Festbewertung

Die Knallgas-GmbH hat eine hohe Anzahl verschiedener Werkzeuge im Unternehmen. Bei Verschleiß werden die Werkzeuge laufend repariert bzw. ersetzt. Ihr Wert im Verhältnis zur Bilanzsumme ist von nachrangiger Bedeutung. Die GmbH hat für diese Werkzeuge zulässigerweise einen Festwert zum 31.12.02 mit 50.000,00 EUR aktiviert. Zum 31.12.05 wurde der Festwert mit 70.000,00 EUR errechnet. Die Zukäufe auf den Bestand betrugen in 05 15.000,00 EUR sowie in 06 27.000,00 EUR und wurden als Aufwand gebucht.

(1) Untersuchen Sie, ob das vereinfachte Verfahren der Festwertbildung zulässig ist!

(2) Bilden Sie den Bilanzansatz zum 31.12.05 und 31.12.06!

Lösung:

Zu (1):

(1) Im Allgemeinen gilt der Grundsatz der Einzelbewertung i.S. des § 252 Abs. 1 Nr. 3 HGB, d. h. die Vermögensgegenstände und Schulden sind am Abschlussstichtag einzeln zu bewerten.

> Dennoch besteht bei Vermögensgegenständen des Sachanlagevermögens sowie bei Roh-, Hilfs- und Betriebsstoffen nach § 240 Abs. 3 HGB die Möglichkeit, sie mit einer gleichbleibenden Menge und einem gleichbleibenden Wert anzusetzen, wenn sie regelmäßig ersetzt werden, ihr Gesamtwert für das Unternehmen von nachrangiger Bedeutung ist und ihr Bestand in seiner Größe, seinem Wert und seiner Zusammensetzung nur geringen Veränderungen unterliegt.

Nach § 256 HGB ist die Vorschrift, die grundsätzlich nur für das Inventar gilt, auch auf den handelsrechtlichen Jahresabschluss anwendbar.

Da im vorliegenden Fall die Werkzeuge zum Sachanlagevermögen gehören, muss geprüft werden, ob die Voraussetzungen der Festbewertung nach § 240 Abs. 3 HGB erfüllt sind. Dann hat die Knallgas-GmbH das Wahlrecht, die Bewertungsvereinfachung in Anspruch zu nehmen.

Voraussetzungen:

- Nach einem Abgang müssen die Gegenstände regelmäßig ersetzt werden.

  Es wird deutlich, dass der Festbewertung die Annahme zu Grunde liegt, dass sich Abgänge und Zugänge ungefähr ausgleichen.

  Die Forderung des regelmäßigen Ersatzes ist nur auf abnutzbare Vermögensgegenstände des Sachanlagevermögens sowie Roh-, Hilfs- und Betriebsstoffe beschränkt.

- Ihr Gesamtwert muss für das Unternehmen von nachrangiger Bedeutung sein.

  Eine nachrangige Bedeutung wird dann angenommen, wenn der einzelne Festwertansatz 5 % der Bilanzsumme (gegebenenfalls gekürzt um den Posten „Nicht durch Eigenkapital gedeckter Fehlbetrag") nicht übersteigt.

- Der Bestand darf in seiner Größe, seinem Wert und seiner Zusammensetzung nur geringen Schwankungen unterliegen.

  D. h. also, dass Vermögensgegenstände, bei denen mindestens eine der drei genannten Größen starken Veränderungen unterliegt, von einer Bewertung zum Festwert ausgeschlossen sind. Die Festbewertung darf somit nicht bei stark ansteigenden Preisen angewendet werden.

Sind alle diese Voraussetzungen erfüllt, so kann die Knallgas-GmbH die Werkzeuge mit einem Festwert ansetzen. Da aber hiermit der Grundsatz der Einzelbewertung durchbrochen wird, muss alle drei Jahre eine körperliche Bestandsaufnahme durchgeführt werden.

Deuten allerdings Anzeichen darauf hin, dass sich die dem Festwert zu Grunde liegenden Determinanten geändert haben bzw. dass die Voraussetzungen für den Festwert nicht mehr vollständig erfüllt sind, so ist der Bestand entsprechend früher durch eine Inventur aufzunehmen. Sind die Voraussetzungen der Festbewertung dauerhaft nicht erfüllt, müssen die Vermögensgegenstände wieder einzeln bewertet werden.

Steuerlich sind bei der Festbewertung einige Besonderheiten zu beachten. Gegenstände des beweglichen Anlagevermögens dürfen mit einem Festwert angesetzt werden.

Stellt sich bei der Bestandsaufnahme allerdings heraus, dass sich eine Erhöhung des Festwertes um mehr als 10 % ergeben würde, so ist der bisherige Festwert gemäß R 31 Abs. 4 S. 3 EStR 2003 „solange um die Anschaffungs- oder Herstellungskosten der im Festwert erfassten und nach dem Bilanzstichtag des vorangegangenen Wirtschaftsjahres aufzustocken, bis der neue Festwert erreicht ist".

Bei einer Erhöhung um weniger als 10 % kann der bisherige Festwert beibehalten werden (R 31 Abs. 4 S. 5 EStR 2003), d.h. Zugänge werden sofort als Aufwand verbucht. Das Beibehaltungswahlrecht des bisherigen Festwerts bei tatsächlich niedrigerem Festwert wandelt sich aufgrund des strengen Niederstwertprinzips in § 253 Abs. 3 HGB schlussendlich in der Steuerbilanz wg. § 5 Abs. 1 S. 1 EStG zu einem Abschreibungsgebot.

Zu (2):

(2) Die körperliche Bestandsaufnahme zum 31.12.05 nach Ablauf von drei Jahren zeigt, dass sich der Festwert um 20.000,00 EUR erhöht hat.

20.000,00 EUR ./. 50.000,00 EUR x 100 % = 40 %

Da die Erhöhung mehr als 10 % beträgt, ist der neue Festwert maßgebend. Der Bestand an Werkzeugen ist solange um die Aufwendungen des Geschäftsjahres zu erhöhen, bis der neue Festwert erreicht worden ist.

Umbuchung in 05:

				Soll	Haben
0440	Werkzeuge	4985	Werkzeuge und Kleingeräte	15.000,00	15.000,00

Bilanzansatz Werkzeuge zum 31.12.05: 65.000,00 EUR

Umbuchung in 06:

				Soll	Haben
0440	Werkzeuge	4985	Werkzeuge und Kleingeräte	5.000,00	5.000,00

Bilanzansatz Werkezeuge zum 31.12.06: 70.000,00 EUR

Der neue Festwert wird zum 31.12.06 erreicht.

Fall 38: Gruppenbewertung

Die Knallgas-GmbH hat mehrere Maschinen derselben Art, aber unterschiedlicher Größe, die zur Aufbewahrung der Gasgemische genutzt werden.

Die Werte für diese Maschinen umfassen eine Spannbreite von 1.000,00 EUR bis 7.500,00 EUR.

Kann in der Handelsbilanz die Gruppenbewertung als Bewertungsvereinfachungsverfahren angewendet werden?

Lösung:

> Gleichartige Vermögensgegenstände des Vorratsvermögens sowie andere gleichartige oder annähernd gleichwertige bewegliche Vermögensgegenstände dürfen nach § 240 Abs. 4 i. V. mit § 256 S. 2 HGB jeweils zu einer Gruppe zusammengefasst und mit dem gewogenen Durchschnitt angesetzt werden.

Die Maschinen sind mit ihren Anschaffungskosten vermindert um Abschreibungen in der Handelsbilanz anzusetzen (vgl. § 253 Abs. 1 S. 1 HGB). Nach § 252 Abs. 1 Nr. 3 HGB sind die Maschinen grundsätzlich einzeln zu bewerten. Zur vereinfachten Ermittlung der Anschaffungskosten lässt das Handelsrecht eine Ausnahme von dem Einzelbewertungsgrundsatz durch eine „Gruppenbewertung mit Durchschnittswerten" zu (vgl. §§ 256 S. 2 i. V. m. 240 Abs. 4 HGB).

Die Gruppenbewertung kann nur dann angewendet werden, wenn

1) es sich um gleichartige Vermögensgegenstände des Vorratsvermögens handelt oder um

2) andere gleichartige oder andere annähernd gleichwertige bewegliche Vermögensgegenstände.

Da es sich im vorliegenden Fall bei den Maschinen nicht um Vorratsvermögen handelt, muss geprüft werden, ob die zweite Voraussetzung erfüllt ist. Zunächst muss es sich um bewegliche Vermögensgegenstände handeln. Diese Voraussetzung ist hier erfüllt. Eine Gleichartigkeit ist aber zu verneinen, da die Maschinen unterschiedlicher Größe sind. Eine Gruppenbewertung ist aber ebenfalls möglich, wenn die Vermögensgegenstände annähernd gleichwertig sind.

> Annähernde Gleichwertigkeit bedeutet, dass keine wesentlichen Wertunterschiede zwischen den zusammengefassten Vermögensgegenständen existieren dürfen.
>
> Als Bedingung für eine annähernde Gleichwertigkeit wird ein maximaler Wertunterschied von 20 % zwischen höchstem und niedrigstem Wert in einer Gruppe gesetzt. Wichtig ist aber anzumerken, dass die annähernde Gleichwertigkeit keine hinreichende Bedingung für die Zusammenfassung zu einer Gruppe ist, sondern die zusammengefassten Vermögensgegenstände dürfen nicht zu verschiedenartig sein.

Da hier der höchste und der niedrigste Wert der Maschinen (1.000,00 EUR bzw. 7.500,00 EUR) um mehr als 20 % voneinander abweichen, ist eine annähernde Gleichwertigkeit zu verneinen. Eine Bewertungsvereinfachung in Form der Gruppenbewertung kommt nicht in Betracht.

Fall 39: Sammelbewertung

Die Knallgas-GmbH hat in ihrem Vorratsvermögen Magnesiumcarbonatpulver, da sie dieses zur Herstellung bestimmter Stoffe benötigt. Der Anfangsbestand zum 01.01.03 betrug 100 kg à 10,00 EUR. Im Jahr 03 wurden Zugänge i. H. von 150 kg à 12,00 EUR, 200 kg à 11,00 EUR und Abgänge i. H. von 150 kg verzeichnet.

Mit welchen Werten können die Abgänge und der Endbestand zum 31.12.03 in der Handels- und Steuerbilanz bewertet werden?

Lösung:

Da es sich im vorliegenden Fall bei dem Magnesiumcarbonat um gleichartige Vermögensgegenstände des Vorratsvermögens handelt, kann gemäß § 256 S. 1 HGB für den Wertansatz unterstellt werden, dass die zuerst oder die zuletzt angeschafften oder hergestellten Vermögensgegenstände zuerst oder in einer sonstigen bestimmten Folge verbraucht oder veräußert worden sind. Ebenso kann die Durchschnittsbewertung angewendet werden (vgl. §§ 256 S. 2 HGB i. V. m. 240 Abs. 4 HGB).

Ausdrücklich genannt werden folgende Verbrauchsfolgeverfahren:

- Beim FIFO-Verfahren (first in – first out) wird angenommen, dass die zuerst angeschafften oder hergestellten Vermögensgegenstände zuerst verbraucht oder veräußert werden und dementsprechend in der Gewinn- und Verlustrechnung als Aufwand gebucht werden.

- Bei dem LIFO-Verfahren (last in – first out) wird unterstellt, dass die zuletzt angeschafften oder hergestellten Vermögensgegenstände zuerst verbraucht oder veräußert werden und dementsprechend in der Gewinn- und Verlustrechnung als Aufwand gebucht werden.

Ebenso kann die Durchschnittsbewertung angewendet werden.

I. Verbrauchsfolgeverfahren:

1. Wertansatz bei Anwendung des LIFO-Verfahrens:

Anfangsbestand	100 kg à 10,00 EUR	1.000,00 EUR
Zugänge	150 kg à 12,00 EUR	1.800,00 EUR
	200 kg à 11,00 EUR	2.200,00 EUR
Abgänge	150 kg à 11,00 EUR	./. 1.650,00 EUR
Endbestand	50 kg à 11,00 EUR	
	150 kg à 12,00 EUR	
	100 kg à 10,00 EUR	= **3.350,00** EUR

2. Wertansatz bei Anwendung des FIFO-Verfahrens:

Anfangsbestand	100 kg à 10,00 EUR	1.000,00 EUR
Zugänge	150 kg à 12,00 EUR	1.800,00 EUR
	200 kg à 11,00 EUR	2.200,00 EUR
Abgänge	100 kg à 10,00 EUR	./. 1.000,00 EUR
	50 kg à 12,00 EUR	./. 600,00 EUR
Endbestand		
	100 kg à 12,00 EUR	
	200 kg à 11,00 EUR	= **3.400,00** EUR

Gemäß § 6 Abs. 1 Nr. 2 a EStG kann für Wirtschaftsgüter des Vorratsvermögens unterstellt werden, dass die zuletzt angeschafften oder hergestellten Wirtschaftsgüter zuerst verbraucht oder veräußert werden, wenn dies den handelsrechtlichen Grundsätzen ordnungsmäßiger Buchführung entspricht. Nach dem Prinzip der umgekehrten Maßgeblichkeit gemäß § 5 Abs. 1 S. 2 EStG muss in der Handelsbilanz zuvor entsprechend verfahren werden. Andere Verbrauchsfolgefiktionen sind steuerlich nicht zulässig (vgl. R 36 a Abs. 1 EStR 2003).

Werden gleichbleibend hohe Gewinne vorausgesetzt, so führt bei steigenden Preisen das LIFO-Verfahren, bei fallenden das FIFO-Verfahren zur größtmöglichen Gewinnminderung.

II. Durchschnittsbewertung:

Der einfache (periodische) Durchschnittswert ergibt sich aus dem Gesamtwert des Anfangsbestands und den Zugängen eines Geschäfts- bzw. Wirtschaftsjahres dividiert durch die Summe der Stückzahl aus Anfangsbestand und Zugängen.

Gesamteinkaufspreis: 5.000,00 EUR
Durchschnittspreis: 5.000,00 EUR : 450 kg = 11,11 EUR/kg
Endbestand: 11,11 EUR/kg · 300 kg = 3.333 EUR

2. Anschaffungskosten und Wertberichtigungen

Fall 40: Immaterieller Vermögensgegenstand

Die Knallgas-GmbH entwickelte ein Patent zur Herstellung eines bestimmten Gasgemisches. Dabei sind Forschungs- und Entwicklungsaufwendungen i. H. von 300.000,00 EUR entstanden. Auf dem Markt könnte ein Preis von 500.000,00 EUR für das Patent erzielt werden. Das Patent ist zur Veräußerung an einen Dritten vorgesehen und wird also nicht für die eigene Produktion genutzt.

Kann das Patent in der Handels- und Steuerbilanz angesetzt werden und wenn ja, mit welchem Wert?

Lösung:

Das selbst entwickelte Patent stellt einen Vermögensgegenstand dar, der gemäß dem Vollständigkeitsgrundsatz in § 246 Abs. 1 S. 1 HGB in der Handelsbilanz angesetzt werden muss.

Das Aktivierungsverbot des § 248 Abs. 2 HGB bzw. § 5 Abs. 2 EStG greift nicht, da das Patent im vorliegenden Fall nicht dem Geschäftsbetrieb dauerhaft dient und somit nicht im Anlagevermögen, sondern im Umlaufvermögen auszuweisen ist. Im Umlaufvermögen besteht eine höhere Marktnähe; es wird eine alsbaldige Realisierung erfolgen, da die Veräußerung an einen Dritten geplant ist. Somit besteht also Ansatzpflicht.

Die Bewertung richtet sich nach § 253 Abs. 1 S. 1 HGB. Demnach sind selbst erstellte Vermögensgegenstände mit ihren Herstellungskosten anzusetzen. Im vorliegenden

Fall sind für das Patent Forschungs- und Entwicklungsaufwendungen entstanden und somit ist es mit 300.000,00 EUR zu aktivieren. Ein Ansatz zum Marktwert i. H. von 500.000,00 EUR ist aufgrund des Anschaffungskostenprinzips nicht zulässig. Würde dieser Wert angesetzt werden, käme es zu einem Verstoß gegen das Realisationsprinzip in § 252 Abs. 1 Nr. 4 HGB, da ein Gewinn von 200.000,00 EUR ausgewiesen würde, der als noch nicht realisiert gilt. Auch in der Steuerbilanz ist das Patent mit 300.000,00 EUR im Zuge des Maßgeblichkeitsgrundsatzes in § 5 Abs. 1 S. 1 i. V. mit § 6 Abs. 1 Nr. 2 EStG anzusetzen.

Fall 41: Einzelwertberichtigung auf Forderungen

Die Explosiv-AG hat folgende Forderungen:

a) Forderung gegenüber der Chemie-GmbH: 87.000,00 EUR

Aufgrund der schlechten Bonität der Chemie-GmbH durch langanhaltende Verluste ist mit einem Ausfall der Forderungen i. H. von 20 % ernsthaft zu rechnen. Außerdem ist anzumerken, dass keine dinglichen Sicherheiten bestehen.

b) Forderung gegenüber der Pech-AG: 132.240,00 EUR

Am 15.11.03 hat die Pech-AG einen Antrag auf Eröffnung des Insolvenzverfahrens gestellt. Der Insolvenzantrag wird aber bereits zu Anfang des Jahres 04 mangels Masse abgelehnt, sodass es also gar nicht erst zur Eröffnung des Insolvenzverfahrens kommt.

Die Explosiv-AG stellt ihren Jahresabschluss für 03 erst am 31.03.04 auf.

Wie sind die Sachverhalte in der Bilanz zum 31.12.03 zu behandeln?

Lösung:

Zunächst ist anzumerken, dass der Grundsatz der Einzelbewertung i. S. des § 252 Abs. 1 Nr. 3 HGB gilt. Soweit sich spezielle Risiken erkennen lassen, werden einzelne Forderungen neu bewertet und der vermutliche Ausfall abgesetzt.

a) Im vorliegenden Fall handelt es sich um eine zweifelhafte Forderung, die unter Beachtung der jeweiligen Umstände mit ihrem wahrscheinlichen Wert anzusetzen ist.

Obwohl es im Ermessen des Bilanzierenden liegt, eine Forderung als zweifelhaft zu qualifizieren, müssen doch greifbare Tatbestände vorliegen und nicht nur bloße Vermutungen, um eine Abschreibung zu rechtfertigen. Der Umfang der Abschreibung bestimmt sich vielmehr danach, mit welchen Ausfällen bei vernünftiger kaufmännischer Beurteilung aufgrund der besonderen wirtschaftlichen Verhältnisse des Schuldners zu rechnen ist. Umstände wie z. B. Sicherungen oder Bürgschaften, die eine Wertminderung ganz oder teilweise ausgleichen, sind bei der Bewertung der Forderungen zu berücksichtigen.

Hier liegen tatsächliche Gründe für eine Einzelwertberichtigung der Forderung vor, da davon auszugehen ist, dass die Chemie-AG die Forderung nur zu 80 % erfüllen kann. Da der Marktpreis der Forderung damit nur 80 % umfasst, muss in der Handelsbilanz zwingend eine außerplanmäßige Abschreibung vorgenommen werden (vgl. § 253 Abs. 3 S. 1 HGB). Somit wird die Forderung i. H. von 20 % des Nettobetrages wertberichtigt. Eine Korrektur der Umsatzsteuer darf allerdings erst im Zeitpunkt der Uneinbringlichkeit der Forderungen erfolgen (vgl. § 17 Abs. 2 Nr. 1 i.V.m. Abs. 1 UStG).

20 % von 75.000,00 EUR = 15.000,00 EUR

			Soll	Haben
2451 Einstellung in die Einzelwertberichtigung zu Forderungen	0998	Einzelwertberichtigung auf Forderung	15.000,00	15.000,00

Die Forderung bleibt zum Bilanzstichtag 31.12.03 in den Debitoren mit ihrem gesamten Wert bilanziert, allerdings wird eine Einzelwertberichtigung in Höhe von 20 % vorgenommen. Sollte es tatsächlich zu einem Ausfall kommen, wird die Einzelwertberichtigung in Anspruch genommen und dementsprechend als Ertrag aufgelöst.

b) Der Antrag auf Eröffnung des Insolvenzverfahrens am 15.11.03 macht die Forderung gegenüber der Pech-AG noch nicht uneinbringlich, allenfalls zweifelhaft, da bei Durchführung eines solchen Verfahrens die Insolvenzgläubiger i.d.R. nicht zu 100 % aus der vorhandenen Vermögensmasse befriedigt werden können.

Zu Anfang des Jahres 04, noch bevor die Explosiv-AG ihren Jahresabschluss für das Geschäftsjahr 03 aufgestellt hat, erfährt sie allerdings, dass der Antrag auf Eröffnung des Insolvenzverfahrens mangels Masse abgelehnt worden ist. Zu diesem Zeitpunkt steht also fest, dass eine Erfüllung der Forderung unmöglich geworden ist. Da die Forderung als uneinbringlich gilt, muss in der Handelsbilanz zwingend eine außerplanmäßige Abschreibung vorgenommen werden (vgl. § 253 Abs. 3 S. 1 HGB). Die Tatsache, dass die Explosiv-AG erst nach Ablauf des Geschäftsjahrs 03 genaue Kenntnis über die Werthaltigkeit der Forderung gegenüber der Pech-AG erlangt, ist für die Beurteilung im Jahresabschluss 03 der Explosiv-AG aufgrund der sog. Wertaufhellungstheorie von Bedeutung.

Gemäß der Wertaufhellungstheorie in § 252 Abs. 1 Nr. 4 HGB sind alle vorhersehbaren Verluste, die bis zum Abschlussstichtag entstanden sind, zu berücksichtigen, selbst wenn diese erst zwischen dem Abschlussstichtag und dem Tag der Aufstellung des Jahresabschlusses bekannt geworden sind. Somit muss also diese Information noch Berücksichtigung im Jahresabschluss 03 finden, da dieser erst am 31.03.04 aufgestellt wird. Die Forderung ist voll abzuschreiben und die Umsatzsteuer zu korrigieren, da mit einem Eingang des Betrages nicht mehr zu rechnen ist (vgl. § 17 Abs. 2 Nr. 1 i.V.m. Abs.1 UStG).

				Soll	Haben
2405	Forderungsverluste 16 % USt	1400	Forderungen aus Lieferungen und Leistungen	114.000,00	132.240,00
1775	Umsatzsteuer 16 %			18.240,00	

- Nach der Wertaufhellungstheorie sind Umstände, die objektiv am Bilanzstichtag vorlagen, aber zu diesem Zeitpunkt noch unbekannt waren, im Rahmen der Bilanzaufstellung zu berücksichtigen, wenn diese Umstände bis zum Zeitpunkt der Bilanzaufstellung bekannt werden (= wertaufhellende Umstände).

- Sind die Tatsachen erst nach dem Bilanzstichtag eingetreten, haben diese keine Auswirkungen auf die Verhältnisse am Bilanzstichtag (= wertbeeinflussende Tatsachen).

Beide Sachverhalte sind gemäß § 6 Abs. 1 Nr. 2 EStG in der Steuerbilanz analog zu behandeln, da der Teilwert der Forderungen zum Bilanzstichtag 31.12.03 den Nennwert der Forderungen unterschreitet und jeweils eine dauerhafte Wertminderung zu unterstellen ist. Die in der Handelsbilanz vorgenommene Bewertung ist wegen des Maßgeblichkeitsprinzips auch für die Steuerbilanz verbindlich. Das steuerliche Abschreibungswahlrecht auf den niedrigeren Teilwert wird damit durch die Maßgeblichkeit der Handelsbilanz für die Steuerbilanz verdrängt (vgl. § 5 Abs. 1 S. 1 EStG). Eine voraussichtlich dauerhafte Wertminderung im Umlaufvermögen liegt vor, wenn die Minderung bis zum Zeitpunkt der Aufstellung der Bilanz oder einem früheren Verbrauchs- oder Verkaufszeitpunkt anhält (BMF-Schreiben v. 25.2.2000, BStBl I S. 372 Tz. 23).

Nachfolgende Tabelle zeigt überblickartig die bilanziellen Wirkungen von voraussichtlich vorübergehenden und dauerhaften Wertminderungen in Bezug auf Vermögensgegenstände/Wirtschaftsgüter des Umlaufvermögens in Handels- und Steuerbilanz auf:

Umlaufvermögen ⇓	Personenunternehmen		Kapitalgesellschaften	
Voraussichtliche Wertminderung	Handels-bilanz	Steuer-bilanz	Handels-bilanz	Steuer-bilanz
vorübergehend	Gebot	Verbot	Gebot	Verbot
dauerhaft	Gebot	Gebot	Gebot	Gebot

Das in der Steuerbilanz im Falle einer dauerhaften Wertminderung mögliche Abschreibungswahlrecht wird über § 5 Abs. 1 S. 1 EStG in der Steuerbilanz zu einem Abschreibungsgebot.

Überblick zu G+V-Ausweis von "üblichen Abschreibungen" auf Vermögensgegenstände des Umlaufvermögens für Kapitalgesellschaften	
Bilanzposition des Umlaufvermögens	G+V-Ausweis (Gesamtkostenverfahren)
Unfertige und fertige Erzeugnisse, unfertige Leistungen	Nr. 2 / Erhöhung/Verminderung Bestand an fertigen und unfertigen Erzeugnissen
Roh-/Hilfs- und Betriebsstoffe, Waren	Nr. 5a / Materialaufwand: Aufwendungen für R/H/B und für bezogene Waren
Forderungen, sonstige Vermögensgegenstände, Flüssige Mittel	Nr. 8 / Sonstige betriebliche Aufwendungen
Wertpapiere	Nr. 12 / Abschreibungen auf Finanzanlagen

Fall 42: Pauschalwertberichtigung auf Forderungen

Die Knallgas-GmbH hat zum 31.12.03 Forderungen aus Lieferungen und Leistungen i. H. von 180.960,00 EUR (einschließlich 16 % USt). Davon ist bereits die Forderung der Explosiv-AG von 16.240,00 EUR einzelwertberichtigt worden. In den letzten Jahren haben die Ausfälle aufgrund der schlechten Konjunkturlage 3 % betragen.

Fall 42

(1) Wie hoch ist der Bilanzansatz der Forderungen im Jahresabschluss zum 31.12.03?
(2) Was geschieht in der Steuerbilanz?
(3) Wie lauten die Buchungssätze?

Lösung:

Zu (1):

Die Forderungen aus Lieferungen und Leistungen sind gemäß § 266 Abs. 2 HGB im Umlaufvermögen auszuweisen. Grundsätzlich sind sie nach § 253 Abs. 1 HGB handels- und steuerrechtlich mit dem Nennbetrag anzusetzen.

Im Umlaufvermögen gilt nach § 253 Abs. 3 HGB aber das strenge Niederstwertprinzip, d. h. die Vermögensgegenstände sind zwingend mit dem niedrigeren Börsenpreis, Marktpreis oder dem niedrigeren beizulegenden Wert am Jahresabschlussstichtag zu bewerten. Grundsätzlich gilt der Einzelbewertungsgrundsatz des § 252 Abs. 1 Nr. 3 HGB auch für Forderungen. Bei größeren Forderungsbeständen mit vielen „kleinen" Forderungen ist es häufig unmöglich oder sehr zeitaufwendig, alle Forderungen einzeln zu bewerten. Somit werden in der Praxis i.d.R. die speziellen Risiken vereinfacht errechnet und es wird sodann ein bestimmter Prozentsatz vom Nennbetrag der Forderungen abgeschrieben.

Im vorliegenden Fall sind aber keine speziellen Risiken bekannt, sodass hier eine Pauschalwertberichtigung (= PWB) wegen des allgemeinen Kreditrisikos (allgemeines Konjunkturrisiko) erfolgen muss. Die Zulässigkeit einer PWB ergibt sich aus § 252 Abs. 2 HGB. Ausgangsgrundlage für die PWB ist der gesamte Forderungsbestand am Ende des Geschäftsjahres 03 abzüglich der bereits einzelwertberichtigten Forderungen:

	180.960,00 EUR	Gesamtforderungen
./.	16.240,00 EUR	bereits einzelwertberichtigte Forderung
=	164.720,00 EUR	verbleibende Forderungen

Es handelt sich hier um den Bruttobetrag der pauschal wertzuberichtigenden Forderungen. Da die Pauschalwertberichtigung aber anhand des Nettobetrages zu ermitteln ist, muss zunächst die Umsatzsteuer herausgerechnet werden:

	164.720,00 EUR	verbleibende Forderungen
./.	22.720,00 EUR	Umsatzsteuer 16 %
=	142.000,00 EUR	zu berichtigende Gesamtforderungen netto

Auf diese Bemessungsgrundlage ist der unter Berücksichtigung von Erfahrungswerten und sich bereits abzeichnenden Entwicklungen ermittelte Prozentsatz von 3 % anzuwenden.

142.000,00 EUR x 3 % = 4.260,00 EUR

Somit sind die pauschalwertberichtigten Forderungen im handelsrechtlichen Jahresabschluss zum 31.12.03 mit einem Wert i. H. von 160.460,00 EUR anzusetzen. (Die Forderung gegenüber der Explosiv-AG wird laut Sachverhalt einzelwertberichtigt.)

Zu (2):

Steuerlich ist die Bildung von pauschalen Wertberichtigungen auf Forderungen ebenfalls zulässig. Die in der Vergangenheit gewonnenen Erfahrungen in Bezug auf die Höhe der ausfallgefährdeten Forderungen lassen auch für die Zukunft die Schlussfolgerung zu, dass die am Bilanzstichtag bestehenden Forderungen einem ernsthaften Ausfallrisiko unterliegen. Aus diesem Grund ist eine Teilwertabschreibung auf den – zu einer Gruppe – zusammengefassten Forderungsbestand gem. § 6 Abs. 1 Nr. 2 S. 2 EStG zulässig.

Da handelsrechtlich die pauschalen Wertabschläge auf den Gruppenforderungsbestand nach dem strengen Niederstwertprinzip des § 253 Abs. 3 S. 1 HGB geboten sind, bedeutet dies schlussendlich für die Steuerbilanz der Knallgas-GmbH, dass das steuerliche Wahlrecht – aufgrund der Maßgeblichkeit der Handels- für die Steuerbilanz – zu einem Abschreibungsgebot wird.

Zu (3):

Buchungssätze:

				Soll	Haben
2451	Einstellung in die Einzelwertberichtigung zu Forderungen	0998	Einzelwertberichtigung auf Forderung	15.000,00	15.000,00

				Soll	Haben
2450	Einstellung in die Pauschalwertberichtigung zu Forderungen	0996	Pauschalwertberichtigung auf Forderung	4.260,00	4.260,00

Da der passivische Bilanzausweis eines Postens „Pauschalwertberichtigung" für Unternehmen in der Rechtsform einer Kapitalgesellschaft nicht zulässig ist, bedarf es im Falle des vorgenannten Buchungssatzes einer Saldierung mit den Forderungen auf der Aktivseite der Bilanz.

Schema zur Ermittlung der Bemessungsgrundlage für die
Pauschalwertberichtigung:

Forderungen aus Lieferungen und Leistungen
./. Forderungen aus umsatzsteuerfreien Lieferungen und sonstige Leistungen § 4 UStG
./. Forderungen aus nichtsteuerbaren Lieferungen und sonstige Leistungen
./. einzelwertberichtigte Forderungen
= Zwischensumme Forderungen einschließlich Umsatzsteuer
./. Umsatzsteuer
= Zwischensumme Forderungen ohne Umsatzsteuer
+ Forderungen aus umsatzsteuerfreien Lieferungen und sonstige Leistungen § 4 UStG
+ Forderungen aus nichtsteuerbaren Lieferungen und sonstige Leistungen
= Bemessungsgrundlage Ermittlung Pauschalwertberichtigung

VI. Rechnungsabgrenzungsposten

Fall 43: Rechnungsabgrenzungsposten

Um welche Art von Rechnungsabgrenzungsposten handelt es sich bei den nachfolgenden Sachverhalten? Wie sind sie in der Bilanz zum 31.12.03 der Knallgas-GmbH zu erfassen und wie lauten jeweils die Buchungssätze?

a) Die KFZ- Steuer für den LKW der Knallgas-GmbH wird immer am 01.09. i. H. von 500,00 EUR jährlich im Voraus überwiesen.

b) Es wurde am 01.01.03 ein Kredit aufgenommen i. H. von 250.000,00 EUR. Die Auszahlungsquote beträgt 95 %. Die Laufzeit des Kredits beträgt 5 Jahre.

c) Ein Gebäude wird an die Explosiv-AG vermietet. Die Miete für Januar i. H. von 10.000,00 EUR ist bereits am 28.12.03 überwiesen worden.

d) Eine Rechnung über 100 kg Magnesiumcarbonat i. H. von 2.500,00 EUR zzgl. 16 % Umsatzsteuer ist zum 31.12.03 noch nicht beglichen worden (Rechnung liegt erst am 04.01.04 vor).

e) Die GmbH ist von der Explosiv-AG beauftragt worden, eine große Menge eines sehr schwierig herzustellenden Gasgemisches zu erstellen.

Hierfür hat die AG zum 31.12.03 eine Anzahlung i. H. von 10 % = 20.000,00 EUR zzgl. 16 % USt geleistet.

f) Die Knallgas-GmbH erhält Bankzinserträge des Jahres 03 i. H. von 2.000,00 EUR erst im Jahr 04 auf ihrem Konto gutgeschrieben.

Lösung:

Transitorische Rechnungsabgrenzungsposten i. S. des § 250 Abs. 1 und 2 HGB sind Korrekturposten, die dazu dienen, bestimmte Zahlungsgrößen zu periodisieren und eine den Abgrenzungsgrundsätzen für den Jahreserfolg entsprechende periodengerechte Gewinnermittlung zu gewährleisten. Sie entstehen grundsätzlich dann, wenn der entsprechend dem Grundsatz der Abgrenzung der Sache und der Zeit nach zuzurechnende Aufwand bzw. Ertrag einer Periode und die dazugehörige Ausgabe bzw. Einnahme in unterschiedliche Rechnungsperioden fallen. Gleiches gilt für die sog. antizipativen Rechnungsabgrenzungsposten in Gestalt von „sonstigen Forderungen/Verbindlichkeiten".

a) Der Teil der KFZ-Steuer, der auf den Zeitraum vom 01.01.04 bis 31.08.04 fällt, muss abgegrenzt werden, da es sich hier um eine Ausgabe in 03 handelt, die aber erst Aufwand in der nächsten Periode ist. Ebenfalls ist hier der Zeitraumbezug vorhanden. Es liegt folglich ein aktiver Rechnungsabgrenzungsposten i. H. von 333,33 EUR vor.

		Soll	Haben
0980 Aktive Rechnungsabgrenzung	1200 Bank	333,33	500,00
4510 Kfz-Steuer		166,67	

b) Der in 03 aufgenommene Kredit wurde nur zu 95 % ausgezahlt, d. h. es wurde ein Disagio i. H. von 12.500,00 EUR einbehalten.

Ist der Rückzahlungsbetrag einer Verbindlichkeit höher als der Ausgabebetrag, so besteht handelsrechtlich ein Wahlrecht, den Unterschiedsbetrag in den Rechnungsabgrenzungsposten auf der Aktivseite aufzunehmen (vgl. § 250 Abs. 3 HGB). In diesem Falle ist der Unterschiedsbetrag von 12.500,00 EUR durch planmäßige jährliche Abschreibungen zu tilgen, die auf die gesamte Laufzeit der Verbindlichkeit verteilt werden können. Das Disagio wird wirtschaftlich als vorweggezahlter Zins qualifiziert. Da dieser Unterschiedsbetrag bereits bei Vertragsschluss in der abgelaufenen Periode rechtlich entsteht, erfüllt er die Bedingungen eines aktivischen transitorischen Rechnungsabgrenzungspostens. Dennoch besteht handelsrechtlich nur ein Wahlrecht.

Erfolgt keine Aktivierung, so sind die 12.500,00 EUR direkt als Aufwand zu verbuchen. Steuerrechtlich hingegen besteht für diese Abgrenzungsposten eine Aktivierungspflicht zum Zeitpunkt der erstmaligen Passivierung der Verbindlichkeit (vgl. § 5 Abs. 5 S. 1 Nr. 1 EStG).

Fall 43

				Soll	Haben
1200	Bank	0630	Verbindlichkeiten gegenüber Kreditinstituten	237.500,00	250.000,00
0986	Damnum/Disagio			12.500,00	
2100	Zinsen und ähnliche Aufwendungen	0986	Damnum/Disagio	2.500,00	2.500,00

c) Da die Explosiv-AG die Miete für den Monat Januar bereits im Voraus gezahlt hat, handelt es sich hier um eine Einnahme der abzuschließenden Rechnungsperiode 03, die erst Ertrag für den Januar der nächsten Periode 04 ist.

Es handelt sich also um einen transitorischen passivischen Rechnungsabgrenzungsposten. Gemäß § 250 Abs. 2 HGB muss er i. H. von 10.000,00 EUR in 03 passiviert werden.

				Soll	Haben
1200	Bank	0990	Passive Rechnungsabgrenzung	10.000,00	10.000,00

d) Es handelt sich um eine Verbindlichkeit aus Lieferung und Leistung, die aufgrund des Vollständigkeitsgebots des § 246 Abs. 1 HGB als Schuld i. H. von 2.500,00 EUR zzgl. USt zu passivieren ist.

				Soll	Haben
3400	Wareneingang 16 % Vorsteuer	1600	Verbindlichkeiten aus Lieferung und Leistungen	2.500,00	2.900,00
1548	Vorsteuer im Folgejahr abziehbar			400,00	

> Die Vorsteuer ist erst dann abziehbar, wenn die Rechnung vorliegt und die Leistung ausgeführt ist (vgl. § 15 Abs. 1 Nr 1 UStG). Aufgrund des Rechnungseingangs im Jahr 04 ist die Vorsteuer aus Sicht des Jahres 03 erst im Folgejahr abzugsfähig.

e) Erhaltene Anzahlungen werden für die Veräußerung von Vermögensgegenständen in der Zukunft vereinnahmt. Es handelt sich zwar um eine Einnahme, die erst Ertrag in einer späteren Periode wird, allerdings fehlt hier der strenge Zeitraumbezug. Somit ist die Einnahme von 20.000,00 EUR unter den erhaltenen Anzahlungen auszuweisen und nicht unter die transitorischen Rechnungsabgrenzungsposten zu subsumieren.

				Soll	Haben
1200	Bank			23.200,00	20.000,00
		1717	Erhaltene versteuerte Anzahlungen 16 %		
		1775	Umsatzsteuer 16 %		3.200,00

f) Die Bankzinserträge sind Ertrag in der Rechnungsperiode 03, die aber erst in der nachfolgenden Periode 04 zu einer Einnahme führen. Aufgrund des strengen Zeitraumbezuges liegt ein antizipativer aktivischer Rechnungsabgrenzungsposten (= sonstige Forderungen) vor, der gemäß dem Aktivierungsgrundsatz als Vermögensgegenstand i. H. von 2.000,00 EUR zu bilanzieren ist.

				Soll	Haben
1500	Sonstige Vermögens-gegenstände	2650	Zinsen und ähnliche Erträge	2.000,00	2.000,00

Fall 44: Sonderleasingzahlung

Der Einzelunternehmer Schnapp (eingetragener Kaufmann) nutzt einen geleasten Audi in seinem einzelkaufmännischen Unternehmen.

Am 30.06.01 läuft der bisherige Leasingvertrag (Finance-Leasing mit Restwertausgleich) aus. Schnapp gibt das Fahrzeug zurück und der Restwert i. H. von 12.000,00 EUR wird als Sonderleasingzahlung auf den neuen PKW-Leasingvertrag angerechnet. Dieser neue Vertrag hat eine Laufzeit von 24 Monaten und beginnt am 01.07.01.

Wie muss diese Leasingsonderzahlung berücksichtigt werden?

Lösung:

Die Leasingsonderzahlung darf nicht sofort am 01.07. in voller Höhe als Aufwand verbucht werden. Da die einmalige Zahlung wirtschaftlich als zusätzliche Finanzierungskosten aufzufassen ist, handelt es sich hier um eine Ausgabe, die Aufwand für die nächsten 24 Monate ist. Es gilt das Prinzip der wirtschaftlichen Abgrenzung. Gemäß § 250 Abs. 1 S. 1 HGB, § 5 Abs. 5 S. 1 Nr. 1 EStG muss diese Zahlung als aktiver Rechnungsabgrenzungsposten in die Handels- und Steuerbilanz zum 31.12.01 aufgenommen werden. Dieser muss dann entsprechend der Laufzeit pro rata temporis aufgelöst werden.

Somit ist also am 01.07. zunächst die gesamte Leasingsonderzahlung in den aktiven Rechnungsabgrenzungsposten einzustellen.

Fall 45

Anteilige Auflösung zum 31.12.01:

12.000,00 EUR : 24 = 500,00 EUR
500,00 EUR x 6 = 3.000,00 EUR

Buchungssatz:

				Soll	Haben
4570	Fremdfahrzeuge	0980	Aktive Rechnungs-abgrenzung	3.000,00	3.000,00

Fall 45: Disagio

Die Knallgas-GmbH hat zum 01.01.03 einen Kredit i. H. von 200.000,00 EUR aufgenommen. Dieser Kredit wird allerdings nur zu 90 % ausgezahlt und hat eine Laufzeit von fünf Jahren. Die Rückzahlung erfolgt am Ende der Laufzeit.

(1) Diskutieren Sie die Möglichkeiten der Behandlung dieses Sachverhaltes in Handels- und Steuerbilanz!
(2) Welche bilanziellen Auswirkungen haben diese Möglichkeiten auf die Folgejahre?
(3) Wie ist das Disagio in der Bilanz der Knallgas-GmbH zu behandeln, wenn die Darlehenstilgung in jährlichen Raten von 40.000,00 EUR erfolgt?

Lösung:

Zu (1):

In der Handelsbilanz besteht gemäß § 250 Abs. 3 HGB ein Wahlrecht, den Unterschiedsbetrag zwischen der Rückzahlung und der Auszahlung einer Verbindlichkeit als aktiven Rechnungsabgrenzungsposten zu aktivieren. Im vorliegenden Fall wird der Kredit nur zu 90 % ausgezahlt, d. h. es entsteht ein Disagio von 20.000,00 EUR.

Dieses vertraglich vereinbarte Disagio unterscheidet sich von den üblichen Darlehenszinsen insofern, dass bei vorzeitiger Tilgung des Kredites keine Rückzahlung eines Teilbetrages zu erwarten ist. Trotzdem ist der Unterschiedsbetrag aber ohne Zweifel laufzeitabhängig. Er wird wirtschaftlich als vorweggezahlter Zins qualifiziert. Obwohl er im Zeitpunkt des Vertragsabschlusses in der abgelaufenen Periode rechtlich entstanden ist und somit die Voraussetzungen eines aktivischen transitorischen Rechnungsabgrenzungsposten erfüllt, besteht dennoch nur handelsrechtlich ein Aktivierungswahlrecht.

Die Knallgas-GmbH hat also in der Handelsbilanz zum 31.12.03 zwei Möglichkeiten der Behandlung des Disagios:

1) Das Disagio wird nicht aktiviert und sofort erfolgswirksam in der GuV als Aufwand verbucht. Der Gewinn des Jahres 03 mindert sich um 20.000,00 EUR.

Buchungssatz zum **01.01.03**:

				Soll	Haben
1200	Bank	0630	Verbindlichkeiten gegenüber Kreditinstituten	180.000,00	200.000,00
2100	Zinsen und ähnliche Aufwendungen			20.000,00	

2) Die Knallgas-GmbH kann aber auch von ihrem Wahlrecht derart Gebrauch machen und das Disagio zum 01.01.03 i. H. von 20.000,00 EUR aktivieren. Gemäß § 250 Abs. 3 S. 2 HGB ist der Unterschiedsbetrag durch planmäßige jährliche Abschreibungen zu tilgen, die auf die gesamte Laufzeit der Verbindlichkeit verteilt werden können.

Die Abschreibung des Disagios erfolgt im Falle von Fälligkeitsdarlehen nach dem Grundsatz der Abgrenzung der Zeit nach, d. h. es ist also nach dem Durchschnittskostenprinzip, also in gleichen Beträgen pro rata temporis abzuschreiben.

Im vorliegenden Fall muss folglich der aktivierte Unterschiedsbetrag für 12 Monate abgeschrieben werden. Es müssen also 20.000,00 EUR : 5 J. = 4.000,00 EUR als Aufwand verrechnet werden. Somit ist das Disagio zum 31.12.03 nur noch zu einem Betrag von 16.000,00 EUR aktiviert.

Buchungssatz zum **01.01.03**:

				Soll	Haben
1200	Bank	0630	Verbindlichkeiten gegenüber Kreditinstituten	180.000,00	200.000,00
0986	Damnum/Disagio			20.000,00	

Buchungssatz zum **31.12.03**:

				Soll	Haben
2100	Zinsen und ähnliche Aufwendungen	0986	Damnum/Disagio	4.000,00	4.000,00

In der Steuerbilanz hingegen hat die Knallgas-GmbH kein Wahlrecht zur Behandlung des Disagios. Nach § 5 Abs. 5 S. 1 Nr. 1 EStG ist das Disagio zwingend als aktiver Rechnungsabgrenzungsposten in der Steuerbilanz anzusetzen und über die Laufzeit des Darlehens linear aufzulösen.

Zu (2):

Erfolgt in der Handels- und in der Steuerbilanz eine einheitliche Behandlung des Disagios i. S. der zweiten Möglichkeit, so ergeben sich keine Besonderheiten in den Folgejahren, da in beiden Bilanzen insoweit gleichhoher Aufwand verrechnet wird.

Wird dagegen das Disagio in der Handelsbilanz direkt im Jahr der Kreditaufnahme als Aufwand verbucht, während in der Steuerbilanz Aktivierungspflicht besteht, so ist der handelsrechtliche Gewinn im Jahre 03 geringer als das steuerliche Ergebnis. Würde im vorliegenden Falle das Ergebnis der Handelsbilanz für die Besteuerung, die so genannte fiktive Besteuerung, zu Grunde gelegt, so ergäbe sich ein geringerer Steueraufwand i. H. des zum 31.12.03 noch bestehenden Disagiobetrags multipliziert mit dem Steuersatz.

Nach § 274 Abs. 2 HGB haben Kapitalgesellschaften das Wahlrecht, in Höhe der voraussichtlichen Steuerentlastung einen Abgrenzungsposten als Bilanzierungshilfe auf der Aktivseite zu bilden, wenn der dem Geschäftsjahr zuzurechnende Steueraufwand zu hoch ist, weil der nach den steuerrechtlichen Vorschriften zu versteuernde Gewinn höher als das handelsrechtliche Ergebnis ist und sich der zu hohe Steueraufwand des Geschäftsjahres in späteren Geschäftsjahren voraussichtlich ausgleicht (timing differences).

Im vorliegenden Fall handelt es sich um eine solche zeitliche Differenz, da sich der zu hohe Steueraufwand im Jahre 03 in den Folgejahren ausgleicht. In späteren Perioden ist nämlich der steuerliche Gewinn aufgrund der planmäßigen Abschreibung des Disagios über die Laufzeit des Kredites geringer als das handelsrechtliche Ergebnis. Somit kann die Knallgas-GmbH in der Handelsbilanz eine Bilanzierungshilfe für aktive latente Steuern i. H. des zum 31.12.03 bestehenden Disagiobetrags multipliziert mit dem Steuersatz ansetzen. Dieser Posten ist gesondert auszuweisen und im Anhang zu erläutern.

Des Weiteren besteht zum Schutze der Gläubiger eine Gewinnausschüttungssperre i. H. dieses Betrages, da hier kein Vermögensgegenstand vorliegt. Der Betrag ist in den Folgejahren bis zur vollständigen steuerlichen Abschreibung des Disagios entsprechend der eintretenden Steuerentlastung aufzulösen.

Zu (3):

Wirtschaftlich betrachtet hat das Disagio zinsähnlichen Charakter. Da der Zinsaufwand des Darlehens mit jeder Darlehenstilgung abnimmt, gilt gleiches auch für den auf das jeweilige Geschäftsjahr/Wirtschaftsjahr entfallenden Disagioanteil. Die Auflösung des Disagios hat deshalb in sinkenden Raten (= degressiv) zu erfolgen.

Wenngleich die Grundsätze ordnungsmäßiger Buchführung bei Tilgungsdarlehen keine degressive Auflösung des Disagios vorschreiben, erscheint aus wirtschaftlicher Sichtweise (= periodengerechte Gewinnermittlung) eine degressive Auflösung des Disagios geboten. Die degressive Auflösung des Disagios ergibt sich aus nachstehender Formel:

$$\frac{\text{Disagiobetrag} \cdot (\text{Anzahl der restlichen Raten} + 1)}{\text{Summe der Zahlungsreihe aller Raten}}$$

wobei Summe der Zahlungsreihe aller Raten:

$$\frac{n \cdot x (n + 1)}{2}$$

Im Geschäftsjahr/Wirtschaftsjahr 03 beträgt der Auflösungsbetrag des ARAP demzufolge:

03) 20.000,00 EUR x 5/15 = 6.667,00 EUR

Der Auflösungsbetrag beträgt in den Folgejahren:

04) 20.000,00 EUR x 4/15 = 5.333,00 EUR
05) 20.000,00 EUR x 3/15 = 4.000,00 EUR
06) 20.000,00 EUR x 2/15 = 2.667,00 EUR
07) 20.000,00 EUR x 1/15 = 1.333,00 EUR
Gesamte Auflösung: 20.000,00 EUR

VII. Eigenkapital und Sonderposten mit Rücklageanteil

Fall 46: Ausstehende Einlagen

Die Knallgas-GmbH wurde zum 01.01.01 gegründet. Das Stammkapital beträgt 200.000,00 EUR. An der GmbH sind die Gesellschafter Knall zu 60 % und Gas zu 40 % beteiligt. Gas erbringt seine Einlage sofort in Form eines Grundstückes im Wert von 80.000,00 EUR. Knall erbringt eine Bareinlage i. H. von 50.000,00 EUR; der Restbetrag ist eingefordert worden.

Welche Ausweismöglichkeiten bestehen in der Eröffnungsbilanz zum 01.01.01?

Abwandlung der Aufgabenstellung:

Von den ausstehenden Einlagen in Höhe von 70.000,00 EUR wurden in 01 nur 60.000,00 EUR von den Gesellschaftern Knall und Gas eingefordert.

Fall 46

Zeigen Sie die Bilanzierungsmöglichkeiten in der Eröffnungsbilanz 01.01.01 auf!

Lösung:

Gemäß § 242 Abs. 1 S. 1 HGB hat die GmbH als Formkaufmann i. S. des § 6 HGB zu Beginn ihres Handelsgewerbes eine Eröffnungsbilanz aufzustellen. Sie zeigt das Vermögen und die Schulden der Knallgas-GmbH zu Beginn ihrer Tätigkeit. Nach § 283 HGB ist das gezeichnete Kapital zum Nennbetrag anzusetzen, im vorliegenden Fall also mit 200.000,00 EUR.

Gas hat hier eine Sacheinlage in Form eines Grundstückes erbracht. Sein Verkehrswert beträgt 80.000,00 EUR. Es ist gemäß dem Vollständigkeitsgebot des § 246 Abs. 1 HGB in der Eröffnungsbilanz auszuweisen, und zwar im Anlagevermögen, da es nach § 247 Abs. 2 HGB bestimmt ist, dauernd dem Geschäftsbetrieb zu dienen. Seine Einlage ist somit vollständig erbracht.

Knall ist dagegen zu 60 % beteiligt, d. h. er muss eine Einlage i. H. von 120.000,00 EUR erbringen. Zum 01.01.01 hat er bereits 50.000,00 EUR in bar erbracht; der Betrag ist unter den Posten „Bank" oder „Kasse" auszuweisen. Der Restbetrag i. H. von 70.000,00 EUR ist laut Sachverhalt eingefordert. Es kommt hier also zu einer Differenz zwischen gezeichnetem Kapital und dem eingezahlten Kapital. Diese Differenz ist in dem Posten „Ausstehende Einlagen auf das gezeichnete Kapital" gesondert in der Bilanz auszuweisen.

Bilanzrechtlich gesehen handelt es sich bei diesen ausstehenden Einlagen um Forderungen der Gesellschaft an die Gesellschafter, unabhängig davon, ob sie eingefordert sind oder nicht. Wirtschaftlich gesehen handelt es sich bei den ausstehenden Einlagen um einen Korrekturposten zum gezeichneten Kapital. Gemäß § 272 Abs. 1 S. 2 und 3 HGB hat die Knallgas-GmbH ein Wahlrecht, die ausstehenden Einlagen nach der Brutto- oder der Nettomethode auszuweisen.

- **Bruttomethode:**

Nach dieser Methode dürfen die noch nicht eingezahlten Teile des gezeichneten Kapitals auf der Aktivseite vor dem Anlagevermögen im Posten „Ausstehende Einlagen auf das gezeichnete Kapital" ausgewiesen werden. Die davon eingeforderten Einlagen sind als „davon"-Ausgabe zu vermerken.

Aktiva		Bilanz zum 01.01.01	Passiva
Ausstehende Einlagen auf das Gezeichnete Kapital, davon eingefordert	70.000	A. Eigenkapital	
	70.000	1. Gezeichnetes Kapital	200.000
A. Anlagevermögen	80.000		
B. Umlaufvermögen	50.000		
	200.000		200.000

Buchungssatz:

			Soll	Haben
0050 Grundstücke	0800	Gezeichnetes Kapital	80.000,00	200.000,00
1200 Bank			50.000,00	
0810 Ausstehende Einlagen auf das gezeichnete Kapital, eingefordert (Aktivausweis)			70.000,00	

- **Nettomethode:**

Die nicht eingeforderten ausstehenden Einlagen können auf der Passivseite offen von dem Posten „Gezeichnetes Kapital" abgesetzt werden.

Der verbleibende Betrag ist dann als Posten „Eingefordertes Kapital" anzugeben.

Des Weiteren müssen die eingeforderten ausstehenden Einlagen auf das gezeichnete Kapital unter den Forderungen ausgewiesen und entsprechend bezeichnet werden.

Aktiva	Bilanz zum 01.01.01		Passiva
A. Anlagevermögen	80.000	A. Eigenkapital	
B. Umlaufvermögen		1. Gezeichnetes Kapital	200.000
1. Forderungen			
Eingefordertes noch nicht eingezahltes Kapital	70.000		
2. Bank	50.000		
	200.000		200.000

Buchungssatz:

			Soll	Haben
0050 Grundstücke	0800	Gezeichnetes Kapital	80.000,00	200.000,00
1200 Bank			50.000,00	
0830 Ausstehende Einlagen auf das gezeichnete Kapital, eingefordert			70.000,00	

Beide Möglichkeiten werden als gleichwertig betrachtet.

Fall 46

Lösung Fallabwandlung:

- **Bruttomethode:**

Aktiva		Bilanz zum 01.01.01	Passiva
Ausstehende Einlagen auf das Gezeichnete Kapital, davon eingefordert 60.000	70.000	A. Eigenkapital 1. Gezeichnetes Kapital	200.000
A. Anlagevermögen	80.000		
B. Umlaufvermögen	50.000		
	200.000		200.000

Buchungssatz:

				Soll	Haben
0050	Grundstücke	0800	Gezeichnetes Kapital	80.000,00	200.000,00
1200	Bank			50.000,00	
0801	Ausstehende Einlagen auf das gezeichnete Kapital, nicht eingefordert (Aktivausweis)			10.000,00	
0810	Ausstehende Einlagen auf Kapital, eingefordert (Aktivausweis)			60.000,00	

> Mit Blick auf die Kontierung des Kontos 0801 und 0810 ist anzumerken, dass – entsprechend der DATEV-Logik – in der Bilanz dadurch der Ausweis von 70.000,00 EUR als „Ausstehende Einlagen auf das gezeichnete Kapital" und 60.000,00 EUR als „davon-Vermerk" erreicht wird.

- **Nettomethode:**

Aktiva		Bilanz zum 01.01.01		Passiva
A. Anlagevermögen	80.000	A. Eigenkapital		
B. Umlaufvermögen		1. Gezeichnetes Kapital	200.000	
1. Forderungen		Davon noch nicht	10.000	
Eingefordertes noch nicht eingezahltes Kapital	60.000	eingeforderte ausstehende Einlagen		
2. Bank	50.000	Eingefordertes Kapital		190.000
	190.000			190.000

Buchungssatz:

				Soll	Haben
0050	Grundstücke	0800	Gezeichnetes Kapital	80.000,00	200.000,00
1200	Bank			50.000,00	
0830	Ausstehende Einlagen auf das gezeichnete Kapital, eingefordert			60.000,00	
0820	Ausstehende Einlagen auf Kapital, nicht eingefordert			10.000,00	

Mit Blick auf die Kontierung 0820 ist anzumerken, dass – entsprechend der DATEV-Logik – das Kto. 0820 als Negativgröße – unterhalb des Bilanzausweises „Gezeichnetes Kapital" auf der Passivseite abgebildet wird.

Durch die Wahlentscheidung für die Netto- oder Bruttomethode können die Größenkriterien des § 267 HGB in Bezug auf die Bilanzsumme beeinflusst werden.

Fall 47: Reinvestitionsrücklage nach § 6 b EStG

Die Knallgas-GmbH hat zum 01.06.02 Grund und Boden i. H. von 500.000,00 EUR veräußert, der zu diesem Zeitpunkt mit einem Wert von 300.000,00 EUR in der Bilanz zu Buche stand und seit 10 Jahren zum Anlagevermögen gehörte.

Bei der Veräußerung entstanden Kosten von 20.000,00 EUR. Erst im Jahr 05 erwirbt die Knallgas-GmbH wieder neuen Grund und Boden zu Anschaffungskosten i. H. von 400.000,00 EUR.

Kann eine Rücklage gemäß § 6 b EStG gebildet werden und welche Konsequenzen ergeben sich daraus für die Handels- und Steuerbilanz?

Lösung:

Nach § 6 b Abs. 1 S. 1 EStG hat die GmbH in der Steuerbilanz das Wahlrecht, den bei der Veräußerung des Grund und Bodens entstandenen Gewinn von den Anschaffungskosten neuen Grund und Bodens abzuziehen, wenn dieser im Wirtschaftsjahr der Veräußerung oder im vorangegangenen Wirtschaftsjahr angeschafft worden ist.

Fall 47

Da die Knallgas-GmbH aber weder in 01 noch in 02 neuen Grund und Boden erworben hat, kann sie nach § 6 b Abs. 3 S. 1 EStG eine den steuerlichen Gewinn mindernde Rücklage in 02 i. H. des Veräußerungsgewinns bilden. Gemäß § 6 b Abs. 2 S. 1 EStG versteht man unter dem Gewinn den Betrag, um den der Veräußerungspreis nach Abzug der Veräußerungskosten den Buchwert übersteigt, mit dem der Grund und Boden im Zeitpunkt der Veräußerung anzusetzen wäre.

Ermittlung des Veräußerungsgewinns:

	Veräußerungspreis	500.000,00 EUR
./.	Veräußerungskosten	20.000,00 EUR
./.	Buchwert	300.000,00 EUR
=	Veräußerungsgewinn	180.000,00 EUR

Somit kann also die GmbH in ihrer Steuerbilanz zum 31.12.02 eine Rücklage nach § 6 b EStG i. H. von 180.000,00 EUR bilden. Da sie im Jahre 05, also innerhalb des Vierjahreszeitraums des § 6 b Abs. 3 S. 1 EStG, erneut Grund und Boden anschafft, wird die Rücklage im Jahr 05 erfolgswirksam aufgelöst und der Betrag von 180.000,00 EUR von den Anschaffungskosten des neuen Grund und Bodens abgezogen, sodass dieser nur mit 220.000,00 EUR aktiviert wird.

Entsprechend der Buchungsanweisung des § 281 Abs. 2 S. 2 HGB sind folgende Buchungssätze vorzunehmen:

In 02:

				Soll	Haben
2340	Einstellungen in Sonderposten mit Rücklageanteil	0931	Sonderposten mit Rücklageanteil nach § 6b EStG	180.000,00	180.000,00

In 05:

				Soll	Haben
4850	Abschreibungen auf Sachanlagen aufgrund steuerlicher Sondervorschriften	0050	Grundstücke	180.000,00	180.000,00
0931	Sonderposten mit Rücklageanteil nach § 6b EStG	2740	Erträge aus der Auflösung von Sonderposten mit Rücklageanteil	180.000,00	180.000,00

Gemäß der umgekehrten Maßgeblichkeit in § 5 Abs. 1 S. 2 EStG ist aber Voraussetzung für die Bildung der Rücklage in der Steuerbilanz, dass ein entsprechender Passivposten in der Handelsbilanz ausgewiesen wird. Nach § 247 Abs. 3 HGB dürfen solche Passivposten für Zwecke der Steuern von Einkommen und vom Ertrag in der Bilanz als Sonderposten mit Rücklageanteil ausgewiesen werden. Sie sind nach Maßgabe des Steuerrechtes aufzulösen.

Für die Knallgas-GmbH gilt außerdem die bei Kapitalgesellschaften notwendige Vorschrift des § 273 HGB. Demnach darf ein Sonderposten nur gebildet werden, soweit die Anerkennung eines steuerlichen Wahlrechtes von seinem Ansatz in der Handelsbilanz abhängig ist, was im vorliegenden Fall – aufgrund der Regelung des § 5 Abs. 1 S. 2 EStG – erfüllt ist. Dieser handelsrechtliche Sonderposten gilt als Mischposten aus Eigenkapital und Fremdkapital und ist somit auf der Passivseite vor den Rückstellungen auszuweisen.

Fallabwandlung:

Wie ist der vorliegende Sachverhalt zu behandeln, wenn

(1) die GmbH erst im Jahre 07 neuen Grund und Boden anschaffen würde
(2) die GmbH neue Maschinen anschafft?

Lösung Fallabwandlung:

Zu (1):

Gemäß § 6 b Abs. 3 S. 2 EStG darf nur dann ein Betrag bis zur Höhe der Rücklage von 180.000,00 EUR von den Anschaffungskosten des neuen Grund und Bodens abgezogen werden, wenn die Anschaffung in den folgenden vier Jahren erfolgt.

Da aber die Anschaffung des neuen Grund und Bodens nicht innerhalb der 4-Jahres-Frist erfolgt, muss die in 02 gebildete Rücklage i. S. des § 6 b Abs. 3 S. 5 EStG im Jahre 06 gewinnerhöhend aufgelöst werden.

D. h. also der Gewinn des Jahres 06 wird um 180.000,00 EUR erhöht, da ein sonstiger betrieblicher Ertrag aus der Auflösung der Rücklage entsteht. Außerdem muss gemäß § 6 b Abs. 7 EStG ein Strafzins in Höhe von 6 % des Rücklagebetrages für jedes volle Wirtschaftsjahr, in dem die Rücklage bestanden hat, als Ertrag – außerhalb der Bilanz – dem Jahresüberschuss bzw. Jahresfehlbetrag hinzugerechnet werden.

Zu (2):

Nach § 6 b Abs. 1 S. 2 EStG darf ein Betrag bis zur Höhe des Veräußerungsgewinns, der bei der Veräußerung von Grund und Boden entstanden ist nur von den Anschaffungskosten von

- Grund und Boden,
- Aufwuchs auf Grund und Boden mit dem dazugehörigen Grund und Boden, wenn der zu einem land- und forstwirtschaftlichen Betriebsvermögen gehört,
- Gebäuden

abgezogen werden.

Die Übertragungsmöglichkeiten begünstigter Gewinne nach § 6 b EStG fasst nachstehende Tabelle überblickartig zusammen:

Übertragung auf AHK → von Veräußerungsgewinne	Grund und Boden	Aufwuchs auf Grund und Boden	Gebäude
Grund und Boden	100 %	100 %	100 %
Aufwuchs auf Grund und Boden	—	100 %	100 %
Gebäude	—	—	100 %

Gemäß § 6 b Abs. 10 EStG wird es den nicht unter das Körperschaftsteuergesetz fallenden Unternehmen (Einzelunternehmen, Personengesellschaften) gestattet, Gewinne aus der Veräußerung von Anteilen an Kapitalgesellschaften ab dem 01.01.2002 bis zu einem Gesamtbetrag in Höhe von 500.000,00 EUR in eine steuerfreie Rücklage einzustellen. Die Rücklage kann wie folgt übertragen werden:

- in den auf ihre Bildung folgenden zwei Wirtschaftsjahren in vollem Umfang auf die Anschaffungskosten von neu angeschafften Anteilen an Kapitalgesellschaften oder
- in den auf ihre Bildung folgenden zwei Wirtschaftsjahren zu 50 % auf die Anschaffungskosten von abnutzbaren beweglichen Wirtschaftsgütern oder
- in den folgenden vier Jahren zu 50 % auf die Anschaffungskosten von neu angeschafften Gebäuden.

Da im vorliegenden Fall Maschinen neu angeschafft wurden, scheidet eine Übertragung des Veräußerungsgewinns aus dem Grund und Boden auf diese Wirtschaftsgüter aus. Somit muss die Rücklage nach § 6 b Abs. 3 S. 5 EStG aufgelöst werden, soweit innerhalb von vier Jahren nicht doch noch eines der zuvor erwähnten begünstigten Wirtschaftsgüter angeschafft werden soll.

VIII. Rückstellungen

Fall 48: Verbindlichkeitsrückstellungen

Die Knallgas-GmbH lässt ihren Jahresabschluss zum 31.12.01 zu Beginn des Jahres 02 von Steuerberater Clever erstellen. Es wird damit gerechnet, dass Aufwendungen i. H. von 12.000,00 EUR anfallen. Am 28.03.02 erhält dann die GmbH die Rechnung des Steuerberaters i. H. von

(1) 12.000,00 EUR
(2)   9.000,00 EUR
(3) 13.000,00 EUR

die sofort per Bank bezahlt wird.

Wie ist zu verfahren und wie ist in den Jahren 01 und 02 zu buchen?

Lösung:

Im vorliegenden Fall muss in der Bilanz zum 31.12.01 gemäß § 249 Abs. 1 S. 1 HGB eine Rückstellung für Jahresabschlussarbeiten i. H. von 12.000,00 EUR gebildet werden. Rückstellungen sind Verbindlichkeiten, die der Sache nach eindeutig bestimmbar, deren betragsmäßige Höhe und/oder Zeitpunkt der Fälligkeit aber unbekannt ist. Sie dienen der periodengerechten Erfassung von Aufwendungen.

Da die Entstehung der Steuerberatungskosten für die Erstellung des Jahresabschlusses 01 gewiss ist, die Höhe und der Zeitpunkt der Fälligkeit zum 31.12.01 aber noch ungewiss sind, liegen die Voraussetzungen für die Bildung einer Verbindlichkeitsrückstellung im Jahre 01 vor.

Aufgrund des Passivierungsgebots der Rückstellung für ungewisse Verbindlichkeiten in der Handelsbilanz ergibt sich für die Steuerbilanz über § 5 Abs. 1 S. 1 EStG ebenfalls ein Ansatzgebot.

Somit ist zum 31.12.01 in der Handels- und Steuerbilanz folgender Buchungssatz erforderlich:

				Soll	Haben
4957	Abschluss- und Prüfungskosten	0977	Rückstellungen für Abschluss- und Prüfungskosten	12.000,00	12.000,00

Fall 48

Am 28.03.02 erhält die GmbH sodann die Rechnung des Steuerberaters und bezahlt sie sofort. Nach § 249 Abs. 3 S. 2 HGB muss die im Jahre 01 gebildete Rückstellung aufgelöst werden, da der Grund hierfür entfallen ist. Folgende Buchungssätze sind jeweils nötig:

zu (1):

				Soll	Haben
0977	Rückstellungen für Abschluss- und Prüfungskosten	1200	Bank	12.000,00	12.000,00

zu (2):

				Soll	Haben
0977	Rückstellungen für Abschluss- und Prüfungskosten	1200	Bank	12.000,00	9.000,00
		2735	Erträge aus der Auflösung von Rückstellungen		3.000,00

zu (3):

				Soll	Haben
0977	Rückstellungen für Abschluss- und Prüfungskosten	1200	Bank	12.000,00	13.000,00
4957	Abschluss- und Prüfungskosten			1.000,00	

Entspricht der Rechnungsbetrag nicht dem in 01 zurückgestellten Betrag, so muss die Differenz erfolgswirksam in die GuV einfließen (vgl. Lösung zu (2) und (3)).

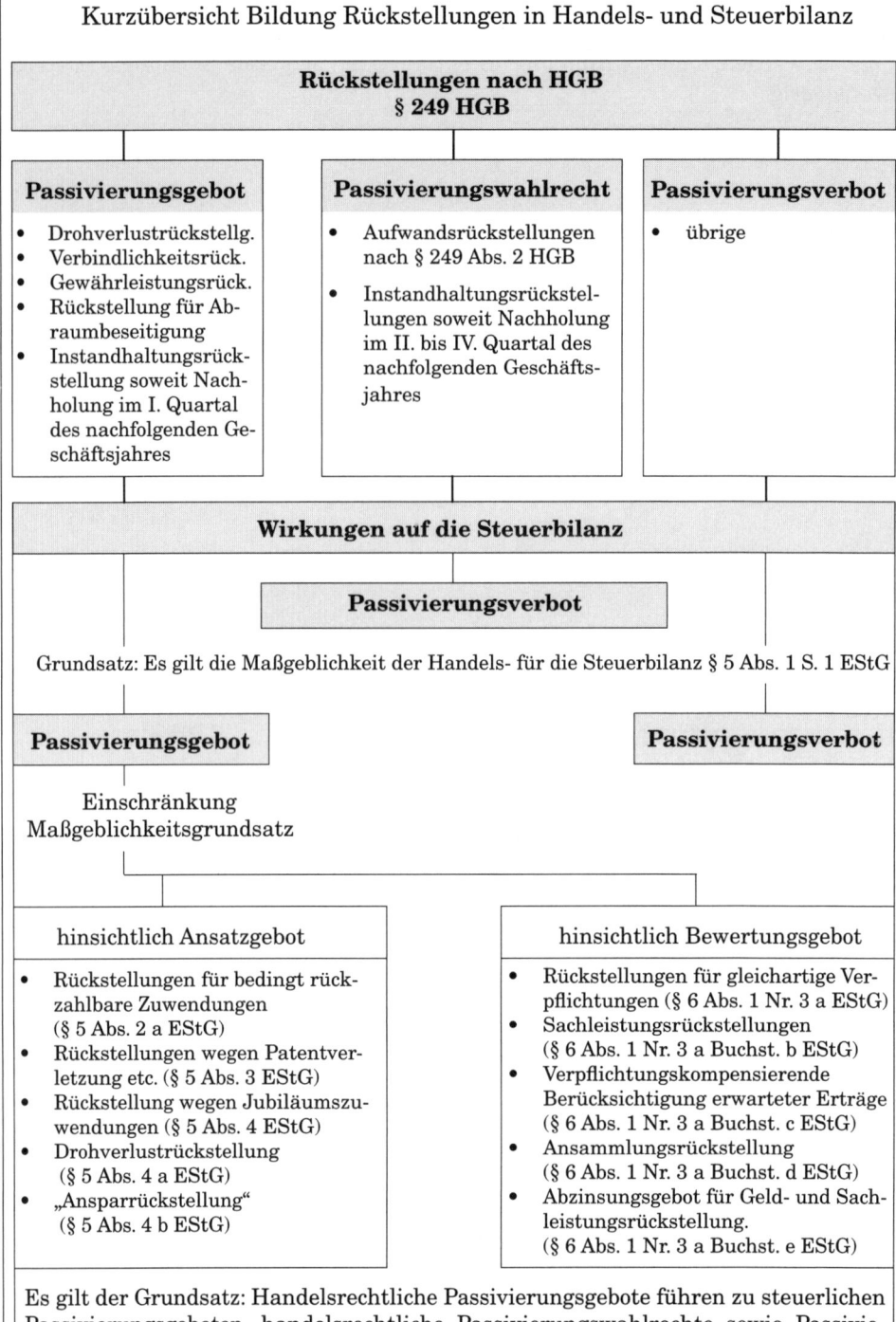

Kurzübersicht Bildung Rückstellungen in Handels- und Steuerbilanz

Rückstellungen nach HGB
§ 249 HGB

Passivierungsgebot
- Drohverlustrückstellg.
- Verbindlichkeitsrück.
- Gewährleistungsrück.
- Rückstellung für Abraumbeseitigung
- Instandhaltungsrückstellung soweit Nachholung im I. Quartal des nachfolgenden Geschäftsjahres

Passivierungswahlrecht
- Aufwandsrückstellungen nach § 249 Abs. 2 HGB
- Instandhaltungsrückstellungen soweit Nachholung im II. bis IV. Quartal des nachfolgenden Geschäftsjahres

Passivierungsverbot
- übrige

Wirkungen auf die Steuerbilanz

Passivierungsverbot

Grundsatz: Es gilt die Maßgeblichkeit der Handels- für die Steuerbilanz § 5 Abs. 1 S. 1 EStG

Passivierungsgebot   **Passivierungsverbot**

Einschränkung
Maßgeblichkeitsgrundsatz

hinsichtlich Ansatzgebot
- Rückstellungen für bedingt rückzahlbare Zuwendungen (§ 5 Abs. 2 a EStG)
- Rückstellungen wegen Patentverletzung etc. (§ 5 Abs. 3 EStG)
- Rückstellung wegen Jubiläumszuwendungen (§ 5 Abs. 4 EStG)
- Drohverlustrückstellung (§ 5 Abs. 4 a EStG)
- „Ansparrückstellung" (§ 5 Abs. 4 b EStG)

hinsichtlich Bewertungsgebot
- Rückstellungen für gleichartige Verpflichtungen (§ 6 Abs. 1 Nr. 3 a EStG)
- Sachleistungsrückstellungen (§ 6 Abs. 1 Nr. 3 a Buchst. b EStG)
- Verpflichtungskompensierende Berücksichtigung erwarteter Erträge (§ 6 Abs. 1 Nr. 3 a Buchst. c EStG)
- Ansammlungsrückstellung (§ 6 Abs. 1 Nr. 3 a Buchst. d EStG)
- Abzinsungsgebot für Geld- und Sachleistungsrückstellung. (§ 6 Abs. 1 Nr. 3 a Buchst. e EStG)

Es gilt der Grundsatz: Handelsrechtliche Passivierungsgebote führen zu steuerlichen Passivierungsgeboten, handelsrechtliche Passivierungswahlrechte sowie Passivierungsverbote haben steuerliche Passivierungsverbote zur Folge.

Fall 49: Drohverlustrückstellungen bei Absatz- und Beschaffungsgeschäften

(1) Die Knallgas-GmbH hat am 02.01.03 mit dem Lieferanten Clever einen 5-jährigen Liefervertrag über Eisen zu 5.000,00 EUR pro Jahr abgeschlossen. Geliefert wird immer zu Beginn des Jahres. Ende des Jahres 03 sinken die Wiederbeschaffungskosten für diesen Rohstoff, so dass dieselbe Menge an Eisen schon für den halben Preis erworben werden kann.

(2) Die Maschinenbau-GmbH hat am 01.10.02 mit der Knallgas-GmbH einen Vertrag abgeschlossen, in dem sie sich verpflichtet, am 01.05.03 eine Spezialmaschine zum Preis von 100.000,00 EUR zu liefern. In der Bilanz zum 31.12.02 der Maschinenbau-GmbH ist das unfertige Erzeugnis bereits mit Herstellungskosten i. H. von 80.000,00 EUR aktiviert. Es ist davon auszugehen, dass bis zur Fertigstellung der Spezialmaschine noch 25.000,00 EUR an Aufwendungen aufgrund gestiegener Beschaffungspreise für Rohstoffe anfallen.

(3) Wie wäre der Fall (2) zu behandeln, wenn zum Bilanzstichtag 31.12.02 Herstellungskosten in Höhe von 2.000,00 EUR angefallen sind, weil gerade erst mit der Produktion der Spezialmaschine begonnen wurde? Insgesamt geht die Maschinenbau-GmbH aber auch hier von Herstellungskosten in Höhe von 105.000,00 EUR aus.

Wie sind die Sachverhalte sowohl handels- als auch steuerbilanziell zu betrachten?

Lösung:

Zu (1):

Im vorliegenden Fall hat die Knallgas-GmbH einen langfristigen Liefervertrag zu einem fixierten Preis mit dem Lieferanten Clever abgeschlossen. Da sich die Marktverhältnisse zu Ungunsten der GmbH verschlechtern, ist zu prüfen, ob eine Rückstellung für drohende Verluste aus schwebenden Geschäften nach § 249 Abs. 1 S. 1 HGB zu bilden ist. Hier hat die GmbH mit Clever einen 5-jährigen Liefervertrag abgeschlossen, d. h. sie ist zur Abnahme des Eisens zu dem im Vertrag festgelegten Preis rechtlich verpflichtet.

Da die Marktpreise für diesen Rohstoff erheblich gesunken sind und somit die Knallgas-GmbH zu einem um 50 % niedrigeren Preis einkaufen könnte, kommt es in den nachfolgenden Geschäftsjahren zu negativen Erfolgsbeiträgen, welche die GmbH aufgrund künftiger Vermögensminderungen wirtschaftlich belasten.

Aufgrund des Imparitätsprinzips in § 252 Abs. 1 Nr. 4 HGB muss dieser in den Folgeperioden zu erwartende und eigentlich erst dann zu verrechnende Verlust schon bereits in dem Geschäftsjahr 03 berücksichtigt werden. Außerdem ist die Verpflichtung auch in ihrer Höhe quantifizierbar, denn die Knallgas-GmbH kann zum Zeitpunkt der Rückstellungsbildung die künftigen Preisverhältnisse auf dem Markt relativ sicher schätzen.

Somit ist in der Handelsbilanz zum 31.12.03 eine Rückstellung für drohende Verluste aus schwebenden Geschäften gemäß § 249 Abs. 1 S. 1 HGB i. H. von 2.500,00 EUR x 4 = 10.000,00 EUR (zu Beginn des Jahres 03 war der Preis für Eisen noch nicht um 50 % gesunken) zu bilden.

Diese Rückstellung für drohende Verluste dient nicht dazu, den Erträgen der anschließenden Rechnungsperiode künftige Ausgaben i. S. des Grundsatzes der Abgrenzung der Zeit nach zuzuordnen, sondern drohende künftige Verluste i. S. der Kapitalerhaltung zu antizipieren.

Obwohl handelsrechtlich eine Rückstellungsbildung vorgeschrieben ist, ist diese steuerlich nach § 5 Abs. 4a EStG unzulässig. Der steuerliche Gewinn ist also um den zurückgestellten Betrag höher als das handelsrechtliche Ergebnis. Das Maßgeblichkeitsprinzip i. S. des § 5 Abs. 1 S. 1 EStG wird daher insoweit durchbrochen.

Wegen des höheren steuerlichen Gewinns darf die Knallgas-GmbH in ihrer Handelsbilanz eine Bilanzierungshilfe für aktive latente Steuern in Höhe der zukünftigen Steuerentlastung bilden.

Zu (2):

Es handelt sich hier um ein schwebendes Absatzgeschäft der Maschinenbau-GmbH. Sie hat sich gegenüber der Knallgas-GmbH verpflichtet, eine Spezialmaschine zum Preis von 100.000,00 EUR herzustellen. Zum 31.12.02 ist die Maschine allerdings noch nicht vollständig fertig gestellt und das Absatzgeschäft noch nicht realisiert. Keine der beiden Vertragsparteien ist bisher ihrer Verpflichtung zur Leistung nachgekommen. Um einen etwaigen drohenden Verlust aus diesem schwebenden Absatzgeschäft zu errechnen, wird folgendes Schema zu Grunde gelegt:

Erwartete Erträge aus dem Absatzgeschäft	100.000,00 EUR
./. bereits aktivierte AHK	80.000,00 EUR
./. noch anfallende Aufwendungen	25.000,00 EUR
= **Negativer Erfolgsbeitrag**	**5.000,00 EUR**

Hinsichtlich der aktivierten, bis zum Bilanzstichtag 31.12.02 angefallenen Herstellungskosten für die Spezialmaschine handelt es sich um Umlaufvermögen, da die Maschine zum Verkauf bestimmt ist. Es handelt sich um eine Forderung besonderer Art, da der GmbH bei Aufhebung des Vertrags zumindest die bisher entstandenen Aufwendungen ersetzt werden müssen. Nach § 253 Abs. 3 HGB gilt für die Bewertung des Umlaufvermögens das strenge Niederstwertprinzip, d.h. es ist eine

Fall 49   123

außerplanmäßige Abschreibung vorzunehmen, wenn der Börsen- oder Marktpreis am Bilanzstichtag auf einen niedrigeren Wert gesunken ist. Bei der Beurteilung ist sowohl von den Beschaffungs- als auch den Absatzpreisen auszugehen. Hier sind die Beschaffungspreise gestiegen. Gleichzeitig hat sich aber die Maschinenbau-GmbH gemäß Kaufvertrag verpflichtet, die Spezialmaschine zu einem Preis von 100.000,00 EUR zu veräußern. Wie oben in der Rechnung ersichtlich, resultiert aus dem schwebenden Geschäft ein Verlust in Höhe von 5.000,00 EUR, sodass eine Bilanzierungskonkurrenz zwischen der Bildung einer Drohverlustrückstellung einerseits und der Vornahme einer außerplanmäßigen Abschreibung andererseits vermutet werden könnte.

Da am Bilanzstichtag aufgrund des geschlossenen Kaufvertrags ein unmittelbar auftragsbezogener Vermögensgegenstand vorliegt, ist der drohende Verlust durch Vornahme einer außerplanmäßigen Abschreibung entsprechend dem strengen Niederwertprinzip zu antizipieren. Die Bildung einer Drohverlustrückstellung tritt damit hinter die Vornahme einer außerplanmäßigen Abschreibung zurück (siehe hierzu IDW-Stellungnahme zur Rechnungslegung IDW RS HFA 4).

Die Abbildung der außerplanmäßigen Abschreibung in der Finanzbuchführung erfolgt über die „Bestandsveränderungen". Die erfolgsmindernde Wirkung der Abschreibung wird dadurch erreicht, dass die Bestandsveränderungen um den Betrag der außerplanmäßigen Abschreibungen geringer dotiert werden. Es ergibt sich also der Buchungssatz:

				Soll	Haben
7050	Unfertige Erzeugnisse	8960	Bestandsveränderungen	75.000,00	75.000,00
	(Bestand)		unfertige Erzeugnisse		

Steuerlich ist nach § 6 Abs. 1 Nr. 2 EStG eine Teilwertabschreibung auf ein Wirtschaftsgut des Umlaufvermögens nur dann durchzuführen, wenn der Teilwert aufgrund einer voraussichtlich dauernden Wertminderung niedriger ist. Beim Umlaufvermögen handelt es sich um Wirtschaftsgüter, die nur kurzfristig (bis zu einem Jahr) im Unternehmen verbleiben. Fraglich ist, wann überhaupt von einer dauernden Wertminderung gesprochen werden kann. Entsprechend dem BMF-Schreiben vom 25.02.2000 (BStBl I S. 372 ff. Tz. 23) liegt eine dauerhafte Wertminderung dann vor, wenn die Minderung bis zum Zeitpunkt der Aufstellung der Bilanz oder dem vorangegangenen Verkaufs- oder Verbrauchszeitpunkt anhält. Ein möglicher Erwerber des Unternehmens würde für diesen angearbeiteten Auftrag auch nur 75.000,00 EUR aufwenden wollen.

Da dem Sachverhalt keine gegenteiligen Angaben entnommen werden können, ist davon auszugehen, dass eine dauerhafte Wertminderung vorliegt und aufgrund der Maßgeblichkeit der Handels- für die Steuerbilanz (vgl. § 5 Abs. 1 S. 1 EStG) in der Steuerbilanz zum 31.12.02 zwingend eine Teilwertabschreibung vorzunehmen ist.

Zu (3):

Auch in diesem Fall muss zunächst ein etwaiger drohender Verlust aus dem schwebenden Absatzgeschäft errechnet werden. Hierbei wird folgendes Schema zu Grunde gelegt:

Erwartete Erträge aus dem Absatzgeschäft	100.000,00 EUR
./. bereits aktivierte AK/HK	2.000,00 EUR
./. noch anfallende Aufwendungen	103.000,00 EUR
= **Negativer Erfolgsbeitrag**	**5.000,00 EUR**

> Steht ein schwebendes Geschäft im Zusammenhang mit am Bilanzstichtag aktivierten Vermögensgegenständen, die
>
> a) unmittelbarer Gegenstand eines schwebenden Absatzgeschäfts sind (z.B. Kaufvertrag, Werkvertrag, Werklieferungsvertrag), ist ein drohender Verlust aus dem schwebenden Geschäft durch Vornahme einer Abschreibung auf den niedrigeren Börsen- oder Marktpreis bzw. den niedrigeren beizulegenden Wert in der Bilanz abzubilden. Ein darüber hinaus gehender Verlustanteil ist in eine Drohverlustrückstellung einzustellen.
>
> b) mittelbarer Gegenstand eines schwebenden Geschäfts sind (Mietverträge, Leasingverträge, Pachtverträge), ist ein drohender Verlust nur in den Fällen durch Vornahme einer außerplanmäßigen Abschreibung zu berücksichtigen, in denen der drohende Verlust zu einer voraussichtlich dauernden Wertminderung der Vermögensgegenstände führt. Ist am Bilanzstichtag hingegen aufgrund vertraglicher Ausgestaltung des schwebenden Geschäfts davon auszugehen, dass zukünftig eine ertragsmäßige Deckung des Buchwerts der Vermögensgegenstände gewährleistet ist, besteht keine Pflicht zur Vornahme einer außerplanmäßigen Abschreibung. Sofern keine Vermögensgegenstände des Finanzanlagevermögens vorliegen, scheidet für Kapitalgesellschaften die Vornahme einer außerplanmäßigen Abschreibung wegen Vorliegens einer voraussichtlich vorübergehenden Wertminderung gänzlich aus. In diesen Fällen ist der drohende Verlust in voller Höhe durch Bildung einer Drohverlustrückstellung zu berücksichtigen.

In der Handelsbilanz muss folglich nach § 253 Abs. 3 S. 1 HGB in einem ersten Schritt eine außerplanmäßige Abschreibung der aktivierten Herstellungskosten in Höhe von 2.000,00 EUR vorgenommen werden. Der darüber hinausgehende durch die Abschreibung nicht abgebildete Verlustanteil muss in Form einer Rückstellung für schwebende Geschäfte nach § 249 HGB in einem zweiten Schritt antizipiert werden.

Da die außerplanmäßige Abschreibung die angefallenen Herstellungskosten vollständig aufzehrt, verbleiben die Herstellungskosten unmittelbar im Aufwand verhaftet, sodass keine Buchung über Bestandsveränderungen erforderlich ist. Der übersteigende Verlustbetrag ist wie folgt zu buchen:

					Soll	Haben
4900	Sonstige betriebliche Aufwendungen		0976	Rückstellungen für drohende Verluste aus schwebenden Geschäften	3.000,00	3.000,00

Fall 50: Rückstellung für latente Steuern

Die Knallgas-GmbH hat in ihrer Handelsbilanz zum 31.12.01 in 01 angefallene Kosten für die Ingangsetzung des Geschäftsbetriebes als Bilanzierungshilfe gemäß § 269 HGB aktiviert. Der Gesamtbetrag der Aufwendungen beläuft sich auf 500.000,00 EUR. Zum 31.12.02 werden diese Kosten nach § 282 HGB in voller Höhe abgeschrieben. Das vorläufige Handelsbilanzergebnis des Geschäftsjahres 01 beträgt vor Steuern und vor Bildung der Bilanzierungshilfe 2.500.000,00 EUR. Im Geschäftsjahr 02 beträgt das vorläufige Handelsbilanzergebnis vor Steuern und vor Auflösung der Bilanzierungshilfe ebenfalls 2.500.000,00 EUR.

Ermitteln Sie den handelsbilanziellen Jahresüberschuss zum 31.12.01 und 31.12.02. In welcher Höhe muss eine Rückstellung gebildet werden und wie ist diese zu buchen? (Unterstellt werden soll eine Ertragsteuerbelastung von 40 %.)

Lösung:

Im vorliegenden Fall werden die Kosten für die Ingangsetzung des Geschäftsbetriebes in der Handelsbilanz als Bilanzierungshilfe nach § 269 HGB aktiviert. Dies ist in der Steuerbilanz nicht zulässig, da Bilanzierungshilfen keinen Wirtschaftsgutcharakter haben, sodass die Aufwendungen den Steuerbilanzgewinn des Wirtschaftsjahres 01 mindern. Somit ist im Jahr 01 der steuerliche Gewinn niedriger als das handelsrechtliche Ergebnis, was sich aber durch die Abschreibung der Bilanzierungshilfe nach § 282 HGB in dem Folgejahr wieder ausgleicht. Damit liegt eine zeitlich begrenzte Differenz zwischen der Handels- und der Steuerbilanz vor.

Unterstellt man fiktiv, dass für die Handelsbilanz das handelsrechtliche Ergebnis Steuerbemessungsgrundlage wäre, so würde handelsbilanziell im Geschäftsjahr 01 eine höhere Ertragsteuerbelastung als in der Steuerbilanz eintreten, da der Handelsbilanzgewinn höher als der Steuerbilanzgewinn ist. Durch die Auflösung der Bilanzierungshilfe im Geschäftsjahr 02 fällt der Gewinn in der Handelsbilanz geringer als in der Steuerbilanz aus. Die aus dem vergleichsweise höheren Steuerbilanzgewinn resultierende Ertragsteuerbelastung steht damit im Jahr 02 wiederum nicht mit der Höhe des Handelsbilanzgewinns des Jahres 02 im Einklang. Dieser im Geschäftsjahr 02 zu hohe Ertragsteueraufwand in der Handelsbilanz wird durch die Auflösung der Rückstellung in den Folgejahren ausgeglichen. In Höhe dieser Steuerminderzahlung im Jahr 02 ist gemäß § 274 Abs. 1 i. V. m. § 249 Abs. 1 S. 1 HGB eine Rückstellung im Jahr 01 – nur in der Handelsbilanz – zu bilden.

Somit ergibt sich:

31.12.01

Handelsbilanzgewinn vor Ertrag-Steuern (= EE-Steuern) und vor Bildung der Bilanzierungshilfe	2.500.000,00 EUR
Bildung der Bilanzierungshilfe	+ 500.000,00 EUR
vorläufiger HB-Gewinn vor EE-Steuern und nach Bildung der Bilanzierungshilfe	= 3.000.000,00 EUR
EE-Steuern (40 % von 2.500.000,00 EUR)	./. 1.000.000,00 EUR
vorläufiger HB-Gewinn nach EE-Steuern lt. StB-Bilanz und nach Bildung der Bilanzierungshilfe	= 2.000.000,00 EUR
Bildung Rückstellung für latente Steuern (40 % von 500.000,00 EUR)	./. 200.000,00 EUR
Jahresüberschuss in der Handelsbilanz	**= 1.800.000,00 EUR**

					Soll	Haben
2200	Körperschaftsteuer		0969	Rückstellungen für latente Steuern	200.000,00	200.000,00

31.12.02

Handelsbilanzgewinn vor EE-Steuern und vor Auflösung der Bilanzierungshilfe	2.500.000,00 EUR
Auflösung der Bilanzierungshilfe	./. 500.000,00 EUR
vorläufiger HB-Gewinn vor EE-Steuern und nach Auflösung der Bilanzierungshilfe	= 2.000.000,00 EUR
EE-Steuern (40 % von 2.500.000,00 EUR)	./. 1.000.000,00 EUR
vorläufiger HB-Gewinn nach EE-Steuern lt. StB-Bilanz und nach Auflösung Bilanzierungshilfe	= 1.000.000,00 EUR
Auflösung Rückstellung für latente Steuern (40 % von 500.000,00 EUR)	+ 200.000,00 EUR
Jahresüberschuss in der Handelsbilanz	**= 1.200.000,00 EUR**

					Soll	Haben
0969	Rückstellung für latente Steuern		2284	Erträge Auflösung von Rückstellungen für Steuern vom Einkommen und Ertrag	200.000,00	200.000,00

Die Betrachtung der Jahre 01 und 02 zeigt, dass die Inanspruchnahme der Bilanzierungshilfe für Ingangsetzungs- und Erweiterungsaufwand über den Betrachtungszeitraum hinweg lediglich eine Aufwandsverschiebung in der Handelsbilanz bewirkt. Die Berechnung der EE-Steuern in der Handelsbilanz folgt dieser Aufwandsverteilung. Nach Auflösung der Bilanzierungshilfe ist die Summe der Jahresüberschüsse in der Handelsbilanz und der Steurbilanz im Falle von konstanten Steuersätzen im Zeitablauf identisch. In vorstehendem Beispiel beträgt die Summe der Jahresüberschüsse aus den Wirtschaftsjahren 01 und 02 in der Steuerbilanz 3.000.000,00 EUR (2 x 1,5 Mio. EUR). In der Handelsbilanz beträgt die Summe der Jahresüberschüsse für die Geschäftsjahre 01 und 02 ebenfalls 3.000.000,00 EUR (= 1,8 Mio. EUR + 1,2 Mio. EUR).

Fall 51: Rückstellung für Rückbauverpflichtung

Die Plus-Minus-KG hat ab 01.01.03 ein Gebäude für betriebliche Zwecke angemietet. Der Mietvertrag wurde auf 10 Jahre abgeschlossen und endet am 31.12.12. Anfang 03 baut die KG diverse Rolltore in das Gebäude ein zu einem Preis von netto 550.000,00 EUR. Bei Vertragsende hat die KG das Gebäude in seinem ursprünglichen Zustand zurückzugeben. Die KG hat die Rückbaukosten nach Verhältnissen zum 31.12.03 auf 100.000,00 EUR und zum 31.12.04 auf voraussichtlich 110.000,00 EUR geschätzt.

Bilden Sie die Rückstellung zum 31.12.03 und 31.12.04 in Handels- und Steuerbilanz!

Lösung:

Sowohl in der Handels- als auch der Steuerbilanz ist eine Rückstellung für ungewisse Verbindlichkeiten zu bilden (§ 249 Abs.1 S. 1 HGB, § 5 Abs. 1 S. 1 EStG). Es handelt sich um eine Verpflichtung gegenüber dem Vermieter. Die Verpflichtung wurde vor dem Bilanzstichtag 31.12.03 durch den Einbau der Rolltore verursacht. Mit der Inanspruchnahme der Verbindlichkeit ist ernsthaft zu rechnen, da die Rolltore gemäß abgeschlossenem Mietvertrag am Ende der Laufzeit auszubauen sind (siehe hierzu R 31 c (2) EStR 2003).

Die Bewertung erfolgt in der Handelsbilanz gemäß § 253 Abs. 1 S. 2 HGB in Höhe des Betrages, der nach vernünftiger kaufmännischer Beurteilung notwendig ist. Im Steuerrecht findet man die Bewertungsgrundsätze für Rückstellungen in § 6 Abs. 1 Nr. 3 a EStG. Nach § 6 Abs.1 Nr. 3 a lit. D) EStG handelt es sich im vorliegenden Fall um eine Ansammlungsrückstellung. Da der Betrieb im wirtschaftlichen Sinne ursächlich für die Entstehung der Verpflichtung ist, dürfen die geschätzten Kosten für den Rückbau nicht in einer Summe zum Bilanzstichtag zurückgestellt werden, sondern müssen durch jährliche Zuführungsraten in den einzelnen Wirtschaftsjahren angesammelt werden (vgl. R 38 S. 1 EStR 2003). Hierbei sind die Preisverhältnisse am Bilanzstichtag maßgebend; Kostensteigerungen, die bis zum Erfüllungstag noch erwartet werden, dürfen demnach nicht berücksichtigt werden.

In der Steuerbilanz ist die Rückstellung außerdem mit einem Zinssatz von 5,5% abzuzinsen, da die Laufzeit am Bilanzstichtag mehr als 12 Monate beträgt (§ 6 Abs.1 Nr. 3 a lit. E EStG, BMF-Schreiben vom 26.05.2005, DStR 2005, S. 1005 ff.). Handelsrechtlich hingegen darf nicht abgezinst werden, da die Rückstellung keinen Zinsanteil enthält (§ 253 Abs.1 S.2 2. HS HGB).

Rückstellung in der Handelsbilanz:

31.12.03

100.000,00 EUR x 1/10 = 10.000,00 EUR

31.12.04

110.000,00 EUR x 2/10 = 22.000,00 EUR

Die in 03 bereits gebildete Rückstellung wird in einem Einmalbetrag auf das Preisniveau des Stichtages 31.12.04 angehoben (R 38 S. 5 u. 6 EStR 2003).

Rückstellung in der Steuerbilanz:

31.12.03

Die Abzinsung erfolgt für 9 Jahre. (Am 31.12.11 muss keine Abzinsung mehr erfolgen, da die Laufzeit nicht mehr als 12 Monate beträgt.)

100.000,00 EUR x 1/10 x 0,618 = 6.180,00 EUR

31.12.04

110.000,00 EUR x 2/10 x 0,652 = 14.344,00 EUR

IX. Verbindlichkeiten

Fall 52: Umsatzsteuer auf erhaltene Anzahlungen

Die Schneewittchen-GmbH erhält im Dezember 00 eine Anzahlung auf ihr Bankkonto für eine in 01 zu erbringende Leistung in Höhe von 11.600,00 EUR. Die GmbH ist kein Kleinunternehmer im Sinne des § 19 UStG und versteuert ihre Einnahmen nach vereinbarten Entgelten, § 16 Abs. 1 S. 1 i.V.m. § 13 Abs. 1 Nr. 1 a UStG. Der Umsatzsteuervoranmeldungszeitraum ist der Kalendermonat, § 18 Abs. 2 S. 2 UStG. Die von der GmbH zu erbringende Leistung unterliegt einem Steuersatz von 16 %.

Wie hat die Schneewittchen-GmbH in ihrem Jahresabschluss zum 31.12.00 zu bilanzieren und welche Buchung ergibt sich im Jahr der Leistungsausführung 01, wenn der endgültige Rechnungsbetrag 18.000,00 EUR zuzüglich 2.880,00 EUR Umsatzsteuer beträgt?

Lösung:

Der Zahlungseingang auf dem Bankkonto der Schneewittchen-GmbH stellt eine Anzahlung auf eine noch zu erbringende Leistung dar. Die Anzahlung hat damit Ähnlichkeit mit einem gewährten Kredit. Das Bilanzgliederungsschema des § 266 Abs. 3 Buchst. C Nr. 3 HGB ordnet die erhaltenen Anzahlungen auf Bestellungen den Verbindlichkeiten zu. Aufgrund der Mindest-Istversteuerung des § 13 Abs. 1 Nr. 1 a S. 4 UStG führt die Vereinnahmung der Anzahlung mit Ablauf des Voranmeldungszeitraums, in dem das Entgelt vereinnahmt worden ist, zur Entstehung einer Umsatzsteuerverbindlichkeit gegenüber dem Finanzamt.

Entgelt ist nach § 10 Abs. 1 S. 2 UStG alles, was der Kunde der Schneewittchen-GmbH aufwendet, um die Leistung zu erhalten, jedoch abzüglich der Umsatzsteuer. Das Entgelt der im Voranmeldungszeitraum Dezember 00 vereinnahmten Anzahlung umfasst danach 10.000,00 EUR. Der darauf entfallende Umsatzsteuerbetrag beträgt 1.600,00 EUR.

Die Bilanzierung der erhaltenen Anzahlung bei der Schneewittchen-GmbH kann nach dem sog. Brutto- oder Nettoprinzip erfolgen.

a) Bruttomethode:

Die bilanzielle Behandlung der erhaltenen Anzahlung nach der Bruttomethode führt dazu, dass die Anzahlung in der Bilanz des Zahlungsempfängers einschließlich Umsatzsteuer ausgewiesen wird. Dieser Bilanzausweis trägt der Tatsache Rechnung, dass im Falle der Nichterfüllung der Leistung die Rückzahlungsverpflichtung den Nettobetrag als auch den darauf entfallenden Umsatzsteueranteil umfasst. Die Verbindlichkeit wird damit zu ihrem Rückzahlungsbetrag entsprechend § 253 Abs. 1 S. 2 HGB in der Bilanz ausgewiesen.

Da nach der Mindest-Istversteuerung im Vereinnahmungszeitpunkt auch eine Verbindlichkeit gegenüber dem Finanzamt in Höhe des Umsatzsteueranteils entsteht, muss die Umsatzsteuer in der Bilanz bis zum Fälligkeitstermin unter den sonstigen Verbindlichkeiten ausgewiesen werden. Die vereinnahmte Umsatzsteuer ist entsprechend § 18 Abs. 1 S. 2 UStG am 10. Tag nach Ablauf des Umsatzsteuervoranmeldungszeitraums fällig. Da der Voranmeldungszeitraum der Schneewittchen-GmbH der Kalendermonat ist, hat die GmbH die Umsatzsteuer für den Voranmeldungszeitraum Dezember 00 bis zum 10. Januar 01 an das Finanzamt zu entrichten (ein Dauerfristverlängerungsantrag nach § 46 UStDV wurde nicht gestellt).

Da die erhaltene Anzahlung bisher nur den Nettobetrag ausweist, bedarf es für den Bilanzausweis nach der Bruttomethode einer aufwandswirksamen Aufstockung der erhaltenen Anzahlungen um den darauf entfallenden Umsatzsteuerbetrag durch den nachfolgenden Buchungssatz:

					Soll	Haben
4900	Sonstige betriebliche Aufwendungen		1710	Erhaltene Anzahlungen (Verbindlichkeiten)	1.600,00	1.600,00

Handelsrechtlich eröffnet § 250 Abs. 1 S. 2 Nr. 2 HGB ein Wahlrecht, die als Aufwand zu berücksichtigende Umsatzsteuer auf am Abschlussstichtag auszuweisende Anzahlungen erfolgsneutral als aktiven Rechnungsabgrenzungsposten abzubilden.

Für die Steuerbilanz sieht § 5 Abs. 5 S. 2 Nr. 2 EStG eine zwingende Aktivierung der als Aufwand zu berücksichtigende Umsatzsteuer auf am Abschlussstichtag zu passivierende erhaltene Anzahlungen vor. In der Steuerbilanz der Schneewittchen-GmbH ergibt sich daher zum Bilanzstichtag 31.12.00 die zwingende Umbuchung (soweit in Handelsbilanz aufwandswirksam gebucht):

					Soll	Haben
0985	Als Aufwand berücksichtigte Umsatzsteuer auf Anzahlungen		4900	Sonstige betriebliche Aufwendungen	1.600,00	1.600,00

Im Jahr der Leistungsausführung 01 ergeben sich folgende Buchungen:

					Soll	Haben
1200	Bank		8400	Erlöse 16 % USt	9.280,00	18.000,00
1710	Erhaltene Anzahlungen		1775	Umsatzsteuer 16 %	10.000,00	2.880,00
1775	Umsatzsteuer 16 %				1.600,00	

				Soll	Haben
1710	Erhaltene Anzahlungen (Verbindlichkeiten)	0985	Als Aufwand berücksichtigte Umsatzsteuer auf Anzahlungen	1.600,00	1.600,00

b) Nettomethode:

Nach der sog. Nettomethode wird die erhaltene Anzahlung ohne Umsatzsteuer in der Bilanz ausgewiesen. Aufgrund der Entstehung der Umsatzsteuer im Vereinnahmungszeitpunkt liegt in dieser Höhe eine Verbindlichkeit gegenüber dem Finanzamt vor. Bis zur Abführung des Umsatzsteuerbetrags an das Finanzamt ist dieser daher unter den sonstigen Verbindlichkeiten auszuweisen. Da die Umsatzsteuer nach der Nettomethode erfolgsneutrale Wirkung hat, bleibt für die Bildung eines aktiven Rechnungsabgrenzungspostens kein Raum. In der Handels- wie Steuerbilanz zum 31.12.00 der Schneewittchen GmbH ergibt sich daher folgender Buchungssatz:

				Soll	Haben
1220	Bank	1710	Erhaltene Anzahlungen (Verbindlichkeiten)	11.600,00	10.000,00
		1775	Umsatzsteuer 16 %		1.600,00

Fall 53: Verbindlichkeiten in ausländischer Währung

Die Knallgas-GmbH hat zwei Kredite in ausländischer Währung aufgenommen, die sie Anfang März 03 mit folgenden Werten eingebucht hat. Hierbei wurde eine Verzinsung in Höhe von 8 % berücksichtigt.

| US-Dollar-Kredit | umgerechnet in EUR | 720.000,00 |
| Canada-Dollar-Kredit | umgerechnet in EUR | 610.000,00 |

Während der US-Dollar-Kurs zum Bilanzstichtag um 5 % gegenüber dem EUR gestiegen ist, verzeichnete der Canada-Dollar-Kurs einen Einbruch gegenüber dem EUR um 7 %. Beide Kredite sind von der Kredit-Hai Bank gewährt worden und erst in acht Jahren in der jeweiligen Landeswährung zurückzuzahlen.

Sind die Wertänderungen in der Bilanz zum 31.12.03 der Knallgas-GmbH zu berücksichtigen, wenn die Darlehensrückzahlung vereinbarungsgemäß im März 12 erfolgt?

Lösung:

Gemäß dem Vollständigkeitsgebot in § 246 Abs. 1 S. 1 HGB sind die Verbindlichkeiten gegenüber der Kredit-Hai-Bank als Schuld in der Bilanz zum 31.12.03 zu passivieren. Die Bewertung in der Handelsbilanz richtet sich nach § 253 Abs. 1 S. 2 HGB. Demnach sind Verbindlichkeiten grundsätzlich zum Rückzahlungsbetrag, also mit 720.000,00 EUR bzw. 610.000,00 EUR anzusetzen.

Ändert sich bei einer Fremdwährungsverbindlichkeit allerdings der Wechselkurs gegenüber dem Wechselkurs bei erstmaliger Einbuchung, so ist Folgendes zu beachten:

1) Steigt der Kurs der Auslandswährung, so nimmt der Rückzahlungsbetrag der Verbindlichkeit zu. Im vorliegenden Fall steigt der US-Dollar-Kurs um 5 %. Es gilt für Verbindlichkeiten das Höchstwertprinzip als Ausdruck des Imparitätsprinzips in § 252 Abs. 1 Nr. 4 HGB. Demnach muss die Verbindlichkeit in US-Dollar um 36.000,00 EUR erhöht werden, sodass sie in der Bilanz zum 31.12.03 zu einem Betrag von 756.000,00 EUR passiviert ist. Dass die Rückzahlung erst in acht Jahren erfolgt, ist für die Bewertung der Verbindlichkeit nach dem Stichtagsprinzip unbedeutend.

Notwendiger Buchungssatz für US-Dollar-Kredit:

			Soll	Haben
2150 Aufwendungen aus Kursdifferenzen		0630 Verbindlichkeiten ggü. Kreditinstituten	36.000,00	36.000,00

2) Sinkt dagegen der Kurs der Auslandswährung, so mindert sich der Rückzahlungsbetrag der Verbindlichkeit. Im vorliegenden Fall sinkt der Canada-Dollar-Kurs um 7 %. Dennoch darf die Verbindlichkeit nicht auf den niedrigeren Wert abgestockt werden. Dies hätte zur Folge, dass in der Gewinn- und Verlustrechnung ein Gewinn ausgewiesen würde, der als noch nicht realisiert gilt und somit gegen das Realisationsprinzip des § 252 Abs. 1 Nr. 4 HGB verstoßen würde. Diese Verbindlichkeit ist also in der Bilanz zum 31.12.03 mit 610.000,00 EUR zu passivieren.

Für die Bewertung von Verbindlichkeiten in der Steuerbilanz verweist § 6 Abs. 1 Nr. 3 EStG auf die sinngemäße Anwendung von § 6 Abs. 1 Nr. 2 EStG, also die Bewertungsvorschriften für das Umlaufvermögen und das nicht abnutzbare Anlagevermögen. Demnach darf also der US-Dollar-Kredit nur dann mit einem höheren Wert angesetzt werden, wenn die Werterhöhung voraussichtlich dauerhaft ist. Da im vorliegenden Fall von einer vorübergehenden Werterhöhung infolge der Kursänderung auszugehen ist (vgl. BMF v. 25.02.2000, BStBl I S. 372 ff. Tz. 11), darf also in der Steuerbilanz keine Zuschreibung – seit Inkrafttreten des StEntlG 1999/2000/2002 zum 01.01.1999 – erfolgen. Im Fall (1) erfolgt die Bewertung der ausländischen Währungsverbindlichkeit deshalb unterschiedlich in Handels- und Steuerbilanz. Das Maßgeblichkeitsprinzip des § 5 Abs. 1 S. 1 EStG wird durchbrochen.

Des Weiteren gilt für nach dem 31.12.1998 endende Wirtschaftsjahre, dass der zukünftige Erfüllungsbetrag bei Verbindlichkeiten mit einer Restlaufzeit von mehr als 12 Monaten mit einem Zinssatz in Höhe von 5,5 % abzuzinsen ist. Von dieser Verpflichtung werden nur diejenigen Verbindlichkeiten ausgenommen, die bereits einen Zinsanteil enthalten oder die auf einer Anzahlung oder einer Vorauszahlung beruhen (vgl. § 6 Abs. 1 Nr. 3 EStG).

Im vorliegenden Fall umfasst die Laufzeit der Darlehensverbindlichkeiten zwar einen Zeitraum von mehr als 12 Monaten. Trotzdem entfällt die Erfordernis der Abzinsung, da es sich bei den Verbindlichkeiten um Kredite handelt, die mit 8 % verzinst werden.

Fall 54: Umsatzsteuer

Die Schlau-GmbH hat ihre Jahresabschlussarbeiten zum 31.12.01 weitestgehend abgeschlossen. Lediglich die Umsatzsteuer-Konten sind noch entsprechend abzuschließen.

In welcher Höhe ist eine Forderung oder Schuld gegenüber dem Finanzamt in der Bilanz 31.12.01 zu bilanzieren und welche Bilanzpositionen kommen für die Bilanzierung infrage? Wie lauten die Buchungssätze?

Aus der Summen- und Saldenliste zum 31.12.01 ergeben sich folgende Bestände der Umsatzsteuerkonten:

Kto-Nr.	Kontobezeichnung	EUR
1775	Umsatzsteuer (USt) 16 %	30.000,00
1773	USt innergemeinschaftl. Erwerb 16 %	300,00
1781	USt Vorauszahlung 1/11	1.500,00
1780	USt-Vorauszahlungen (hier für Jan-Okt.01)	4.000,00
1571	Abziehbare Vorsteuer (VSt) 7 %	1.000,00
1575	Abziehbare VSt 16 %	16.000,00
1573	Abziehbare VSt innergemeinschaftl. Erwerb	300,00
1588	Bezahlte Einfuhrumsatzsteuer	5.600,00
1548	Vorsteuer im Folgejahr abziehbar	1.000,00

Darüber hinaus wurden im Januar und Februar des Geschäftsjahres 02 die USt-Vorauszahlungen (= USt-VZ) für November 01 in Höhe von 600,00 EUR und Dezember 01 in Höhe von 1.000,00 EUR von der Schlau-GmbH geleistet.

Lösung:

Die Umsatzsteuer verursacht typischerweise keine Erfolgswirkungen im Rechnungswesen des Unternehmens, da nach der Intention des Umsatzsteuergesetzes nur der Endverbraucher wirtschaftlicher Träger dieser Verkehrssteuer ist. Die dem Unternehmer von anderen Unternehmern berechnete Umsatzsteuer (= Vorsteuer) stellt daher eine Forderung des Unternehmers gegenüber dem Finanzamt dar. Umgekehrt verkörpert die Umsatzsteuer des leistungsausführenden Unternehmens eine Verbindlichkeit gegenüber dem Finanzamt. Die Saldierung der Vorsteueransprüche mit den Umsatzsteuerverbindlichkeiten ergibt schließlich – zusammen mit den geleisteten Vorauszahlungen – die in der Bilanz abzubildende Umsatzsteuer-Zahllast bzw. Umsatzsteuer-Erstattung.

Aus bilanzieller Sicht ist insbesondere mit Blick auf die Umsatzsteuer-Zahllast zu klären, ob diese als Rückstellung oder als sonstige Verbindlichkeit passiviert werden muss. Da Rückstellungen Verpflichtungen darstellen, die dem Grunde und/oder der Höhe nach ungewiss sind, ist zu prüfen, inwieweit die USt-Zahllast diese Voraussetzung(en) erfüllt.

Da der Unternehmer die Umsatzsteuer – in der Steuererklärung – selbst zu berechnen hat, ist die Höhe der Verbindlichkeit zum Bilanzstichtag bekannt. Ebenso besteht Gewissheit über die Zahlungsverpflichtung der USt-Verbindlichkeit im neuen Jahr, sodass die Voraussetzungen für die Bildung einer Rückstellung nicht erfüllt sind.

Des Weiteren ist erkennbar, dass die USt-Verbindlichkeit gegenüber dem Finanzamt offenkundig keine Verbindlichkeit aus Lieferungen und Leistungen darstellt. Damit verbleibt für die Passivierung der USt-Zahllast lediglich die bilanzielle Erfassung als sonstige Verbindlichkeit. Ein USt-Erstattungsanspruch ist umgekehrt als sonstige Forderung zu aktivieren.

> Sonstige Verbindlichkeiten stellen einen Sammelposten dar, unter dem alle Verbindlichkeiten erfasst werden, die nicht unter einem anderen Bilanzposten auszuweisen sind. Unter den sonstigen Verbindlichkeiten sind neben der – von dem Unternehmer selbst zu berechnenden – Umsatzsteuerzahllast auch Verbindlichkeiten im Rahmen der sozialen Sicherheit (Arbeitnehmer- und Arbeitgeberanteil zur Sozialversicherung), Aufwendungen für erhaltene Leistungen im alten Jahr mit Zahlung im neuen Jahr (antizipative Rechnungsabgrenzung), Verbindlichkeiten gegenüber Kunden (kreditorische Debitoren), Verbindlichkeiten aus noch zu zahlenden Löhnen und Gehältern u. a. auszuweisen.

Die Pflicht zur Bilanzierung der sonstigen Verbindlichkeit bzw. Forderung ergibt sich handels- wie steuerbilanziell aus dem Vollständigkeitsgrundsatz des § 246 Abs. 1 HGB, § 5 Abs. 1 S. 1 EStG.

Fall 54   135

Konkret sind daher hier noch folgende Buchungen für den Abschluss der Schlau-GmbH zum 31.12.01 erforderlich:

				Soll	Haben

1. Umbuchung USt-1/11-Vorauszahlung:

| 1780 | USt-Vorauszahlungen | 1781 | USt-Vorauszahlung 1/11 | 1.500,00 | 1.500,00 |

2. Einbuchung USt-VZ für November und Dezember 01:

| 1780 | USt-Vorauszahlungen | 1700 | Sonstige Verbindlichkeiten | 1.600,00 | 1.600,00 |

3. Abschluss der Vorsteuer- und Umsatzsteuerkonten:

1700	Sonstige Verbindlichkeiten	1571	Abziehbare Vorsteuer 7 %	30.000,00	1.000,00
		1575	Abziehbare Vorsteuer 16 %		16.000,00
		1573	Abziehbare Vorsteuer aus innergemeinschaftl. Erwerb 16 %		300,00
		1588	Bezahlte Einfuhrumsatzsteuer		5.600,00
		1780	USt-Vorauszahlungen		7.100,00
1775	Umsatzsteuer 16 %	1700	Sonstige Verbindlichkeiten	30.000,00	30.000,00
1773	USt aus innergemeinschaftl. Erwerb 16 %			300,00	

Die insgesamt in der Bilanz zum 31.12.01 auszuweisende sonstige Verbindlichkeit beträgt 1.900,00 EUR (= 1.600,00 EUR Umsatzsteuervoranmeldungen November und Dezember 01 + 300,00 EUR Abschlusszahlung).

> Die Buchung unter (2) erscheint deshalb sinnvoll, weil auf diesem Wege der Kontensaldo auf dem Konto „USt-Vorauszahlungen" mit dem Betrag des Vorauszahlungssolls in der Umsatzsteuererklärung übereinstimmt. Ein Weglassen dieser Buchung ändert nichts an dem betragsmäßigen Bilanzausweis unter den „sonstigen Verbindlichkeiten", da durch diese Buchung lediglich ein Passivtausch innerhalb der Bilanzposition „sonstige Verbindlichkeiten" erfolgt.

Der Buchung auf dem Konto „1548 Vorsteuer im Folgejahr abziehbar" liegt eine Verbindlichkeit für eine bereits erbrachte, aber noch nicht abgerechnete Leistung zum Bilanzstichtag 31.12.01 zu Grunde. Da die Vorsteuer für eine ausgeführte Leistung entsprechend § 15 Abs. 1 S. 1 Nr. 1 UStG erst in dem Zeitpunkt abzugsfähig ist, in dem die Rechnung vorliegt, kann die Vorsteuer noch nicht in die Erstellung der Umsatzsteuererklärung 01 einfließen. Aus Sicht der Schlau-GmbH stellt der noch nicht abzugsfähige Vorsteuerbetrag eine Forderung gegenüber dem Finanzamt dar. In der Bilanz zum 31.12.01 muss der Bestand des Kontos 1548 unter den sonstigen Forderungen ausgewiesen werden.

D. Gewinn- und Verlustrechnung

Fall 55: GuV nach dem Gesamtkostenverfahren

Herbert Rad ist der beherrschende Gesellschafter-Geschäftsführer der Fahr-Rad-GmbH, die Holland-Räder produziert und vermarktet.

Für das Jahr 05 wurden folgende Informationen beschafft, um sich einen Überblick über die wirtschaftliche Situation zu verschaffen:

Es wurden 3.000 Holland-Räder produziert. Davon sind allerdings nur 2.000 abgesetzt worden, d. h. also 1.000 Räder wurden auf Lager gebracht. Die Holland-Räder sind zu einem Stückpreis von 400,00 EUR zu erwerben.

Außerdem sind bei der Herstellung folgende Aufwendungen angefallen:

- Fertigungseinzelkosten   200.000,00 EUR
- Materialeinzelkosten   100.000,00 EUR
- Fertigungsgemeinkosten   100.000,00 EUR
- Materialgemeinkosten   80.000,00 EUR
- Verwaltungsgemeinkosten   50.000,00 EUR
- Vertriebskosten   60.000,00 EUR

Ermitteln Sie den Gewinn des Geschäftsjahres 05 mithilfe einer GuV nach dem Gesamtkostenverfahren, wenn die Lagerbestände zu Vollkosten gemäß § 255 Abs. 2 HGB bewertet werden!

Lösung:

Gemäß § 275 Abs. 1 HGB besteht für den Bilanzierenden das Wahlrecht, die Gewinn- und Verlustrechnung in Staffelform nach dem Gesamtkostenverfahren oder dem Umsatzkostenverfahren aufzustellen.

Das Gesamtkostenverfahren nach § 275 Abs. 2 HGB ermittelt das Rohergebnis wie folgt:

	Umsatzerlöse
+/./.	Erhöhung oder Verminderung des Bestandes an fertigen und unfertigen Erzeugnissen
+	andere aktivierte Eigenleistungen
+	sonstige betriebliche Erträge
./.	Materialaufwand
=	Rohergebnis

Bei diesem Verfahren werden sämtliche in der Periode angefallenen Aufwendungen in der Gewinn- und Verlustrechnung erfasst und den Umsatzerlösen gegenübergestellt. Wenn produzierte und abgesetzte Menge nicht identisch sind, muss ein Korrekturposten „Bestandsveränderungen" berücksichtigt werden. Ist die Absatzmenge größer als die Produktionsmenge, so ist eine Bestandsminderung auszuweisen. Im umgekehrten Fall, wenn die Absatzmenge geringer als die Produktionsmenge ist, werden hergestellte Vermögensgegenstände nicht veräußert und führen somit zu einer Bestandserhöhung auf dem Lager.

Im vorliegenden Fall sind 2.000 Holland-Räder zu einem Preis von 400,00 EUR abgesetzt worden; d. h. die Umsatzerlöse der Periode 05 betragen 800.000,00 EUR. Laut Sachverhalt erfolgt eine Bewertung der Räder nach § 255 Abs. 2 HGB zu Vollkosten; d. h. alle aktivierungspflichtigen und -fähigen Herstellungskosten werden auch tatsächlich aktiviert.

Ermittlung der Herstellungskosten pro Rad:

200.000,00 EUR	Fertigungseinzelkosten (aktivierungspflichtig)
+ 100.000,00 EUR	Materialeinzelkosten (aktivierungspflichtig)
+ 100.000,00 EUR	Fertigungsgemeinkosten (aktivierungsfähig)
+ 80.000,00 EUR	Materialgemeinkosten (aktivierungsfähig)
+ 50.000,00 EUR	Verwaltungsgemeinkosten (aktivierungsfähig)
= 530.000,00 EUR	

530.000,00 EUR : 3.000 Stück = 176,67 EUR/Stück

Werden die Räder zu Vollkosten angesetzt, so ergeben sich Herstellungskosten pro Rad i. H. von 176,67 EUR. Die Vertriebskosten von 60.000,00 EUR dürfen nach § 255 Abs. 3 S. 6 HGB nicht aktiviert werden.

Da hier laut Sachverhalt die produzierte Menge größer als die Absatzmenge ist, muss neben den Umsatzerlösen außerdem eine Bestandserhöhung von 1.000 Stück bewertet zu Vollkosten ausgewiesen werden. Gemäß dem Charakter des Gesamtkostenverfahrens müssen die Aufwendungen in voller Höhe in die Gewinn- und Verlustrechnung des Jahres 05 einfließen.

Daraus ergibt sich folgender Gewinn des Jahres 05:

Umsatzerlöse	800.000,00 EUR
+ Bestandserhöhung	176.667,00 EUR
./. Aufwendungen	590.000,00 EUR
= Jahresüberschuss	386.667,00 EUR

Bei Anwendung des Gesamtkostenverfahrens zu Vollkosten ergibt sich also ein Gewinn i. H. von 386.667,00 EUR in der Periode 05.

Fall 56: GuV nach dem Umsatzkostenverfahren

Wie ist der Sachverhalt aus dem vorherigen Fall bei Anwendung des Umsatzkostenverfahrens zu behandeln?

Lösung:

Das Umsatzkostenverfahren ermittelt das Rohergebnis wie folgt:

    Umsatzerlöse
./. Herstellungskosten der zur Erzielung der Umsatzerlöse erbrachten Leistungen
+ sonstige betriebliche Erträge
= Rohergebnis

Bei diesem Verfahren werden den Umsatzerlösen nur diejenigen Aufwendungen gegenübergestellt, die durch den Umsatzprozess verursacht worden sind, d. h. die Herstellungskosten dürfen nur in Höhe der tatsächlich abgesetzten Produktmenge als Aufwand in die Gewinn- und Verlustrechnung einfließen. Die Herstellungskosten der auf Lager gegangenen Produkte erscheinen nicht in der Gewinn- und Verlustrechnung, sondern werden aktiviert und in der Bilanz ausgewiesen.

Auch bei Anwendung des Umsatzkostenverfahrens müssen zunächst die Herstellungskosten pro Rad bei Ansatz zu Vollkosten ermittelt werden. Sie betragen 176,67 EUR.

Den Umsatzerlösen von 800.000,00 EUR werden aber nur die Aufwendungen für die 2.000 abgesetzten Holland-Räder gegenübergestellt. Hingegen werden die Vertriebskosten in voller Höhe aufwandswirksam in der Gewinn- und Verlustrechnung verbucht, da sie nach § 255 Abs. 3 S. 6 HGB nicht aktiviert werden dürfen.

Es ergibt sich somit folgender Gewinn des Jahres 05:

Umsatzerlöse	800.000,00 EUR
./. Aufwand	353.333,00 EUR
./. Vertriebskosten	60.000,00 EUR
= Jahresüberschuss	386.667,00 EUR

Bei Anwendung des Umsatzkostenverfahrens zu Vollkosten ergibt sich ebenfalls ein Gewinn in der Periode 05 i. H. von 386.667,00 EUR. Damit wird deutlich, dass beide Techniken der Erfolgsrechnung zum selben Ergebnis führen.

Fall 57: Gesamtkosten- und Umsatzkostenverfahren im Falle der Aktivierung von Teilherstellungskosten

Wie ist der beschriebene Sachverhalt aus Fall 55 bei Anwendung des Gesamtkosten- und des Umsatzkostenverfahrens in der Handelsbilanz zu behandeln, wenn die hergestellten Räder zu Teilkosten aktiviert werden?

Lösung:

Werden die hergestellten Räder zu Teilkosten aktiviert, so heißt das, dass sie in der Bilanz gemäß § 255 Abs. 2 HGB nur mit den aktivierungspflichtigen Bestandteilen angesetzt werden. Diese umfassen im vorliegenden Fall also nur die Material- und Fertigungseinzelkosten. Die Herstellungskosten pro Rad bei Aktivierung zu Teilkosten betragen demnach 100,00 EUR. Mit diesem Wert muss die nicht abgesetzte Menge bei Anwendung des Gesamtkostenverfahrens bewertet werden.

Gewinn der Periode bei Anwendung des Gesamtkostenverfahrens:

	Umsatzerlöse	800.000,00 EUR
+	Bestandserhöhung	100.000,00 EUR
./.	Aufwendungen	590.000,00 EUR
=	Jahresüberschuss	310.000,00 EUR

Der gleiche Jahresüberschuss ergibt sich bei Anwendung des Umsatzkostenverfahrens:

	Umsatzerlöse	800.000,00 EUR
./.	HK für verkaufte Räder	200.000,00 EUR
./.	Nicht aktivierte Gemeinkosten	230.000,00 EUR
./.	Vertriebskosten	60.000,00 EUR
=	Jahresüberschuss	310.000,00 EUR

In der Steuerbilanz hingegen müssen die nicht veräußerten Räder zwingend auch mit ihren Material- und Fertigungsgemeinkosten aktiviert werden (R 33 EStR 2003).

Fall 58: Nicht abzugsfähige Betriebsausgaben

Der Einzelunternehmer Wolfbär nutzt im Geschäftsjahr 00 den betrieblichen PKW (Bruttolistenpreis 50.000,00 EUR) auch für Fahrten zwischen seiner Wohnung und der Betriebsstätte während des gesamten Jahres. Die einfache Entfernung Wohnung – Betriebsstätte beträgt 5 Kilometer. Nach Angaben des Wolfbär wird das Fahrzeug durchschnittlich an 15 Arbeitstagen im Monat für vorgenannte Fahrten eingesetzt. Ein Fahrtenbuch wird nicht geführt.

Beurteilen Sie die handels- und steuerrechtlichen Erfolgswirkungen für das Geschäftsjahr 00.

Lösung:

Hinsichtlich der Benutzung eines dem Betriebsvermögen zugeordneten PKW für Fahrten zwischen dem Wohnort und der Betriebsstätte durch den Unternehmer Wolfbär ist steuerlich die Betriebsausgabenbeschränkung des § 4 Abs. 5 Nr. 6 S. 1 EStG zu beachten. Danach sind die auf diese Fahrten entfallenden Betriebsausgaben nicht abzugsfähig.

Da laut Sachverhalt der Einzelunternehmer Wolfbär kein Fahrtenbuch führt, sind die nicht abzugsfähigen Betriebsausgaben nach einem typisierten Verfahren zu ermitteln. Der Betrag der insoweit nicht abzugsfähigen Betriebsausgaben ermittelt sich wie folgt (§ 4 Abs. 5 Nr. 6 S. 3 EStG):

50.000,00 EUR x 0,03 % x 5 Km	75,00 EUR
./. 0,30 EUR x 5 Km x 15 Tage	22,50 EUR
= nabzf. Betriebsausgabe/Monat	52,50 EUR
x 12 Monate	630,00 EUR

Der Betrag der nicht abzugsfähigen Betriebsausgabe ist dem Steuerbilanzgewinn außerbilanziell hinzuzurechnen.

Handelsbilanziell gilt keine Abzugsbeschränkung, sodass in der Handelsbilanz die Aufwendungen unbeschränkt abzugsfähig sind.

E. Mitunternehmerschaften

Fall 59: Steuerliche Ergänzungsbilanzen

Erläutern Sie allgemein, für welche Fälle die Aufstellung von Ergänzungsbilanzen erforderlich ist! Geben Sie darüber hinaus an, auf welchem Wege die Ergebnisse aus Ergänzungsbilanzen in die steuerliche Gewinnermittlung einfließen!

Lösung:

Ergänzungsbilanzen werden im Rahmen des Rechnungswesens von Personenhandelsgesellschaften für deren Gesellschafter geführt. Sie treten nur im Steuerbilanzrecht auf; das Handelsrecht kennt keine Ergänzungsbilanzen. Inhaltlich weisen Ergänzungsbilanzen rechnerische Korrekturposten (= Mehr- oder Minderwerte) in Bezug auf solche Wirtschaftsgüter aus, die in der Steuerbilanz der Gesamthandsgemeinschaft ausgewiesen sind. Der Ausweis von Wirtschaftsgütern ist den Ergänzungsbilanzen daher fremd.

Nachfolgende Fallkonstellationen erfordern insbesondere die Aufstellung einer Ergänzungsbilanz:

1. Abbildung von personenbezogenen Steuervergünstigungen, die nur einzelne Gesellschafter der Personengesellschaft betreffen

2. Buchwertaufstockungen und -abstockungen im Zusammenhang mit einem Gesellschafterwechsel

3. Einbringung von einzelnen Wirtschaftsgütern oder eines Betriebs bzw. Teilbetriebs in eine Personenhandelsgesellschaft.

Das Ergebnis aus einer steuerlichen Ergänzungsbilanz wird unmittelbar dem steuerlichen Gesamthandsergebnis hinzugerechnet. Die Berücksichtigung erfolgt damit im Rahmen der sog. 1. Gewinnermittlungsstufe. Da die Ergebnisse aus den Ergänzungsbilanzen gesellschafterbezogen sind, fließen diese unmittelbar in die Einkünfteermittlung dieses Gesellschafters ein. Darüber hinaus ist das Ergänzungsbilanzergebnis in der Ausgangsgröße zur Ermittlung des Gewerbeertrags enthalten.

Fall 60: Gründung einer Personenhandelsgesellschaft sowie Gesellschafterwechsel

Die Gesellschafter Max, Moritz und Fritz beabsichtigen zum 02.01.00 die Gründung der Max, Moritz, Fritz-OHG mit einer Beteiligung an der Personenhandelsgesellschaft von jeweils 33 1/3 %.

(1) Gesellschafter Max, Moritz und Fritz erbringen jeweils eine Bareinlage von 200.000,00 EUR.

Wie hat die Bilanzierung der Einlagen in der handels- und steuerrechtlichen Eröffnungsbilanz der OHG zu erfolgen?

(2) Gesellschafter Fritz verkauft zum 31.12.00 seinen Gesellschaftsanteil für 400.000,00 EUR an den neu eintretenden Gesellschafter Sepp. Die Buchwerte der Kapitalkonten belaufen sich auf jeweils 200.000,00 EUR.

Beurteilen Sie die handels- und steuerbilanziellen Folgen des Gesellschafteraustritts von Fritz und des Gesellschaftereintritts von Sepp!

(3) Von den Gesellschaftern Max, Moritz und Fritz scheidet Gesellschafter Fritz zum 31.12.00 aus. Der Gesellschaftsanteil von Fritz wird dabei durch Max übernommen. Gesellschafter Max zahlt für die Übernahme des Gesellschaftsanteils an Fritz einen Betrag von 400.000,00 EUR. Die Buchwerte der Kapitalkonten belaufen sich auf jeweils 200.000,00 EUR.

Welche handels- und steuerbilanziellen Auswirkungen hat die Übernahme des Gesellschaftsanteils durch Max?

Lösung:

Zu (1):

Personenhandelsgesellschaften sind gem. § 242 Abs. 1 HGB verpflichtet, zu Beginn ihres Handelsgewerbes eine Eröffnungsbilanz zu erstellen. Die Eröffnungsbilanz ist damit Ausgangspunkt der zukünftigen Gewinnermittlung.

Die Gründung einer OHG ist möglich als sog. Bargründung, Sachgründung durch Einbringung einzelner Wirtschaftsgüter oder durch Einbringung eines Betriebs, Teilbetriebs bzw. Mitunternehmeranteils. Da hier die Gesellschafter Max, Moritz und Fritz jeweils eine Bareinlage erbringen, liegt eine Bargründung vor.

Fall 60

In Bezug auf die Bargründung der OHG sind in der Eröffnungsbilanz die eingezahlten Barmittel auf der Aktiv-Seite der Bilanz auszuweisen, während auf der Passivseite der Bilanz der Eigenkapitalausweis zu erfolgen hat. Da für Personenhandelsgesellschaften das Bilanzrecht keine zwingenden Vorschriften hinsichtlich des Eigenkapitalausweises vorsieht, kann für jeden persönlich haftenden Gesellschafter neben dem Eigenkapitalkonto der Einlage (= festes Kapitalkonto) ein zweites variables Kapitalkonto geführt werden, auf dem Gewinne, Verluste, Entnahmen und Einlagen gebucht werden.

Hinsichtlich des Ansatzes und der Bewertung von Einlagen gelten für die Eröffnungsbilanz die allgemeinen Regelungen der §§ 246 – 251 HGB und §§ 252 – 256 HGB. Die Bewertung von Bareinlagen ist unproblematisch, da die empfangenen Beträge als Bargeld, Bankguthaben oder Schecks mit dem Nennwert aktiviert und der Gegenwert den Eigenkapitalkonten der Gesellschafter gutgeschrieben werden (Gleiches gilt aufgrund des Maßgeblichkeitsgrundsatzes (§ 5 Abs. 1 S. 1 EStG) auch für die steuerliche Eröffnungsbilanz). In Bezug auf die bilanzielle Behandlung der Bareinlage der Gesellschafter Max, Moritz und Fritz besteht daher insoweit kein Problem.

Die Eröffnungsbilanz der OHG auf den 02.01.00 hat daher folgendes Aussehen:

Eröffnungsbilanz Max, Moritz, Fritz-OHG per 02.01.00

Aktiva		Passiva	
Bank	600.000	Eigenkapital	
		Max	200.000
		Moritz	200.000
		Fritz	200.000
	600.000		600.000

Zu (2):

Da Gesellschafter Fritz seinen Anteil an der Personenhandelsgesellschaft an den neu eintretenden Gesellschafter Sepp veräußert, ist zunächst festzustellen, dass die Abwicklung des Veräußerungsvorgangs außerhalb der Sphäre der Personengesellschaft erfolgt. Handels- wie steuerbilanziell besteht keine Verpflichtung auf den Austrittsstichtag des Gesellschafters eine Schlussbilanz aufzustellen, soweit ein Gesellschafter im Laufe des Jahres aus einer weiterbestehenden Personengesellschaft ausscheidet (vgl. BFH-Urteil vom 24.11.1988, BStBl II 1989, S. 312 ff.). Gleichwohl ist mit Blick auf das Steuerrecht festzustellen, dass zwecks Ermittlung des Werts des Betriebsvermögens die Aufstellung einer Schlussbilanz auf den Austrittsstichtag dennoch geboten erscheint, umso den Gewinn des Altgesellschafters von dem Gewinn des Neugesellschafters abgrenzen zu können. Da hier der Austrittszeitpunkt des Gesellschafters Fritz ohnehin auf den Bilanzstichtag entfällt, berührt der Gesellschafterwechsel die Rechnungslegung der Personenhandelsgesellschaft deshalb erstmals in der Eröffnungsbilanz 01.01.01.

Da Fritz seinen Anteil für 400.000,00 EUR an Sepp veräußert hat, sein Kapitalkonto hingegen einen Wert von 200.000,00 EUR ausweist, entsteht für Fritz ein Veräußerungsgewinn in Höhe von 200.000,00 EUR. Da wegen Fehlens anderslautender Sachverhaltsangaben zu unterstellen ist, dass die Beteiligungsverhältnisse nach Eintritt des Gesellschafters Sepp unverändert bleiben sollen (also jeweils 33 1/3 %), erwächst für Sepp in Bezug auf die steuerliche Gewinnermittlung die Konsequenz, eine positive Ergänzungsbilanz in Höhe von 200.000,00 EUR aufstellen zu müssen.

Ergänzungsbilanz

Aktiva	200.000	Mehrkapital	200.000

Unter Berücksichtigung, dass die positive Ergänzungsbilanz stille Reserven ausweist, dem Handelsbilanzrecht aber die Aufstellung von Ergänzungsbilanzen fremd ist, muss in der handels- wie auch steuerbilanziellen Gesamthandsbilanz der OHG der Kapitalanteil des neu eingetretenen Gesellschafters Sepp mit 200.000,00 EUR ausgewiesen werden.

Ein höherer Wertansatz der Beteiligung des Sepp in der Handelsbilanz hätte einen Verstoß gegen das Realisationsprinzip des § 252 Abs. 1 Nr. 4 HGB zur Folge, da die Buchwerte der Aktiva in der Bilanz der Personengesellschaft erfolgserhöhend aufzustocken wären. Eine Buchwertaufstockung der Aktiva in der Bilanz der Personengesellschaft hätte zur Konsequenz, dass nicht realisiertes Ertragspotenzial in Höhe der anteilig durch Sepp erworbenen stillen Reserven (hier: 200.000,00 EUR) ausgewiesen würde.

Zu (3):

Die Veräußerung des Gesellschaftsanteils von Fritz an Max ist einer Veräußerung unter Dritten vergleichbar. Unter der Annahme, dass die Kapitalkonten die Beteiligung der (verbleibenden) Gesellschafter widerspiegeln sollen, ist anzumerken, dass handels- als auch steuerbilanziell die Kapitalkonten in der Gesamthandsbilanz mit jeweils 200.000,00 EUR für Gesellschafter Moritz und 400.000,00 EUR für Gesellschafter Max auszuweisen sind. Ein darüber hinausgehender Eigenkapitalausweis hätte in der Handelsbilanz einen Verstoß gegen das Realisationsprinzip zur Folge. Steuerbilanziell ist der von Max gezahlte Mehrbetrag in Höhe von 200.000,00 EUR in eine positive Ergänzungsbilanz einzustellen.

Fall 61: Übertragung von Veräußerungsgewinnen i. S. d. § 6 b EStG aus dem Sonderbetriebsvermögen in das Gesamthandsvermögen

Gesellschafter Max ist zu 10 % an der Max & Moritz-OHG beteiligt. Max veräußert im Jahr 01 ein in seinem Sonderbetriebsvermögen bei der Max & Moritz-OHG bilanziertes Gebäude zu einem Veräußerungspreis von 160.000,00 EUR, Buchwert des Gebäudes im Veräußerungszeitpunkt 110.000,00 EUR. Der in dem Sonderbetriebsvermögen des Max entstandene Veräußerungsgewinn soll nach dem Willen des Gesellschafters im Jahr 02 soweit wie möglich auf ein im Januar des Jahres 02 neu angeschafftes Gebäude der OHG (Gebäude-AK 500.000,00 EUR) übertragen werden. Die planmäßige Abschreibung des Fertigungszwecken dienenden Gebäudes soll nach § 7 Abs. 4 S. 1 Nr. 1 EStG erfolgen.

Welche bilanziellen Folgen ergeben sich in den Jahren 01 und 02?

Lösung:

Durch den Verkauf des Gebäudes entsteht im Sonderbetriebsvermögen des Max bei der Max & Moritz-OHG ein Veräußerungsgewinn in Höhe von 50.000,00 EUR. Entsprechend § 6 b Abs. 1 S. 1 i. V. m. S. 2 Nr. 3 EStG besteht die Möglichkeit, den bei der Veräußerung eines Gebäudes entstandenen Gewinn auf die Anschaffungskosten des neu angeschafften Gebäudes zu übertragen. Im Sonderbetriebsvermögen des Max ergeben sich daher zum Bilanzstichtag 01 sowie Bilanzstichtag 02 folgende Buchungen:

Jahr 01: Gebäudeverkauf in der Sonderbuchführung des Gesellschafters Max:

					Soll	Haben
1800	Privatentnahme allgemein		8800	Erlöse aus Anlageverkäufen	160.000,00	160.000,00
2315	Anlageabgänge Sachanlagen		0165	Geschäftsbauten	110.000,00	110.000,00

Bildung der § 6 b-Rücklage im Sonderbetriebsvermögen des Max:

					Soll	Haben
2340	Einstellungen in Sonderposten mit Rücklageanteil		0931	Sonderposten mit Rücklageanteil nach § 6b EStG	50.000,00	50.000,00

Jahr 02: Auflösung Sonderposten mit Rücklageanteil in der Sonderbuchführung des Gesellschafters Max wegen Übertragung auf Wirtschaftsgut des Gesamthandsvermögen:

			Soll	Haben
0931 Sonderposten mit Rücklageanteil nach § 6b EStG	2740	Erträge aus der Auflösung von Sonderposten mit Rücklageanteil	50.000,00	50.000,00

> Das steuerliche Betriebsvermögen einer Personengesellschaft umfasst neben dem Gesamthandsvermögen auch solche Wirtschaftsgüter, die bürgerlich-rechtlich nur einem Gesellschafter oder mehreren Gesellschaftern gehören und dem Betrieb der Personengesellschaft überlassen werden (= Sonderbetriebsvermögen I) oder der Beteiligung an der Personengesellschaft dienen (= Sonderbetriebsvermögen II). Da das Handelsbilanzrecht kein Sonderbetriebsvermögen kennt und die steuerliche Gesamthandsbilanz eine von der Handelsbilanz abgeleitete Bilanz ist, erfordert dies für den jeweiligen Gesellschafter die Aufstellung einer separaten Sonderbetriebsvermögensbilanz. Das Ergebnis der Sonderbilanz ist im Rahmen der Ermittlung des Gesamtgewinns der Personengesellschaft zu berücksichtigen und fließt daher in die einheitlich und gesonderte Feststellung des Gewinns der Gesellschaft nach § 180 Abs. 1 Nr. 2 AO ein.

Da der Gesellschafter Max nur zu 10 % an der OHG beteiligt ist und ihm daher Wirtschaftsgüter des Gesamthandsvermögens nur in Höhe seiner Beteiligung an der Gesellschaft zugerechnet werden können, ergibt sich, dass die Übertragung der Rücklage nur bis zur Höhe der ihm anteilig zuzurechnenden Wirtschaftsgüter übertragen werden kann (vgl. R 41 b Abs. 6 S. 2 Nr. 2 EStR 2003). Aufgrund der Anschaffungskosten des Grundstücks in Höhe von 500.000,00 EUR und der Beteiligung des Max in Höhe von 10 % an der OHG ist die Höhe der Rücklagenübertragung auf 50.000,00 EUR beschränkt. Da der Sonderposten mit Rücklageanteil im Sonderbetriebsvermögen des Max auf 50.000,00 EUR dotiert und lt. Sachverhalt eine höchstmögliche Übertragung auf das neu angeschaffte Fabrikgebäude der OHG erfolgen soll, ist festzustellen, dass die Übertragung des begünstigten Veräußerungsgewinns in vollem Umfang möglich ist.

Die Übertragung der Rücklage auf die Anschaffungskosten des Grundstücks kann hingegen nicht in der Gesamthandsbilanz der OHG erfolgen, da der begünstigte Veräußerungsgewinn nur dem Max zuzurechnen ist. Aus diesem Grund erfordert die vorzunehmende Buchwertabstockung die Aufstellung einer Ergänzungsbilanz. Da die Vornahme einer Rücklagenübertragung allgemein eine Minderung der betreffenden Aktiva zur Folge hat, wird deutlich, dass die für den Gesellschafter Max zu erstellende Ergänzungsbilanz ein negatives Kapital ausweisen muss. Der Ausweis eines Minderkapitals führt deshalb zur Aufstellung einer sog. negativen Ergänzungsbilanz. Die Entstehung dieser Bilanz ergibt sich aus dem Buchungssatz:

Fall 61

				Soll	Haben
4850	Abschreibungen auf Sachanlagen aufgrund steuerlicher Vorschriften	0170	Fabrikbauten	50.000,00	50.000,00

Da das Gebäude dazu bestimmt ist, Fertigungszwecken zu dienen, ist dieses dem abnutzbaren, unbeweglichen Anlagevermögen zuzurechnen. Die Abschreibung soll lt. Sachverhalt nach § 7 Abs. 4 S. 1 Nr. 1 EStG mit 3 % vorgenommen werden. Im Gesamthandsvermögen ergibt sich daher im Jahr 02 eine planmäßige Abschreibung in Höhe von 15.000,00 EUR.

Entsprechend der planmäßigen Abschreibung des Gebäudes in der Gesamthandsbilanz hat auch eine Fortschreibung der negativen Ergänzungsbilanz zu erfolgen. Die sukzessive Auflösung des Mindervermögens über den Zeitraum der planmäßigen Nutzung des Fabrikgebäudes durch die OHG hat die Schaffung von Ertragspotenzial zur Folge. Dieses auf den ersten Blick überraschend anmutende Ergebnis findet seine Erklärung darin, dass in den Gewinnanteil des Gesellschafters Max die von den ungekürzten Anschaffungskosten berechnete Gebäudeabschreibung einfließt, tatsächlich dem Max aber durch die Übertragung des begünstigten Veräußerungsgewinns geringere Gebäudeanschaffungskosten und damit eine vergleichsweise niedrigere Gebäudeabschreibung zuzurechnen ist. Die Eliminierung dieser Zuvielabschreibung erfolgt durch jährliche Auflösung der negativen Ergänzungsbilanz. Im Jahr 02 ist daher in der Ergänzungsbilanz eine „negative" Abschreibung in Höhe von 1.500,00 EUR (= 50.000,00 EUR x 3 % Abschreibungssatz entsprechend § 7 Abs. 4 S. 1 Nr. 1 EStG) vorzunehmen. Daraus folgt nachstehende Abschreibungsbuchung:

				Soll	Haben
0170	Fabrikbauten	4830	Abschreibungen auf Sachanlagen	1.500,00	1.500,00

Da die Gebäudeabschreibung hinsichtlich des neuen Fabrikbaus für Max letztlich nur von Anschaffungskosten in Höhe von 0,00 EUR (50.000,00 EUR anteilige Anschaffungskosten ./. 50.000,00 EUR Gewinnübertragung) vorgenommen werden darf, hat die Gebäudeabschreibung im Rahmen der Einkünfte aus Gewerbebetrieb des Max insoweit keine Ergebnisauswirkung, da sich die anteilige Abschreibung aus dem Gesamthandsvermögen (= 1.500,00 EUR) und die Abschreibung aus der Auflösung der Ergänzungsbilanz (= 1.500,00 EUR) im Ergebnis neutralisieren. Vorgenannte Buchungssätze bestätigen dieses Ergebnis, da aus der Abschreibung in der Gesamthandsbilanz in Höhe von 15.000,00 EUR auf den Max – entsprechend seinem 10%igen Gesellschaftsanteil – eine Abschreibung von 1.500,00 EUR entfällt. Durch die Auflösung der negativen Ergänzungsbilanz entsteht ein Ertrag in Höhe von 1.500,00 EUR. Die Zusammenfassung der Ergebnisse erfolgt in der gesonderten und einheitlichen Gewinnfeststellungserklärung.

Fall 62: Jahresabschluss der GmbH & Co. KG

Erläutern Sie allgemein für Personenhandelsgesellschaften in Gestalt einer GmbH & Co. KG die in Bezug auf den Jahresabschluss zu beachtenden Rechnungslegungsvorschriften!

Lösung:

Die GmbH & Co. KG unterliegt als Kaufmann den Rechnungslegungsvorschriften des HGB. Aufgrund der Tatsache, dass als unbeschränkt haftender Gesellschafter eine Kapitalgesellschaft fungiert und daneben ein oder mehrere Teilhafter auftreten, erfüllt die GmbH & Co. KG – unter Einschluss weiterer Tatbestandsmerkmale – die Voraussetzungen für das Vorliegen einer Personenhandelsgesellschaft in der Ausprägung einer Kommanditgesellschaft (vgl. §§ 161 ff. HGB). Damit ist zu vermuten, dass die GmbH & Co. KG ausschließlich den Rechnungslegungsvorschriften der §§ 238 – 263 HGB unterliegt.

Aufgrund der Neuregelungen durch das sog. Kapitalgesellschaften- und Co-Richtlinie-Gesetz (kurz: KapCoRiliG) aber ist zu beachten, dass die Jahresabschlüsse einer GmbH & Co. KG für Geschäftsjahre, die nach dem 31.12.1999 beginnen, grundsätzlich den speziellen Rechnungslegungsvorschriften für Kapitalgesellschaften unterliegen (vgl. § 264 a Abs. 1 HGB). Danach müssen diese Unternehmen die besonderen Bilanzierungsvorschriften für Kapitalgesellschaften, die Regelungen für die Aufstellung eines Anhangs und eines Lageberichts (§§ 264-289 HGB) sowie die Prüfungspflichten (§§ 316-324 HGB) und die Offenlegungspflichten (§§ 325-329 HGB) beachten. Eine Befreiung von der Aufstellungspflicht des Jahresabschlusses nach den Vorschriften der §§ 264 ff. HGB ist lediglich unter den Voraussetzungen des § 264 b HGB möglich.

In diesem Falle müssen folgende Voraussetzungen erfüllt sein:

- Einbezug der GmbH & Co. KG in den Konzernabschluss eines Mutterunternehmens mit Sitz in der Europäischen Union oder

- Einbezug der GmbH & Co. KG in den Konzernabschluss der Komplementär-GmbH[2] und

- Prüfung des Konzernabschlusses und des -lageberichts durch einen Abschlussprüfer und Offenlegung und

---

[2] Anm.: Die für die Aufstellung eines Konzernabschlusses erforderliche Mutter-Tochter-Beziehung (vgl. § 290 HGB) liegt in Bezug auf die GmbH & Co. KG dann vor, wenn die GmbH die einheitliche Leitung für die KG tatsächlich ausübt und/oder ihr eine der Kontrollrechte des § 290 Abs. 2 HGB zustehen.

- Einreichung der offenzulegenden Unterlagen in deutscher Sprache durch die Konzernmutter zum Handelsregister der GmbH & Co. KG und

- Angabe der Befreiung der GmbH & Co. KG im Konzernanhang.

Liegen vorgenannte Voraussetzungen vor, unterliegt die GmbH & Co. KG lediglich den Pflichten zur Aufstellung eines Einzelabschlusses nach den für alle Kaufleute geltenden Vorschriften.

Unterliegt die GmbH & Co. KG nicht den Rechnungslegungspflichten des KapCoRiliG, ist gleichwohl die Verpflichtung zur Rechnungslegung nach dem Publizitätsgesetz (PublG) zu prüfen. Erfüllen Personenhandelsgesellschaften in sachlicher wie zeitlicher Hinsicht die Merkmale des § 1 PublG, ist der Jahresabschluss unter Berücksichtigung ausgewählter Bilanzierungsvorschriften für Kapitalgesellschaften aufzustellen (vgl. § 5 Abs. 1 S. 2 PublG). Darüber hinaus besteht die Verpflichtung, den Jahresabschluss durch einen Abschlussprüfer prüfen zu lassen (vgl. § 6 Abs. 1 PublG). Schließlich ist zu beachten, dass – soweit keine originäre Offenlegungspflicht nach HGB besteht (s.o.) – die dem PublG verpflichteten Personenhandelsgesellschaften der Offenlegungspflicht des § 9 PublG unterliegen.

Die grundsätzliche Anwendung der speziellen Rechnungslegungsvorschriften für Kapitalgesellschaften aufgrund des KapCoRiliG auf Jahresabschlüsse von Personenhandelsgesellschaften – für nach dem 31.12.1999 beginnende Geschäftsjahre – gilt für OHGs und KGs, bei denen nicht

- wenigstens ein persönlich haftender Gesellschafter eine natürliche Person ist oder

- eine Personengesellschaft mit einer natürlichen Person als persönlich haftender Gesellschafter auftritt.

Mit Blick auf den Einbezug der GmbH & Co.KG in den Konzernabschluss der Komplementär-GmbH zwecks Umgehung der Offenlegungspflichten des Einzelabschlusses ist anzumerken, dass im Rahmen der Aufstellung eines Konzernabschlusses die Ansatz- und Bewertungswahlrechte nach dem Recht des Mutterunternehmens wieder aufleben. Über diesen Weg der eigenständigen Konzernbilanzpolitik kann daher der Einblick in die wirtschaftliche Lage des „Konzerns" – im Vergleich zur Publizität des Einzelabschlusses – entsprechend beeinflusst werden.

F. Umstrukturierungen von Unternehmen

Fall 63: Systematik Umwandlungssteuergesetz

Erläutern Sie die Anwendungssystematik des Umwandlungssteuergesetzes in Bezug auf die handelsrechtlichen Umwandlungsarten für Kapital- und Personenunternehmen.

Lösung:

Das Umwandlungssteuergesetz regelt die handelsrechtlichen Umwandlungsarten (= Verschmelzung, Spaltung, Formwechsel)[1] ausgehend davon, ob eine Kapitalgesellschaft oder eine Personengesellschaft bzw. Einzelunternehmen umgewandelt wird.

In § 1 Abs. 1 S. 1 UmwStG wird konkret festgelegt, dass die §§ 3 bis 19 UmwStG nur für Umwandlungen im Sinne des § 1 UmwG von Kapitalgesellschaften in Kapital- oder Personengesellschaften mit Ausnahme der Ausgliederung gelten.

Die §§ 20 bis 25 UmwStG regeln die Umwandlung von Personengesellschaften und Einzelunternehmen in eine Kapitalgesellschaft oder eine Personengesellschaft sowie die Ausgliederung einer Kapitalgesellschaft[2] auf eine Kapital- oder Personengesellschaft.

Einen detaillierten Überblick ermöglicht nachstehende Tabelle:

Unternehmensform vor Umwandlung	Kapitalgesellschaft		Personengesellschaft o. Einzelunternehmen	
Unternehmensform nach Umwandlung	KapG	PersG	KapG	PersG
Umwandlungsarten	(UmwStG)	(UmwStG)	(UmwStG)	(UmwStG)
Verschmelzung	§§ 11-13, 17, 19	§§ 3-10, 17, 18	§§ 20-23	§ 24
Aufspaltung	§§ 15, 17, 19	§§ 16-18	§§ 20-23	§ 24
Abspaltung	§§ 15, 17, 19	§§ 16-18	§§ 20-23	§ 24
Ausgliederung	§§ 20-23[2]	§ 24	§§ 20-23	§ 24
Formwechsel	–	§§ 14, 17, 18	§ 25	–

---

1) Die Vermögensübertragung als weitere Umwandlungsart wird in dieser Darstellung nicht berücksichtigt, weil diese Umwandlungsart Übertragungen von Kapitalgesellschaften auf die öffentliche Hand sowie Sonderregelungen für Versicherungsunternehmen vorsieht.

2) Die Ausgliederung einer Kapitalgesellschaft auf eine Kapital- bzw. Personengesellschaft wird deshalb von den §§ 20-24 UmwStG erfasst, weil § 1 Abs. 1 S. 2 UmwStG die Anwendung der §§ 3 bis 19 UmwSt ausdrücklich ausschließt.

Fall 64: Umwandlung einer Kapitalgesellschaft in eine Personenhandelsgesellschaft

Die Knallgas-GmbH soll im Wege der Verschmelzung auf die Personenhandelsgesellschaft Blau & Grün-KG übertragen werden.

Die zu Grunde liegende Bilanz der GmbH zeigt zum Umwandlungsstichtag 31.12.00 folgendes Bild:

Aktiva	Bilanz zum 31.12.00		Passiva
Betriebsvermögen	400.000	Stammkapital	100.000
		Gewinnrücklagen	200.000
		Verbindlichkeiten	100.000
	400.000		400.000

Im Vermögen der Knallgas-GmbH sind stille Reserven i. H. von 200.000,00 EUR enthalten. Der Buchwert der GmbH-Anteile bei der Personengesellschaft beträgt 100.000,00 EUR. Das KSt-Guthaben zum 31.12.00 beträgt 33.000,00 EUR.

(1) Welche steuerlichen Auswirkungen entstehen auf der Ebene der Knallgas-GmbH einerseits und der übernehmenden Blau & Grün-KG andererseits, wenn beide Gesellschaften eine Buchwertfortführung anstreben?

(2) Erläutern Sie die bilanziellen Folgen eines beabsichtigten höchstmöglichen Wertansatzes des übernommenen Betriebsvermögens in der Handels- und der Steuerbilanz!

Lösung:

Zu (1):

I. Ebene des übertragenden Rechtsträgers

Handelsrechtlich hat die übertragende Knallgas-GmbH die in der Schlussbilanz auszuweisenden Vermögensgegenstände entsprechend § 17 Abs. 2 S. 2 UmwG nach den Ansatz- und Bewertungsvorschriften der §§ 246 ff. HGB zu bilanzieren. Die Vermögensgegenstände werden danach regelmäßig mit den (fortgeführten) Anschaffungs- und Herstellungskosten in der handelsrechtlichen Schlussbilanz ausgewiesen. In der Eröffnungsbilanz des übernehmenden Rechtsträgers ermöglicht § 24 UmwG ein Bewertungswahlrecht. Die Blau & Grün KG hat danach das Wahlrecht, die in der Schlussbilanz der Knallgas-GmbH ausgewiesenen Werte der Vermögensgegenstände in ihre Eröffnungsbilanz zu übernehmen oder wahlweise die übernommenen Vermögensgegenstände mit höheren Anschaffungskosten zu bilanzieren. Die Wertobergrenze bildet der gemeine Wert.

Fall 64

> Das Handelsrecht kennt insoweit keine zwingende Wertverknüpfung zwischen der Schlussbilanz des übertragenden Rechtsträgers und der Eröffnungsbilanz des übernehmenden Rechtsträgers.

Nach § 3 UmwStG besteht für die Knallgas-GmbH steuerrechtlich das Wahlrecht, die Wirtschaftsgüter in der steuerlichen Schlussbilanz mit dem Buchwert oder einem höheren Wert (maximal Teilwert) anzusetzen, wenn das Vermögen der übertragenden Kapitalgesellschaft Betriebsvermögen der übernehmenden Personengesellschaft wird.

Aus Sicht der Finanzverwaltung stehen die Bewertungswahlrechte der Wirtschaftsgüter in der steuerlichen Schlussbilanz des übertragenden Rechtsträgers unter dem Vorbehalt des Grundsatzes der Maßgeblichkeit der Handels- für die Steuerbilanz nach § 5 Abs. 1 EStG (vgl. BMF-Schreiben vom 25.03.1998, BStBl I S. 268 ff., Tz. 03.01). Die Ausübung der Bewertungswahlrechte in der Steuerbilanz setzt nach § 5 Abs. 1 S. 2 EStG voraus, dass in der Handelsbilanz ebenso verfahren wird. Da handelsbilanziell aber nach § 17 Abs. 2 S. 2 UmwG typischerweise eine Bewertung der Vermögensgegenstände zu den (fortgeführten) Anschaffungs- und Herstellungskosten erfolgen muss, fehlt eine Öffnungsklausel für die Übernahme der steuerlichen Wertansätze in die Handelsbilanz. Die Sichtweise der Finanzverwaltung führt daher letztendlich zu einer Abschaffung der steuerlichen Wahlrechte aufgrund des § 3 UmwStG. In der steuerlichen Schlussbilanz können die Wirtschaftsgüter daher regelmäßig nur zum Buchwert angesetzt werden.

Durch den Ansatz der Buchwerte in der steuerlichen Schlussbilanz entsteht bei der Knallgas-GmbH kein zu versteuernder Übertragungsgewinn. Daneben finden die Regelungen des KSt-Guthabens (§ 37 KStG) bei Umwandlungen mit der Maßgabe Anwendung, dass die Rücklagen in der Schlussbilanz der GmbH als ausgeschüttet gelten (§ 10 UmwStG). Das KSt-Guthaben beträgt 200.000 EUR x 1/6 = 33.333 EUR (max. 33.000 EUR). Dadurch erhöht sich das Betriebsvermögen entsprechend.

Steuerliche Schlussbilanz der übertragenden GmbH:

Aktiva	Schlussbilanz zum 31.12.00		Passiva
Betriebsvermögen	400.000	Stammkapital	100.000
Forderung ggü. FA	33.000	Gewinnrücklagen	233.000
		Verbindlichkeiten	100.000
	433.000		433.000

> Ein Ansatz zum Teil- oder Zwischenwert wäre vorteilhafter im Vergleich zum Buchwertansatz, wenn die Kapitalgesellschaft einen verbleibenden Verlustabzug i. S. des § 10 d Abs. 3 S. 2 EStG hat, der nach § 4 Abs. 2 S. 2 UmwStG nicht direkt von der Personengesellschaft übernommen werden kann. In diesen Fällen werden die Buchwerte der Wirtschaftsgüter in der Bilanz der übertragenden Gesellschaft aufgestockt, sodass einerseits ein Übertragungsgewinn entsteht, der aber andererseits mit dem Verlustvortrag verrechnet wird, und letztendlich insoweit keine Besteuerung eintritt. In diesem Falle würden jedoch handels- und steuerrechtliche Schlussbilanz auseinander fallen.

II. Ebene des übernehmenden Rechtsträgers

Nach § 4 Abs. 1 UmwStG hat die übernehmende Personengesellschaft Blau & Grün-KG die übernommenen Wirtschaftsgüter mit den in der steuerlichen Schlussbilanz der übertragenden GmbH enthaltenen Werten anzusetzen. Das Wahlrecht der Buchwertfortführung bei der Knallgas-GmbH wirkt sich also auf den Übernahmegewinn der Personengesellschaft aus. Der Übernahmegewinn lässt sich gemäß § 4 Abs. 4 und 5 UmwStG nach folgendem Berechnungsschema ermitteln:

Wert der übergegangenen Wirtschaftsgüter	333.000,00 EUR
./. Buchwert der Anteile an der übertragenden KapG	100.000,00 EUR
= Übernahmegewinn i. S. des § 4 Abs. 4 u. 5 UmwStG	233.000,00 EUR

Der Übernahmegewinn ist gemäß § 4 Abs. 7 UmwStG bei den Gesellschaftern der KG jeweils zur Hälfte anzusetzen.

Bei einem unterstellten ESt-Satz der Gesellschafter der KG von 42 % ergibt sich folgende Nachbelastung je Gesellschafter:

Steuerbelastung mit 42 % v. 116.500,00 EUR	48.930,00 EUR

Zu (2):

In der Handelsbilanz sind die Vermögensgegenstände der Knallgas-GmbH mit den (fortgeführten) Anschaffungs- und Herstellungskosten auszuweisen, § 17 Abs. 2 S. 2 UmwG. In der handelsrechtlichen Übernahmebilanz der Blau & Grün-KG ermöglicht § 24 UmwG wahlweise den Ansatz der Vermögensgegenstände mit den Wertansätzen der Schlussbilanz oder einem höheren Wert bis maximal in Höhe des Verkehrswerts. Eine Wertverknüpfung zwischen der Übertragungs- und der Übernahmebilanz besteht insoweit nicht.

In der steuerlichen Schlussbilanz der Knallgas-GmbH eröffnet § 3 UmwStG die Möglichkeit, die Wirtschaftsgüter mit dem Buchwert, dem Teilwert oder einem Zwischenwert anzusetzen. Die übernehmende Blau & Grün-KG hat die auf sie übergegangenen Wirtschaftsgüter zwingend mit dem in der steuerlichen Schlussbilanz der Knallgas-GmbH enthaltenen Wert zu übernehmen, § 4 Abs. 1 UmwStG. Damit liegt eine uneingeschränkte Wertverknüpfung zwischen der steuerlichen Übertragungs- und der Übernahmebilanz vor.

Der Wertansatz der übernommenen Vermögensgegenstände zum gemeinen Wert in der handelsrechtlichen Übernahmebilanz aufgrund des Wahlrechts in § 24 UmwG (s.o.) setzt aus Sicht der Finanzverwaltung die Regelung der Maßgeblichkeit der Handels- für die Steuerbilanz in Gang. Entsprechend dem vorgenannten BMF-Schreiben vom 25.03.1998, Tz. 03.02 hat die Blau & Grün-KG die übernommenen

Wirtschaftsgüter an dem der Umwandlung folgenden Bilanzstichtag auch in der Steuerbilanz bis zur Höhe der steuerlichen (fortgeführten) Anschaffungs- oder Herstellungskosten erfolgswirksam aufzustocken.

Fall 65: Einbringung in eine Personengesellschaft

Ernie ist Inhaber eines im Handelsregister eingetragenen Einzelunternehmens, das mit mundgeblasenen Gegenständen wie Vasen oder Gläsern handelt. Außerdem besitzt Ernie noch ein zweites Unternehmen - einen Teppichhandel - in der Rechtsform der OHG, die er zusammen mit seinem Bruder führt.

Ernie möchte nun einen zwei Jahre alten PKW in die OHG einbringen. (Er hat diesen PKW vor genau zwei Jahren als Neuwagen angeschafft.) Der PKW hat einen Verkehrswert in Höhe von 20.000,00 EUR. Er wird im Betriebsvermögen des Einzelunternehmens gehalten und ist dort mit einem Buchwert von 12.000,00 EUR aktiviert.

(1) Mit welchem Wert ist der PKW in der Handels- und Steuerbilanz des Teppichhandels anzusetzen?
(2) Wie erfolgt die Bewertung, wenn es sich bei dem PKW um einen Wagen aus dem Privatvermögen des Ernie handelt?
(3) Wie wäre der Fall zu beurteilen, wenn Ernie seinen gesamten Betrieb in die OHG einbringt und hierdurch Mitunternehmer der OHG wird?

Lösung:

Zu (1):

Gemäß dem Vollständigkeitsgebot in § 246 Abs. 1 S. 1 HGB muss der PKW im Anlagevermögen ausgewiesen werden. Die Bewertung erfolgt nach § 253 Abs. 1 S. 1 HGB grundsätzlich mit den Anschaffungskosten, vermindert um planmäßige Abschreibungen.

Im vorliegenden Fall bringt Ernie den PKW aus seinem Betriebsvermögen in das Betriebsvermögen der Teppichhandel OHG ein.

Bei solch einer Einbringung besteht handelsrechtlich ein Wahlrecht, die eingebrachten Vermögensgegenstände zum Buchwert oder zum Verkehrswert zu bewerten. Handelsrechtlich liegt eine Einlage in die OHG vor.

Somit besteht also hier sowohl die Möglichkeit den PKW zum verbleibenden Buchwert in Höhe von 12.000,00 EUR als auch zum Verkehrswert in Höhe von 20.000,00 EUR in der Bilanz des Teppichhandels zu aktivieren. Der angesetzte Wert wird dann über die Restnutzungsdauer von vier Jahren planmäßig abgeschrieben. Durch den Ansatz des höheren Verkehrswertes entsteht handelsrechtlich ein höheres Abschreibungspotenzial.

Steuerlich ergibt sich folgende Lösung:

Wird ein einzelnes Wirtschaftsgut aus dem Betriebsvermögen eines Mitunternehmers unentgeltlich oder gegen Währung von Gesellschaftsrechten in das Gesamthandsvermögen einer Mitunternehmerschaft übertragen, ist nach § 6 Abs. 5 S. 3 Nr. 1 EStG bei der Übertragung den Wert anzusetzen, der sich nach den Vorschriften über die steuerliche Gewinnermittlung ergibt, soweit die Besteuerung der stillen Reserven sichergestellt ist.

Im vorliegenden Fall wurde der PKW aus dem Betriebsvermögen des Einzelunternehmens in das Betriebsvermögen der OHG überführt. Eine Entnahme aus diesem Betriebsvermögen in das Privatvermögen des Ernie könnte gemäß § 6 Abs. 1 Nr. 4 EStG nur zum Teilwert erfolgen. Da somit auch hier die Besteuerung der stillen Reserven weiterhin sichergestellt bleibt, muss zwingend nach § 6 Abs. 5 S. 3 Nr. 1 EStG der Buchwert fortgeführt werden. Demzufolge ist der PKW in der Steuerbilanz der Teppichhandel OHG mit dem Buchwert in Höhe von 12.000,00 EUR zu aktivieren.

Zu (2):

Es handelt sich um eine Einlage aus dem Privatvermögen in das Betriebsvermögen der Teppichhandel-OHG. Handelsrechtlich besteht auch hier die Möglichkeit, die Einlage zu Anschaffungskosten oder zum Verkehrswert zu bilanzieren.

Steuerlich richtet sich die Bewertung einer Einlage nach § 6 Abs. 1 Nr. 5 EStG. Grundsätzlich gilt, das steuerliche Einlagen mit dem Teilwert für den Zeitpunkt der Zuführung anzusetzen sind. Dies entspräche im vorliegenden Falle einem Wert in Höhe von 20.000,00 EUR. Es wird aber in § 6 Abs. 1 Nr. 5 S. 1 HS 2. EStG die Einschränkung gemacht, dass das zugeführte Wirtschaftsgut höchstens mit den Anschaffungs- oder Herstellungskosten anzusetzen ist, wenn es innerhalb der letzten drei Jahre vor dem Zeitpunkt der Zuführung angeschafft oder hergestellt worden ist. Ist die Einlage ein abnutzbares Wirtschaftsgut, sind die Anschaffungskosten um Absetzungen für Abnutzung zu kürzen, die auf den Zeitraum zwischen der Anschaffung des Wirtschaftsguts und der Einlage entfallen; anders gesagt: Die Bewertungsobergrenze ist der Buchwert zum Einlagezeitpunkt (vgl. § 6 Abs. 1 Nr. 5 S. 2 EStG).

Hier hat Ernie den PKW zwei Jahre vor der Zuführung in das Betriebsvermögen der Teppichhandel-OHG angeschafft. Wegen der Einlage des Wirtschaftsguts innerhalb des Dreijahreszeitraums erfolgt also grundsätzlich eine Bewertung zu Anschaffungskosten.

Da der PKW aber ein abnutzbares Wirtschaftsgut darstellt, sind nach § 6 Abs. 1 Nr. 5 S. 2 EStG die Anschaffungskosten bei Einlage um planmäßige Abschreibungen zu vermindern. Die Kürzung erfolgt auch dann, wenn der PKW außerhalb der Einkunftsarten genutzt wurde (R 39 S. 2 EStR 2003).

Folglich wird der PKW bei der Teppichhandel-OHG mit dem Buchwert von 12.000,00 EUR aktiviert.

Zu (3):

Handelsrechtlich bedeutet die Übertragung eines Einzelunternehmens in eine bestehende Personenhandelsgesellschaft eine Umwandlung des Einzelunternehmens durch Ausgliederung aus dem Gesamtvermögen des Kaufmanns (vgl. § 152 UmwG). Die Umwandlung im Wege der Ausgliederung ist ein Fall der Spaltung (vgl. § 123 Abs. 3 UmwG) mit der Folge, dass nach § 125 S. 1 UmwG hinsichtlich der Bewertung in der Schlussbilanz des übertragenden Rechtsträgers § 17 Abs. 2 UmwG sowie hinsichtlich des Wertansatzes in der Übernahmebilanz des übernehmenden Rechtsträgers § 24 UmwG zu berücksichtigen ist.

In der handelsbilanziellen Schlussbilanz sind die Vermögensgegenstände mit den (fortgeführten) Anschaffungs- und Herstellungskosten auszuweisen (vgl. § 17 Abs. 2 S. 2 UmwG) während in der handelsrechtlichen Übernahmebilanz die Vermögensgegenstände wahlweise mit den Wertansätzen der Schlussbilanz oder einem höheren Wert bis maximal in Höhe des Verkehrswerts angesetzt werden können. Eine zwingende Wertverknüpfung zwischen der Übertragungs- und der Übernahmebilanz besteht nicht.

Da es sich in diesem Fall nicht um die Einbringung einzelner Wirtschaftsgüter handelt, erfolgt die steuerliche Bewertung nicht nach § 6 EStG. Die Einbringung eines gesamten Betriebes richtet sich vielmehr nach dem UmwStG; für die Einbringung in eine Personengesellschaft ist § 24 UmwStG maßgebend.

Nach § 24 Abs. 2 UmwStG darf die Teppichhandel OHG das eingebrachte Betriebsvermögen in der steuerlichen Übernahmebilanz mit dem Buchwert, Teilwert oder Zwischenwert ansetzen.

An dieser Stelle wird deutlich, dass sowohl handels- als auch steuerrechtlich jeweils ein Bewertungswahlrecht in der Übernahmebilanz vorliegt. Das steuerliche Bewertungswahlrecht kann hierbei aber unabhängig von der Bewertung in der Handelsbilanz ausgeübt werden. Der Grundsatz der Maßgeblichkeit greift laut h.M. in der Literatur deshalb nicht, weil bereits durch den Hinweis in § 24 Abs. 2 S.1 UmwStG auf die Erstellung von Ergänzungsbilanzen für die einzelnen Gesellschafter der Personengesellschaft eine Abweichung zwischen Handels- und Steuerbilanz möglich und zulässig ist. Als speziellere Vorschrift geht somit § 24 Abs. 2 UmwStG dem Grundsatz der Maßgeblichkeit der Handelsbilanz für die Steuerbilanz vor. Dies steht im Einklang mit dem Bewertungsvorbehalt des § 5 Abs. 6 EStG.

Setzt der übernehmende Rechtsträger nach § 24 UmwG in seiner handelsrechtlichen Eröffnungsbilanz über den Wertansätzen in der Schlussbilanz des übertragenden Rechtsträgers liegende Werte an, sind die Wirtschaftsgüter an dem der Umwandlung folgenden Bilanzstichtag auch in der Steuerbilanz insoweit bis zur Höhe der (fortgeschriebenen) steuerlichen Anschaffungs- oder Herstellungskosten des übertragenden Rechtsträgers erfolgswirksam aufzustocken (vgl. BMF-Schreiben vom 25.03.1998, BStBl I 1998, S. 268 ff., Tz. 11.02).

Die Differenz zwischen angesetztem Wert und Buchwert hat Ernie als Veräußerungsgewinn zu versteuern. Bei Ansatz der Wirtschaftsgüter zum Buchwert erfolgt also keine Besteuerung durch diese Form der Umwandlung. Bei Ansatz zum Teilwert ist zu beachten, dass auch der Geschäfts- oder Firmenwert des Betriebs von Ernie bei der OHG zu aktivieren ist.

G. Bilanzanpassungsbuchungen

Fall 66: Kapitalangleichungen nach Betriebsprüfung bei Einzelunternehmen

Hugo Clever ist Schreiner (eingetragener Kaufmann). Für die Jahre 02 bis 04 hat eine Betriebsprüfung stattgefunden, die zu bestandskräftigen und nicht mehr änderbaren Veranlagungen geführt hat. Der BP-Bericht ist Clever im Februar 06 zugegangen. Bei der Bilanzerstellung für das Geschäftsjahr 05 im März 06 möchte Clever die im BP-Bericht getroffenen Feststellungen einarbeiten. Er fragt Sie um Ihren Rat.

Die Betriebsprüfung hat Folgendes aufgedeckt:

(1) Teilwertabschreibungen auf die Warenbestände an Teakholz wurden nicht anerkannt. Der Betriebsprüfer erhöhte die Bestände:

für 02 um	12.000,00 EUR
für 03 um	10.000,00 EUR
für 04 um	8.000,00 EUR

Die Rückstellung für eine Rückbauverpflichtung der gemieteten Gewerberäume des Clever wurden von dem Betriebsprüfer gekürzt:

für 02 um	7.000,00 EUR
für 03 um	6.000,00 EUR
für 04 um	5.000,00 EUR

(2) Hugo Clever hat in 03 und 04 Tische entnommen, die er seinen beiden Töchtern für ihre neuen Wohnungen schenkte. Die Warenentnahmen betrugen in diesen beiden Jahren je 1.000,00 EUR und wurden nicht gebucht. Dementsprechend erhöhte der Betriebsprüfer auch die USt-Schuld um jeweils 160,00 EUR.

(3) Aufgrund der Mehrergebnisse der Betriebsprüfung wurden auch die GewSt-Rückstellungen korrigiert. Die Gewinnauswirkungen durch die Anpassung der Gewerbesteuerrückstellung betrugen in den einzelnen Jahren

in 02	-2.500,00 EUR
in 03	-1.000,00 EUR
in 04	500,00 EUR

Lösung:

Eine Betriebsprüfung ist die häufigste Ursache für die Notwendigkeit von Kapitalanpassungen. Bei einer Außenprüfung nimmt der Betriebsprüfer die Kapitalangleichungen innerhalb des Prüfungszeitraums 02 bis 04 selbst vor; er erstellt eine Prüferbilanz und Prüfer-GuV. Kapitalangleichungsbuchungen sind deshalb von Clever erst zum 01.01.2005 vorzunehmen, da der Veranlagungszeitraum 05 dem Prüferzeitraum 02 bis 04 nachfolgt. Die Buchführung des Jahres 05 baut zunächst noch auf den alten Vortragswerten auf, da Clever der BP-Bericht erst Anfang 06 zugeht. Somit muss er im Rahmen seiner Jahresabschlussarbeiten zum 01.01.2005 Kapitalangleichungen vornehmen, um den Bilanzenzusammenhang zwischen der Prüferbilanz zum 31.12.04 und der Eröffnungsbilanz zum 01.01.05 wieder herzustellen (§ 252 Abs. 1 Nr. 1 HGB).

Die Feststellungen des Betriebsprüfers sind daraufhin zu untersuchen, ob sich der Ansatz von Aktivposten oder Passivposten geändert hat. Die Angleichungsbuchungen sind bei Einzelunternehmen grundsätzlich erfolgsneutral vorzunehmen; die Gewinnauswirkungen wurden bereits in den Prüferbilanzen für 02 bis 04 berücksichtigt.

(1) Der Warenbestand hat sich zum 31.12.04 um 8.000,00 EUR erhöht und muss somit in der Bilanz zum 01.01.05 korrigiert werden. Da aber Hugo Clever zum 31.12.05 seinen Bestand richtigerweise durch Inventur ermittelt hat und dieser bereits korrekt zum Bilanzstichtag eingebucht worden ist, wäre der Bestand nach Angleichungsbuchung um 8.000,00 EUR zu hoch. Deshalb erfolgt eine Korrektur zum 31.12.05 über Bestandsveränderungen beim Wareneinkauf.

01.01.05

				Soll	Haben
3980	Bestand Waren	0880	Variables Kapital	8.000,00	8.000,00

31.12.05

				Soll	Haben
3960	Bestandsveränderungen Roh-, Hilfs- und Betriebsstoffe	3980	Bestand Waren	8.000,00	8.000,00

(2) Die Rückstellung für Rückbauverpflichtung wurde vom Betriebsprüfer um 5.000,00 EUR zum 31.12.04 gekürzt. Demnach ergibt sich zum 01.01.05 folgende Kapitalanpassungsbuchung:

				Soll	Haben
0970	Sonstige Rückstellungen	0880	Variables Kapital	5.000,00	5.000,00

(3) Änderungen der Prüfung bei Entnahmen, Einlagen und Gewinn führen nicht zu Kapitalanpassungsbuchungen, da in diesen Fällen kein Bestandskonto betroffen ist. Diese Korrekturen des Betriebsprüfers beeinflussen nur den Gewinn des jeweiligen Prüfungsjahres. Die Umsatzsteuer auf die Entnahmen muss hingegen als sonstige Verbindlichkeit berücksichtigt werden, da sie noch nicht ans Finanzamt gezahlt worden ist. Ein Passivposten wird folglich berührt.

				Soll	Haben
0880	Variables Kapital	1791	Umsatzsteuer frühere Jahre	320,00	320,00

(4) Die GewSt-Rückstellung hat sich für 02 um 2.500,00 EUR erhöht, in 03 um 1.000,00 EUR sowie in 04 um 500,00 EUR verringert. Somit muss die Rückstellung zum 01.01.05 um insgesamt 3.000,00 EUR erhöht werden.

				Soll	Haben
0880	Variables Kapital	0957	Gewerbesteuerrückstellung	3.000,00	3.000,00

Fall 67: Kapitalangleichung nach Betriebsprüfung bei Kapitalgesellschaften

Wie wäre der vorangegangene Fall zu lösen, wenn Hugo Clever sein Unternehmen in der Rechtsform einer GmbH betreibt? Der Jahresüberschuss vor Angleichungsbuchungen beträgt 20.000,00 EUR.

Lösung:

Kapitalangleichungen erfolgen bei Kapitalgesellschaften nicht über die Position „Kapital". Das Kapital ist gemäß § 266 HGB streng gegliedert; der Gewinnvortrag des letzten Jahres kann nicht einfach korrigiert werden. Deshalb erfolgen die Angleichungsbuchungen in diesen Fällen über „sonstige betriebliche Aufwendungen" bzw. „sonstige betriebliche Erträge".

Handelsrechtlich ist dies insoweit auch korrekt, da ein möglicher Mehrgewinn bzw. Mindergewinn auf diese Weise tatsächlich korrigiert wird. Nur der korrigierte Gewinn kann dann an die Gesellschafter ausgeschüttet werden.

Steuerlich muss hingegen eine Ab- bzw. Zurechnung außerbilanziell bei der Ermittlung des zu versteuernden Einkommens der Kapitalgesellschaft erfolgen, da es ansonsten zu einer Doppelbelastung kommen würde. Der Prüfer hat die Änderungen bereits in seiner Prüferbilanz berücksichtigt.

zu (1):

01.01.05

					Soll	Haben
3980	Bestand Waren	2700	Sonstige Erträge		8.000,00	8.000,00

31.12.05

					Soll	Haben
3960	Bestandsveränderungen Roh-, Hilfs- und Betriebsstoffe	3980	Bestand Waren		8.000,00	8.000,00

zu (2):

					Soll	Haben
0970	Sonstige Rückstellungen	2700	Sonstige Erträge		5.000,00	5.000,00

zu (3):

Es handelt sich in diesem Falle um verdeckte Gewinnausschüttungen im Jahre 03 und 04. Durch die Entnahme der Tische wurde eine Vermögensminderung verursacht, die sich auf den Gewinn ausgewirkt hat, nicht auf einen ordnungsgemäßen Gewinnverteilungsbeschluss beruht und durch das Gesellschaftsverhältnis veranlasst worden ist (= Definition der verdeckten Gewinnausschüttung). Der Prüfer hat somit den Gewinn des Jahres 03 und 04 um den gemeinen Wert der Tische erhöht.

					Soll	Haben
2300	Sonstige Aufwendungen	1791	Umsatzsteuer frühere Jahre		320,00	320,00

zu (4):

					Soll	Haben
2300	Sonstige Aufwendungen	0957	Gewerbesteuerrückstellung		3.000,00	3.000,00

Die Korrekturbuchungen (1) bis (4) haben Auswirkungen auf den Jahresüberschuss der GmbH zum 31.12.05:

Fall 67

	EUR
Jahresüberschuss vorläufig	20.000,00
Korrektur Warenbestand (1)	8.000,00
Korrektur Wareneinsatz 31.12.05 (1)	./. 8.000,00
Kürzung Rückbauverpflichtung (2)	5.000,00
Korrektur Umsatzsteuer auf vGA (3)	./. 320,00
Erhöhung Gewerbesteuerrückstellung (4)	./. 3.000,00
Jahresüberschuss vor Steuern	**21.680,00**

Würde man von dem Jahresüberschuss vor Steuern das zu versteuernde Einkommen 05 ermitteln, so käme es zu einer Doppelbesteuerung. Die Erhöhung der Rückbauverpflichtung z.B. wurde vom Betriebsprüfer bereits in der Prüferbilanz für das Jahr 04 vorgenommen, sodass die Körperschaftsteuer und Gewerbesteuer vom veränderten zu versteuernden Einkommen bzw. Gewinn aus Gewerbebetrieb berechnet wurden. Die Tatsache, dass Korrekturbuchungen nach Betriebsprüfungen nur aufwandswirksam bei Kapitalgesellschaften verbucht werden können, darf also nicht dazu führen, dass die Korrekturen sowohl in der Prüferbilanz als auch in der ersten Bilanz nach der Betriebsprüfung zu einer höheren Körperschaft- und Gewerbesteuer führen. Deshalb muss bei der Ermittlung des zu versteuernden Einkommen für das Jahr 05 die Summe aller Korrekturbuchungen in Höhe von 3.680,00 € außerbilanziell gekürzt werden.

H. Bilanzanalyse

Fall 68: Kennzahlenrechnung

Erläutern Sie die Inhalte der finanzwirtschaftlichen und der erfolgswirtschaftlichen Bilanzanalyse und nennen Sie diesbezüglich wichtige Kennzahlen.

Lösung:

a) Grundsätzliches

Die Bedeutung der Bilanzanalyse hat in den letzten Jahren durch die Vorschriften von BASEL I und BASEL II[3] erheblich an Bedeutung gewonnen. Vor einer Kreditvergabe an Unternehmen werden Banken zukünftig den Kreditnehmer einer Bonitätsbeurteilung und damit einem Finanzrating unterziehen. Inhalt dieses Ratingverfahrens ist u.a. die Untersuchung der Finanzbasis, der Liquidität, der Ertragslage sowie des Anhangs. Diese Untersuchungen werden durch eine Bilanzanalyse vorgenommen.

Die Bilanzanalyse basiert in erster Linie auf einer Kennzahlenrechnung. Bilanzkennzahlen treten in der Bilanzanalyse häufig als Verhältniszahlen auf. Verhältniszahlen ergeben sich dadurch, dass zwei absolute Zahlen in Quotientenform zueinander in Beziehung gesetzt werden.

Teilbereiche der Bilanzanalyse sind die finanzwirtschaftliche und die erfolgswirtschaftliche Analyse. Untersuchungsgegenstand der finanzwirtschaftlichen Analyse ist die Beurteilung der Liquidität. Die erfolgswirtschaftliche Analyse untersucht in erster Linie den Erfolg eines Unternehmens.

---

[3] Die BASEL-Regelungen beinhalten ein Benotungssystem für Kreditnehmer durch die Bank. Dieses Benotungssystem umfasst die Bereiche der betriebswirtschaftlichen Kennzahlen, sog. weiche Faktoren (z. B. Marktpotenzial) und die Managementqualifikation, die im Rahmen des Ratings unterschiedlich gewichtet werden. Den betriebswirtschaftlichen Kennzahlen fällt dabei eine Gewichtung von 35 % bis 50 % am Gesamtrating zu. Die Folge der BASEL-Regelungen ist eine Eigenkapitalunterlegung der Bank für jeden ausgegebenen Kredit. Hintergrund dieser Regelung ist eine Stabilisierung des Bankensystems, um so die Folgen von Kreditausfällen für die Banken zu minimieren. War nach den ab dem Jahr 1988 geltenden BASEL-I-Vereinbarungen für jeden Kredit noch eine feststehende Eigenkapitalunterlegung vorgesehen, sehen die ab dem Jahr 2007 geltenden Vereinbarungen zu BASEL II eine risikogerechtere Eigenmittelunterlegung der Banken vor. Zu diesem Zweck nehmen die Banken zukünftig aufgrund eines Ratings eine Einschätzung der Ausfallwahrscheinlichkeit der Zahlungsverpflichtungen vor. Diese individuelle Bonitätsbeurteilung eines Unternehmens hat Auswirkungen auf den Kreditrahmen sowie auf die Höhe des Kreditzinses. Konkret bedeutet dies, dass ein schlechtes Rating eine Reduzierung des Kreditrahmens oder ungünstige Zinskonditionen für das Kredit suchende Unternehmen zur Folge hat. In Anbetracht dieser Dominanz des Finanzratings müssen Unternehmen ihre Jahresabschlüsse zukünftig auch unter Ratinggesichtspunkten aufstellen.

b) Finanzwirtschaftliche Analyse

aa) Allgemeines

Teilbereiche und Aufgabe der finanzwirtschaftlichen Analyse sind die

- Investitionsanalyse (= untersucht die Art und Zusammensetzung des Vermögens),
- Finanzierungsanalyse (= untersucht die Art der Finanzierung des Unternehmens),
- Liquiditätsanalyse (= untersucht die Fähigkeit des Unternehmens seine Zahlungsverpflichtungen erfüllen zu können).

Anknüpfungspunkt für die finanzwirtschaftliche Analyse ist die Bilanz.

bb) Investitionsanalyse (Vermögensstrukturanalyse)

Die Investitionsanalyse liefert Informationen in zweifacher Hinsicht. Zum einen offenbart sie Daten über die Art und die Zusammensetzung des Vermögens eines Unternehmens und lässt dadurch Rückschlüsse über die Dauer der Vermögensbindung zu. Zum anderen offenbart sie Informationen über die Altersstruktur des vorhandenen Anlagevermögens.

Wichtige Kennzahlen zur Beurteilung der Vermögensbindungsdauer:

$$\text{Anlagenintensität} = \frac{\text{Anlagevermögen} \times 100}{\text{Gesamtvermögen}}$$

$$\text{Umlaufintensität} = \frac{\text{Umlaufvermögen} \times 100}{\text{Gesamtvermögen}}$$

Interpretation:

Kenntnisse über die Dauer der Vermögensbindung sind deshalb von Bedeutung, da anhand dieser Information die Geschwindigkeit beurteilt werden kann, mit der die Vermögensteile durch den Umsatzprozess in Liquidität verwandelt werden können.

In Zeiten von Beschäftigungs- und Strukturänderungen auf den Absatzmärkten und einem daraus resultierenden Kapitalbedarf des Unternehmens ist zu vermuten, dass sich ein Unternehmen mit steigendem Anteil des Umlaufvermögens tendenziell schneller Liquidität über den Umsatzprozess verschaffen kann, da der Verkauf von Umlaufvermögen typischerweise schneller vonstatten geht als der Verkauf von Anlagevermögen.

Wichtige Kennzahlen zur Beurteilung der Altersstruktur des Sachanlagevermögens:

$$\text{Anlagenabnutzungsgrad} = \frac{\text{Kumulierte Abschreibungen auf das Sachanlagevermögen (SAV)} \times 100}{\text{SAV zu historischen AHK}}$$

Interpretation:

Der Anlagenabnutzungsgrad gibt an, wie viel Prozent der ursprünglichen Anschaffungskosten des Sachanlagevermögens bereits abgeschrieben sind. Je höher diese Kennzahl ausfällt, desto höher ist das durchschnittliche Alter der Sachanlagen und desto größer ist der zukünftige Investitionsbedarf für Modernisierungsmaßnahmen. Ein hoher Investitionsbedarf lässt auf die Notwendigkeit zukünftiger Liquiditätsabflüsse schließen. In Bezug auf die Kreditvergabepraxis der Banken hat dies einen tendenziell eingeschränkten Kreditrahmen für das Kredit suchende Unternehmen zur Folge.

$$\text{Abschreibungsquote} = \frac{\text{Jahresabschreibungen auf SAV} \times 100}{\text{SAV zu historischen AHK}}$$

Interpretation:

Je höher die Abschreibungsquote ausfällt, desto kürzer ist die Nutzungsdauer des Sachanlagevermögens und um so größer ist der Investitionsbedarf. Ein hoher Investitionsbedarf lässt auf zukünftige Belastungen durch entsprechende Liquiditätsabflüsse schließen.

cc) Finanzierungsanalyse (Kapitalstrukturanalyse)

Im Mittelpunkt der Finanzierungsanalyse steht die Untersuchung der Anteile von Eigen- und Fremdkapital am Gesamtkapital. Die Finanzierungsanalyse untersucht damit die Kapitalstruktur eines Unternehmens und zeigt damit das dem Unternehmen zur Verfügung gestellte Kapital nach Art und Überlassungsdauer auf.

Der Inhalt der Finanzierungsanalyse wird auch durch nachstehende Abbildung deutlich:

Bilanz

Anlagevermögen	**Eigenkapital**	**Gesamt-**
Umlaufvermögen	**Fremdkapital**	**kapital**

Je höher die Eigenkapitalquote bzw. je geringer die Fremdkapitalquote ausfällt, desto solider ist das Unternehmen finanziert, da Eigenkapital dem Unternehmen langfristig zur Verfügung steht und damit eine relative Unabhängigkeit von Kreditgebern garantiert. Die Unabhängigkeit von Kreditgebern hat zur Folge, dass keine Kapitalrückzahlungen und damit keine Liquiditätsabflüsse wegen Darlehenstilgungen und Zinszahlungen zu erwarten sind.

Eine steigende Eigenkapitalquote bzw. eine sinkende Fremdkapitalquote erleichtert die Beschaffung von Fremdkapital.

Die Kapitalstruktur wird durch folgende wichtige Kennzahlen gemessen:

$$\text{Eigenkapitalquote} = \frac{\text{Eigenkapital} \times 100}{\text{Gesamtkapital}}$$

bzw. durch die

$$\text{Fremdkapitalquote} = \frac{\text{Fremdkapital} \times 100}{\text{Gesamtkapital}}$$

Interpretation:

Konkret bedeutet dies, dass z. B. die Barliquidität eines Unternehmens gewahrt ist, wenn den kurzfristigen Verbindlichkeiten eines Unternehmens (= insbesondere Verbindlichkeiten mit einer Laufzeit unter einem Jahr gerechnet ab dem Zeitpunkt der Bilanzanalyse) liquide Mittel (= Barmittel, Bankguthaben, Schecks, Wertpapiere) in mindestens gleicher Höhe gegenüberstehen.

cc) Liquiditätsanalyse

Die Liquiditätsanalyse trifft Aussagen darüber, ob den zu einem bestimmten Zeitpunkt fälligen Verbindlichkeiten jeweils entsprechende flüssige oder flüssig zu machende Vermögenswerte gegenüberstehen. Ansatzpunkt hierfür ist die Gegenüberstellung von bestimmten Aktiv- und Passivposten. Danach ist die Liquidität eines Unternehmens dann gewahrt, wenn die Dauer einer Verflüssigung von Vermögensgegenständen des Umlaufvermögens mit dem Fälligkeitstermin der Verpflichtungen übereinstimmt bzw. wenn die Kapitalbindungsdauer nicht länger als die Kapitalüberlassungsdauer ausfällt. Da diese Analyse auf Bestandsgrößen basiert, wird dieser Untersuchungsansatz als bestandsorientierte Liquiditätsanalyse bezeichnet.

Der Inhalt der bestandsorientierten Liquiditätsanalyse wird durch nachstehende Abbildung deutlich:

Bilanz

Anlagevermögen	Eigenkapital	
	langfristiges FK	Fremd-
Umlaufvermögen	mittelfristiges FK	kapital
	kurzfristiges FK	

Wichtige Kennzahlen:

$$\text{Liquidität ersten Grades} = \frac{\text{Liquide Mittel} \times 100}{\text{kurzfristige Verbindlichkeiten}}$$

$$\text{Liquidität zweiten Grades} = \frac{\text{Liquide Mittel} + \text{kurzfristige Forderungen} \times 100}{\text{kurzfristige Verbindlichkeiten}}$$

$$\text{Liquidität dritten Grades} = \frac{\text{Umlaufvermögen} \times 100}{\text{kurzfristige Verbindlichkeiten}}$$

Einem anderen Ansatz zur Beurteilung der Zahlungsfähigkeit eines Unternehmens liegt die Annahme zu Grunde, dass die Liquidität dann gewahrt ist, wenn die laufend fällig werdenden Zahlungsverpflichtungen aus den laufenden Einzahlungen bestritten werden können. Um dies beurteilen zu können, muss der Zahlungsüberschuss aus dem laufenden Betriebsprozess ermittelt werden. Dieser liquiditätswirksame Jahresüberschuss steht dann für Investitionen, Gewinnausschüttungen oder für die Schuldentilgung zur Verfügung. Die Bilanzanalyse bezeichnet den Zahlungsüberschuss als „Cash-Flow".

Der Cash-Flow kann auf zwei verschiedene Arten und Weisen ermittelt werden. Im Rahmen der sog. indirekten Berechnungsmethode wird der Cash-Flow ausgehend von dem Jahreserfolg ermittelt. In einem zweiten Schritt sind alle nicht zahlungswirksamen Aufwendungen und Erträge aus dem Jahreserfolg zu eliminieren. Konkret bedeutet dies, dass die auszahlungslosen Aufwendungen dem Jahreserfolg hinzuzurechnen und die auszahlungslosen Erträge von dem Jahreserfolg abzuziehen sind. Da der Jahresabschluss dem Bilanzanalytiker nicht alle zahlungslosen Aufwendungen und Erträge offenbart, hat sich in der Praxis folgender vereinfachter Cash-Flow etabliert:

	Jahreserfolg
+	Abschreibungen
+/./.	Erhöhung/Verminderung von Rückstellungen
=	Cash-flow

Neben dieser indirekten Ermittlung des Zahlungsüberschusses kann der Cash-Flow auch auf direktem Wege als Differenz zwischen den einzahlungswirksamen Erträgen und den auszahlungswirksamen Aufwendungen ermittelt werden. Da ein externer Bilanzanalytiker die dafür erforderlichen Informationen dem Jahresabschluss nicht entnehmen kann, ist die Ermittlung des Cash-Flow nach der direkten Methode regelmäßig nicht möglich.

Interpretation:

Je höher der Bestand an liquiden Mitteln und verflüssigbaren Vermögensposten bzw. der Cash-Flow ausfällt, desto eher sinkt die Gefahr einer Illiquidität. In Bezug auf die Kreditvergabepraxis der Banken bedeutet dies, dass mit steigenden Liquiditätskennzahlen die Kreditaufnahmemöglichkeiten bzw. -prolongationsmöglichkeiten steigen.

c) Erfolgswirtschaftliche Analyse

aa) Allgemeines

Teilbereiche und Aufgabe der erfolgswirtschaftlichen Analyse sind die

- Rentabilitätsanalyse (= untersucht die Verzinsung, die das eingesetzte Kapital in dem Unternehmen erwirtschaftet hat),
- Ergebnisquellenanalyse (= untersucht, welche Erfolgsbestandteile auf die normale betriebliche Tätigkeit und welche auf außerordentliche Vorkommnisse entfallen),
- Aufwandsstrukturanalyse (= untersucht Produktivitätsbeziehungen).

Anknüpfungspunkt für die erfolgswirtschaftliche Analyse ist die Gewinn- und Verlustrechnung.

bb) Rentabilitätsanalyse

Ziel der Rentabilitätsanalyse ist die Gewinnung von Informationen über den Erfolg oder Misserfolg der unternehmerischen Betätigung.

Wichtige Kennzahlen:

$$\text{Eigenkapitalrentabilität} = \frac{\text{Jahresergebnis} \times 100}{\text{Eigenkapital}}$$

Interpretation:

Die Kenntnis der Verzinsung des in dem Unternehmen eingesetzten Kapitals ermöglicht dem Investor eine Vergleichsmöglichkeit darüber, ob das Kapital in einer Alternativanlage eine bessere Verzinsung erzielt hätte. Der Investor hat dann sein Kapital optimal in ein Unternehmen investiert, wenn die Verzinsung des Kapitals höher als die auf dem langfristigen Kapitalmarkt erzielbare Verzinsung ist.

$$\text{Gesamtkapitalrentabilität} = \frac{\text{Jahresergebnis} + \text{FK-Zinsen} \times 100}{\text{Gesamtkapital}}$$

Interpretation:

Da mit einer steigenden Fremdkapitalfinanzierung die Zinskosten zunehmen, kann ein Investor durch die Addition des Zinsaufwands zum Jahresergebnis die aus der Kerngeschäftstätigkeit resultierenden Erfolge ermitteln und einen Vergleich mit solchen Unternehmen vornehmen, die über eine andere Kapitalstruktur verfügen.

Übersteigt die Gesamtkapitalrentabilität den Fremdkapitalzins, ist zu vermuten, dass eine weitere Fremdkapitalaufnahme zu Gewinnsteigerungen führen kann, da die Verzinsung des eingesetzten Gesamtkapitals einen höheren Gewinn erbringt, als an Zinsen für das aufgenommene Fremdkapital zu zahlen ist (= Leverage-Effekt).

cc) Ergebnisquellenanalyse

Die Aufteilung des Gesamtergebnisses in das ordentliche und das außerordentliche Ergebnis ermöglicht Rückschlüsse hinsichtlich der regelmäßigen Wiederkehr der Ergebniskomponenten. Diese Kenntnis gewinnt dann an Bedeutung, wenn Ergebnisprognosen erstellt werden sollen.

Für die Ergebnisplanung ist anzunehmen, dass das Ergebnis aus der gewöhnlichen Geschäftstätigkeit tendenziell eher wiederholbar ist, als das außerordentliche Ergebnis, weil ersteres das Betriebsergebnis und das Finanzergebnis umfasst und letzteres alle unternehmensfremden Aufwendungen und Erträge erfasst.

Die Ergebnisquellenanalyse beinhaltet daher nicht die Bildung von Bilanzkennzahlen sondern nimmt eine Erfolgsspaltung der Gewinn- und Verlustrechnung vor.

dd) Aufwandsstrukturanalyse

Das Aufzeigen von Intensitätskennzahlen zeigt die Aufwandsanteile an, die zur Erzielung der Gesamtleistung erforderlich war. Je höher diese Aufwandsanteile an der Gesamtleistung ausfallen, desto höher ist der Faktoreinsatz. Durch mengen- oder wertmäßige Änderungen des jeweiligen Faktoreinsatzes sind damit Rückschlüsse auf die erwartete Kostenstruktur möglich.

Wichtige Kennzahlen:

$$\text{Personalintensität} = \frac{\text{Personalaufwand} \times 100}{\text{Gesamtleistung}}$$

Die Personalintensität misst die Wirtschaftlichkeit des Einsatzfaktors Arbeit. Steigende Personalkosten bei gleichbleibender Gesamtleistung (z.B. aufgrund von Tariferhöhungen) haben Auswirkungen auf den Gewinn, wenn die Mehrkosten nicht durch produktivitätssteigernde Maßnahmen in anderen Bereichen kompensiert werden können.

$$\text{Materialintensität} = \frac{\text{Materialaufwand} \times 100}{\text{Gesamtleistung}}$$

Die Materialintensität ermöglicht Rückschlüsse darüber, inwieweit Preisschwankungen auf den Beschaffungsmärkten Auswirkungen auf das Betriebsergebnis eines Unternehmens haben. Diese Kennzahl ist für solche Unternehmen von Bedeutung, deren Fertigung materialorientiert ausgerichtet ist (z.B. Stahlbauunternehmen).

Fall 69: Fallstudie zur Bilanzanalyse

Die Knallgas-GmbH hat zum 31.12.00 folgende (verkürzt wiedergegebene) Bilanz und Gewinn- und Verlustrechnung aufgestellt.

Bilanz zum 31.12.00

Ausstehende Einlagen auf das gez. Kapital, davon eingeford. 0 EUR	6.000	Gezeichnetes Kapital	606.000
		Bilanzgewinn	34.000
Ingangsetzungsaufwand	4.000	Sonderposten m. Rücklageanteil	220.000
Sachanlagevermögen	400.000	Steuerrückstellungen	60.000
Finanzumlaufvermögen	1.000.000	Verbindl. < 1 J. Restlaufzeit	100.000
Aktive Rechnungsabgrenzungsposten	10.000	Verbindl. > 5 J. Restlaufzeit	400.000
	1.420.000		1.420.000

Gewinn- und Verlustrechnung 31.12.00

Materialaufwand	500.000	Umsatzerlöse	1.000.000
Personalaufwand	100.000		
Abschreibungen SAV	50.000		
Zinsaufwand	10.000		
Sonst. betriebl. Aufwand	136.000		
Jahresüberschuss	204.000		
	1.000.000		1.000.000

Zusatzinformationen:

Der aktive Rechnungsabgrenzungsposten wurde wegen eines Disagios gebildet.

Ermitteln Sie folgende Bilanzkennzahlen:

Anlagenintensität, Eigenkapitalquote, Liquidität zweiten Grades, Eigenkapitalrentabiliät, Personalintensität.

Lösung:

a) Aufbereitungsmaßnahmen

Vor einer Kennzahlenbildung ist zunächst die Strukturbilanz aufzustellen. Die Strukturbilanz beinhaltet Aufbereitungsmaßnahmen der Aktiva und der Passiva der Originalbilanz. Durch die Aufbereitungsmaßnahmen wird die Aktiva der Originalbilanz in das bilanzanalytische Anlage- und Umlaufvermögen und die Passiva in das bilanzanalytische Eigenkapital- und Fremdkapital zusammengefasst. Ausstehende Einlagen auf das gezeichnete Kapital, Aufwendungen für Ingangsetzung und Erweiterung des Geschäftsbetriebs oder aktive und passive Rechnungsabgrenzungsposten verlieren damit ihren eigenständigen Bilanzausweis. Die Originalbilanz der Knallgas-GmbH unterliegt deshalb den folgenden Aufbereitungsmaßnahmen.

Aufbereitungsmaßnahmen Aktiva:

Da die ausstehenden Einlagen auf das gezeichnete Kapital dem Unternehmen nicht zur Verfügung stehen, stellen sie eine Wertberichtigung auf das gezeichnete Kapital dar. Da keine Anhaltspunkte für eine kurzfristige Einforderung der ausstehenden Einlagen durch die Knallgas-GmbH vorliegen, sind diese für bilanzanalytische Zwecke mit dem gezeichneten Kapital zu saldieren.

Der Ingangsetzungsaufwand ist eine Bilanzierungshilfe gemäß § 269 HGB und hat die Aufgabe, eine bilanzielle Überschuldung zu verhindern. Da dieser Bilanzposten keinen Vermögensgegenstand darstellt und im Zweifelsfall nicht verwertet werden kann, ist dieser im Rahmen der Aufbereitungsmaßnahmen für die Erstellung der Strukturbilanz aus der Aktiva zu eliminieren. Gleichzeitig hat auf der Passiva eine Kürzung des Eigenkapitals zu erfolgen. Die Folge dieser Aufbereitungsmaßnahme entspricht einer Aufwandsverrechnung der Ingangsetzungsaufwendungen.

Das in den aktiven Rechnungsabgrenzungsposten enthaltene Disagio stellt kein Vermögensgegenstand dar und ist deshalb mit dem Eigenkapital zu verrechnen.

Aufbereitungsmaßnahmen Passiva:

Der Bilanzgewinn weist darauf hin, dass nach Feststellung des Jahresabschlusses dieser Betrag an die Gesellschafter zur Ausschüttung vorgesehen ist. Bilanzanalytisch stellt dieser Ausschüttungsbetrag daher eine Verbindlichkeit dar. Aus diesem Grunde hat in der Strukturbilanz eine Umgliederung des Bilanzgewinns aus dem Eigenkapital in das kurzfristige Fremdkapital zu erfolgen.

Der Sonderposten mit Rücklageanteil beinhaltet unversteuerte Rücklagen. Da die Höhe des Steueranteils nicht bekannt ist, wird der Sonderposten mit Rücklageanteil bilanzanalytisch in einen 50%igen Anteil für mittelfristige Verbindlichkeiten (= Steueranteil) und einen 50%igen Eigenkapitalanteil aufgespalten.

b) Strukturbilanz

Durch die Berücksichtigung vorgenannter Aufbereitungsmaßnahmen wandelt sich die Originalbilanz zu nachstehender Strukturbilanz:

Aktiva		
Anlagevermögen	Sachanlagevermögen	400.000
Umlaufvermögen	Finanzumlaufvermögen	1.000.000
Bilanzsumme (Gesamtkapital)		1.400.000
Passiva		
Eigenkapital	Gezeichnetes Kapital	606.000
	./. Ausstehende Einlagen auf gez. Kapital	6.000
	./. Aufwendungen für Ingangsetzung	4.000
	./. Disagio	10.000
	+ 50 % Sonderposten mit Rücklageanteil	110.000
	bilanzanalytisches Eigenkapital gesamt	**696.000**
Fremdkapital	Verbindlichkeiten > 5 J. Restlaufzeit	400.000
	langfristige Verbindlichkeiten gesamt	**400.000**
	50 % Sonderposten mit Rücklageanteil	110.000
	mittelfristige Verbindlichkeiten gesamt	**110.000**
	Verbindlichkeiten < 1 J. Restlaufzeit	100.000
	Bilanzgewinn	34.000
	Steuerrückstellungen	60.000
	kurzfristige Verbindlichkeiten gesamt	**194.000**
	bilanzanalytisches Fremdkapital gesamt	704.000
Bilanzsumme (Gesamtkapital)		1.400.000

b) Bilanzkennzahlen

Die Bilanzkennzahlen ergeben sich auf der Basis der vorstehenden Strukturbilanz:

Anlagenintensität = $\dfrac{400.000 \times 100}{1.400.000}$ = 28,57 %

Eigenkapitalquote $= \dfrac{696.000 \times 100}{1.400.000} = 49{,}71\ \%$

Liquidität dritten Grades $= \dfrac{1.000.000 \times 100}{194.000} = 515{,}46\ \%$

Eigenkapitalrentabilität $= \dfrac{204.000 \times 100}{696.000} = 29{,}31\ \%$

Personalintensität $= \dfrac{100.000 \times 100}{1.000.000} = 10{,}00\ \%$

Die Kennzahlenrechnung gewinnt erst mit der Interpretation der Ergebnisse an Aussagewert. Die Bewertung der Ergebnisse hat in Abhängigkeit von der jeweiligen Branche des untersuchten Unternehmens zu erfolgen. In Bezug auf die Knallgas-GmbH bedeutet dies, dass etwa eine Anlagenintensität von 29,0 % als tendenziell zufriedenstellend zu beurteilen ist, da die Produktion der Knallgas-GmbH als maschinenintensiv angenommen werden kann und bei konstanter Anlagenintensität im Zeitablauf der Schluss zulässig ist, dass die Knallgas-GmbH stets ausreichend Ersatzinvestitionen tätigt und damit die Produktion dem technischen Fortschritt standhält. Eine Anlagenintensität von 29,0 % für einen Einzelhandelsbetrieb ist hingegen als tendenziell negativ zu beurteilen, da die Tätigkeit des Einzelhandels auf den Verkauf von Produkten ausgerichtet und dies mit Investitionen in das Umlaufvermögen verbunden ist.

I. Konzernabschlüsse

Fall 70: Aufstellung eines Konzernabschlusses

Die Explosiv-AG mit Sitz in Frankfurt/Main ist

- an der Chemie-GmbH mit Sitz in Hannover zu 80 %,
- an der Pulver-GmbH mit Sitz in Köln zu 30 % und
- an der Highend-NV mit Sitz in Amsterdam zu 100 % beteiligt.

Außerdem hält die Chemie-GmbH ebenfalls 25 % der Anteile an der Pulver-GmbH. Die Highend-NV ist zu 90 % an der deutschen Krach-AG beteiligt.

Welche Unternehmen sind zur Aufstellung eines Konzernabschlusses nach dem HGB verpflichtet? Welche Unternehmen müssen einbezogen werden?

Lösung:

Gemäß § 290 Abs. 2 HGB ist eine inländische Kapitalgesellschaft stets zur Aufstellung eines Konzernabschlusses und eines Konzernlageberichtes verpflichtet, wenn der Kapitalgesellschaft die Mehrheit der Stimmrechte an einem Tochterunternehmen zusteht. Es handelt sich hier um das so genannte Control-Konzept. Bei der Ermittlung des Prozentsatzes der Stimmrechte sind i. S. des § 290 Abs. 3 HGB sowohl die direkt gehaltenen Anteile des Mutterunternehmens als auch die indirekten Anteile, die von anderen Tochterunternehmen gehalten werden, einzubeziehen.

Wie nachfolgend zu zeigen sein wird, ist im vorliegenden Fall die Explosiv-AG verpflichtet, einen Konzernabschluss und -lagebericht nach § 290 HGB aufzustellen. In diesen Konzernabschluss sind gemäß § 294 Abs. 1 HGB das Mutterunternehmen und alle Tochterunternehmen, unabhängig von ihrem Sitz einzubeziehen, sofern kein Einbeziehungsverbot oder -wahlrecht i. S. der §§ 295, 296 HGB greift.

Die Highend-NV gilt als Tochterunternehmen, da die Explosiv-AG zu 100 % beteiligt ist. Sie muss in den Konzernabschluss einbezogen werden. Es ist hierbei unbedeutend, dass sie ihren Sitz nicht in Deutschland sondern in den Niederlanden hat.

Die Chemie-GmbH ist ebenfalls Tochterunternehmen, da die Explosiv-AG auch hier die Mehrheit der Stimmrechte in Form einer 80 %igen Beteiligung inne hat.

An der Pulver-GmbH ist das Mutterunternehmen zwar nur zu 30 % beteiligt; dennoch muss sie in den Konzernabschluss einbezogen werden, da auch die von Tochterunternehmen gehaltenen Anteile bei der Berechnung der Stimmrechte berücksichtigt werden müssen.

Da nämlich die Chemie-GmbH von der AG beherrscht wird, kann letztere also auch indirekt Einfluss auf die Entscheidungen der Pulver-GmbH nehmen. Die Explosiv-AG hält also direkt und indirekt insgesamt 55 % der Stimmrechte der Pulver-GmbH. Letztere gilt folglich ebenfalls als Tochterunternehmen.

Auch die Krach-AG ist in den Konzernabschluss einzubeziehen, da der Explosiv-AG mit 90 % indirekt die Mehrheit der Stimmrechte zusteht.

Obwohl die Krach-AG nach HGB aufgrund der Mehrheit der Stimmrechte als Tochterunternehmen gilt, muss die Highend-NV keinen Konzernabschluss nach § 290 Abs. 2 HGB aufstellen, da diese Vorschrift nur bei inländischen Kapitalgesellschaften Anwendung findet.

Fall 71: Stufenkonzeption im Konzernabschluss

Die Explosiv-AG, ein stark wachsendes Chemieunternehmen mit Sitz in Hamburg, hält in ihrem Betriebsvermögen zum 31.12.04 folgende Beteiligungen:

1. Eine 75 %ige Beteiligung an der Knallgas-GmbH, die zum 01.10.04 erworben wurde. Sie soll aber schnellstmöglich weiterveräußert werden, sodass entsprechende Verkaufsverhandlungen bereits eingeleitet sind.

2. Eine 100 %ige Beteiligung an der Pulver-GmbH, die aber zu Beginn des Jahres 04 das Insolvenzverfahren über ihr Vermögen eröffnet hat.

3. Eine 80 %ige Beteiligung an der ausländischen Crash-NV, auf die die Explosiv-AG aufgrund politischer Unruhen seit dem letzten Jahr keinen Einfluss mehr nehmen kann.

4. Außerdem hat die Explosiv-AG zum 01.02.02 mit der ausländischen Calvin Corp. ein Joint Venture gegründet, dessen Ziel es ist, ein bestimmtes Verfahren zur Herstellung eines Spezialkunststoffes zu entwickeln. Beide Unternehmen sind zu 50 % beteiligt.

5. Eine 30 %ige Beteiligung an einem anderen Chemieunternehmen.

6. Eine 5 %ige Beteiligung an der Blech-AG.

Wie sind die Beteiligungen nach der Stufenkonzeption des HGB in den Konzernabschluss einzubeziehen?

Fall 71

Lösung:

Die Stufenkonzeption des HGB verdeutlicht nachfolgendes Schema:

Form der Unternehmensbeziehung	Eigenschaft des untergeordneten Unternehmens	Berücksichtigung im Konzernabschluss
Einheitliche Leitung bzw. konzerntypische Rechte (Control-Konzept)	Tochterunternehmen	Vollkonsolidierung
Gemeinsame Führung mit anderen Unternehmen	Gemeinschaftsunternehmen	Quotenkonsolidierung (Wahlrecht), sonst Equity-Methode
Maßgeblicher Einfluss	Assoziiertes Unternehmen	Equity-Methode
Dauernde Geschäftsverbindung	Beteiligung	Anschaffungskosten

Zu (1): Es handelt sich hier um eine 75%ige Beteiligung, d. h. grundsätzlich besteht nach § 294 Abs. 1 HGB eine Einbeziehungspflicht, da es sich aufgrund der Mehrheit der Stimmrechte um ein Tochterunternehmen handelt. Nach § 296 Abs. 1 HGB bestehen aber Einbeziehungswahlrechte, die als Korrektiv zur rein rechtlichen Betrachtungsweise des Control-Konzeptes gelten. Demnach brauchen gemäß § 296 Abs.1 Nr. 3 HGB diejenigen Tochterunternehmen nicht in den Konzernabschluss einbezogen werden, wenn sie nur für kurze Zeit die Voraussetzungen eines Tochterunternehmens erfüllen und somit wirtschaftlich gesehen nicht zum Konzern gehören.

Da im vorliegenden Fall eine Weiterveräußerungsabsicht vorliegt, besteht also ein Einbeziehungswahlrecht.

Macht die AG von ihrem Wahlrecht Gebrauch, so ist das Tochterunternehmen Knallgas-GmbH voll zu konsolidieren; bei Verzicht ist zu überprüfen, ob die Equity-Methode oder die Bewertung der Beteiligung mit den Anschaffungskosten greift.

Zu (2): Die Pulver-GmbH ist Tochterunternehmen nach § 290 Abs. 2 HGB. Gleichwohl darf sie nicht gemäß § 295 Abs. 1 HGB in den Konzernabschluss einbezogen werden, da sich die Tätigkeit der Pulver-GmbH aufgrund der Eröffnung des Insolvenzverfahrens hier zu stark von den Tätigkeiten des restlichen Konzerns unterscheidet. Durch eine Einbeziehung würde der Konzernabschluss ein unzutreffendes Bild der wirtschaftlichen Lage des Konzerns zeigen.

Zu (3): Auch die Crash-NV gilt aufgrund der 80 %igen Beteiligung als Tochterunternehmen und müsste somit eigentlich nach § 294 Abs. 1 HGB voll konsolidiert werden. Im vorliegenden Fall sind aber die Einflussrechte der AG durch tatsächliche Beeinträchtigungen in Form der Zugriffsbeschränkungen aufgrund politischer Verhältnisse erheblich und andauernd beschränkt. (Nach § 296 Abs. 1 Nr. 1 HGB besteht also auch hier ein Einbeziehungswahlrecht, was bei genauerer Betrachtung eigentlich zu schwach ist, da durch den möglichen Einbezug dieses Tochterunternehmens im Konzernabschluss Vermögensgegenstände und Schulden ausgewiesen werden, über die das Mutterunternehmen eigentlich nicht verfügen kann.)

Zu (4): Im vorliegenden Fall werden die beiden Unternehmen gemeinsam geführt, d. h. den beiden Gesellschafterunternehmen Explosiv-AG und Calvin Corp. stehen zusammen die Mehrheit der Stimmrechte zu, die sie auch tatsächlich ausüben können. Folglich hat die AG nach § 310 Abs. 1 HGB das Wahlrecht zur Quotenkonsolidierung. Demnach werden alle Vermögensgegenstände und Schulden sowie Aufwendungen und Erträge anteilig in den Konzernabschluss übernommen und alle konzerninternen Beziehungen nur i. H. der Beteiligungsquote konsolidiert. Macht die Explosiv-AG von ihrem Wahlrecht keinen Gebrauch, so ist auch hier die Equity-Methode oder die Bewertung mit den Anschaffungskosten anzuwenden.

Zu (5): Bei einer 30 %igen Beteiligung wird ein maßgeblicher Einfluss angenommen, d. h. die Explosiv-AG kann an Grundsatzfragen der Geschäfts- und Bilanzpolitik mitwirken und die Gewinnverwendung beeinflussen. Das Chemieunternehmen gilt als assoziiertes Unternehmen. Es wird nach der Equity-Methode bilanziert, d. h. die Vermögensgegenstände, Schulden, Aufwendungen und Erträge werden nicht aus dem Einzelabschluss des assoziierten Unternehmens in den Konzernabschluss übernommen, sondern der Beteiligungsbuchwert wird entsprechend der Eigenkapital-Entwicklung des assoziierten Unternehmens fortgeschrieben.

Zu (6): Die Beteiligung an der Blech-AG wird mit ihren Anschaffungskosten in den Konzernabschluss übernommen.

Fall 72: Vollkonsolidierung

Die Frankfurt-AG erwirbt Ende des Jahres 00 100 % der Anteile an der Köln-AG. Zum 31.12.00 weist der Einzelabschluss der Frankfurt-AG eine Forderung aus der Gewährung eines Darlehens in Höhe von 20 EUR gegenüber der Köln-AG aus. Die Verbindlichkeit in der Bilanz der Köln-AG entspricht dem Betrag der Forderung in der Bilanz der Frankfurt-AG.

Die Einzelbilanzen der Konzernunternehmen zum 31.12.00 stellen sich wie folgt dar:

Fall 72

Frankfurt-AG				Köln-AG			
Aktiva	**31.12.00**		Passiva	Aktiva	**31.12.00**		Passiva
Sachanl.	120	Eigenk.	200	Sachanl.	20	Eigenk.	50
Beteilig.	50			Ford.	50	Verb.	20
Ford.	30						
	200		200		70		70

(1) Erläutern Sie allgemein die Vollkonsolidierung?
(2) Ermitteln Sie die Konzernbilanz zum 31.12.00!

Lösung:

Zu (1):

Stehen in einem Konzern die Beteiligungsunternehmen gem. § 290 Abs. 1 HGB unter der einheitlichen Leitung einer inländischen Kapitalgesellschaft (= Konzept der einheitlichen Leitung) oder ist letztgenanntem (Mutter-)Unternehmen im Verhältnis zu einem Beteiligungsunternehmen (mindestens) eines der in § 290 Abs. 2 Nr. 1-3 HGB genannten Rechte zuzurechnen (= Control-Konzept), liegt ein Mutter-Tochter-Verhältnis zwischen der inländischen Kapitalgesellschaft (= Muttergesellschaft) und dem Beteiligungsunternehmen (= Tochtergesellschaft) vor. Die sich daraus für das Mutterunternehmen ergebende Verpflichtung zur Erstellung eines Konzernabschlusses erfordert zunächst Klarheit über den angestrebten Zweck eines Konzernabschlusses. Hierzu ist auf den Wortlaut der Generalnorm des § 297 Abs. 2 S. 2 HGB abzustellen, wonach der Konzernabschluss (ebenso wie der Einzelabschluss) eine Rechenschaftsfunktion zu übernehmen hat. Konkret soll der Konzernabschluss ein „den tatsächlichen Verhältnissen entsprechendes Bild der Vermögens-, Finanz- und Ertragslage vermitteln". In diesem Zusammenhang bestimmt § 298 Abs. 1 i.V.m. § 246 Abs. 1 HGB, dass der Konzernabschluss über Aktiva und Passiva sowie Aufwendungen und Erträge Rechenschaft abzulegen hat (= Informationsfunktion des Konzernabschlusses).

Diese Informationsfunktion wird dadurch erreicht, dass die Aktiva und Passiva der Einzelbilanzen der Muttergesellschaft und der Tochtergesellschaft(en) in einem ersten Schritt summiert und anschließend die in den Einzelbilanzen enthaltenen konzerninternen Verflechtungen eliminiert werden. Konkret bedeutet dies

- die Verrechnung der Beteiligungen der Muttergesellschaft mit den entsprechenden Anteilen am Eigenkapital der Tochtergesellschaft(en) (= Kapitalkonsolidierung),
- die Saldierung der gegenseitigen Forderungen und Verbindlichkeiten (= Schuldenkonsolidierung),
- die Eliminierung von Gewinnen und Verlusten aus konzerninternen Lieferungen und Leistungen (= Zwischenergebniskonsolidierung),
- Verrechnung von Aufwendungen und Erträgen aus konzerninternen Umsätzen, Ergebnisübernahmen und Beteiligungen (= Aufwands- und Ertragskonsolidierung).

Die aus dem ersten Bearbeitungsschritt gewonnenen Summenwerte werden unter Aufrechnung der Ergebnisse aus den innerkonzernlichen Verbindungen (= Konsolidierungsbuchungen) zur Konzernbilanz zusammengefasst. Die Konzernbilanz übernimmt damit die Aufgabe, den Konzern als wirtschaftliche und rechtliche Einheit darzustellen. Dieser als „Einheitstheorie" bezeichnete Beurteilungsmaßstab ergibt sich aus § 297 Abs. 3 S. 1 HGB.

Der Einheitstheorie entsprechend ist der Konzern als eine wirtschaftliche und rechtliche Einheit zu verstehen. Die in den Konzernabschluss einfließenden Einzelunternehmen werden auf unselbstständige Betriebsabteilungen herabgestuft. Die Zusammenfassung der Einzelabschlüsse auf dem Weg zur Erstellung der Konzernbilanz erfolgt unter Aufrechnung der Ergebnisse aus konzerninternen Verflechtungen (= Konsolidierung) auf der Vermögens-, Kapital- und Erfolgsebene (vgl. § 300 Abs. 2 HGB). Konkret umfasst die Vollkonsolidierung die Kapital-, Schulden-, Zwischenergebnis- und Aufwands- und Ertragskonsolidierung.

Zu (2):

Sowohl die Beteiligung der Frankfurt-AG an der Köln-AG als auch der Leistungsaustausch zwischen den Unternehmen stellen Geschäftsvorfälle dar, die bilanzielle Wirkungen auf die jeweiligen Einzelbilanzen 31.12.00 zur Folge haben. So hat die Aufnahme der Beteiligung in der Bilanz der Frankfurt-AG einen Eigenkapitalausweis in der Bilanz der Köln-AG zur Folge. Die Einstellung einer Forderung in der Bilanz der Frankfurt-AG gegen die Köln-AG hat umgekehrt einen Verbindlichkeitsausweis in der Bilanz der Köln-AG gegenüber der Frankfurt-AG zur Folge.

Um dem Einheitsgedanken gerecht zu werden, erfordert die Aufstellung der Konzernbilanz die Eliminierung dieser bilanziellen Verflechtungen, da nur so Doppelerfassungen in der Konzernbilanz ausgeschlossen werden können. Aus diesem Grund hat eine Eliminierung des Beteiligungswerts des Mutterunternehmens mit dem auf diesen Anteil entfallenden Eigenkapitalbetrag des einzubeziehenden Tochterunternehmens im Rahmen der Kapitalkonsolidierung einerseits und eine Verrechnung der Forderung mit der entsprechenden Verbindlichkeit zwischen den einbezogenen Konzernunternehmen im Rahmen der Schuldenkonsolidierung andererseits zu erfolgen.

Für die Konsolidierung ergeben sich damit folgende Buchungssätze:

		Soll	Haben
Eigenkapital	Beteiligungen	50	50
Verbindlichkeiten	Forderungen	20	20

Ausgehend von den Einzelbilanzen der Konzernunternehmen lässt sich die Konzernbilanz allgemein unter Zuhilfenahme der nachstehenden Tabelle entwickeln. In Bezug auf den vorliegenden Sachverhalt zeigt die Konsolidierungsspalte die sich aus der Kapital- und Schuldenkonsolidierung ergebenden Buchungen. Die Summierung der Summenbilanz mit der Konsolidierungsspalte hat die Konzernbilanz zum Ergebnis:

Bilanzposition	Mutterunternehmen Frankfurt-AG		Tochterunternehmen Köln-AG		Summenbilanz		Konsolidierung		**Konzernbilanz**	
Aktiva	A	P	A	P	A	P	A	P	**A**	**P**
Sachanlagen	120		20		140				**140**	
Beteiligungen	50				50			50		
Forderungen	30		50		80			20	**60**	
Passiva										
Eigenkapital		200		50		250	50			**200**
Verbindlichk.				20		20	20			
Bilanzsumme	200	200	70	70	270	270	70	70	**200**	**200**

J. Internationale Rechnungslegung

Fall 73: Systeme internationaler Rechnungslegungsgrundsätze

Nennen Sie Systeme international anerkannter Rechnungslegungsgrundsätze!

Lösung:

I. Systeme international anerkannter Rechnungslegungsgrundsätze

Unter dem Begriff „internationale Rechnungslegungsgrundsätze" sind im engeren Sinne solche Rechnungslegungssysteme zu verstehen, die von zwei oder mehreren Staaten anerkannt sind. In diesem Sinne gelten als Systeme international anerkannter Rechnungslegungsgrundsätze das Normengeflecht der

- International Accounting Standards (kurz: IAS) und die
- US-(amerikanischen) Generally Accepted Accounting Principles (kurz: US-GAAP).

Über die Regelungswerke der IAS und US-GAAP hinaus, sind als weitere internationale Rechnungslegungsgrundsätze die in der 4. und 7. EG-Richtlinie festgehaltenen Bilanzierungsgrundsätze zu nennen. Rechtssystematisch gilt für EG-Richtlinien, dass diese erst nach Umsetzung durch die EU-Mitgliedstaaten den Charakter nationalen Rechts erlangen. Mit Blick auf die Einordnung der EU-Richtlinien in den Kreis der international anerkannten Rechnungslegungsgrundsätze ist kritisch anzumerken, dass die Richtlinien in der Vergangenheit keine Anerkennung über die Mitgliedstaaten der EU hinaus erlangen konnten und daher nicht als gleichgewichtig zu den Regelungssystemen der IAS und US-GAAP eingestuft werden können.

- Das Regelungswerk der IAS wird von einem internationalen Gremium, dessen Mitglieder mehr als 100 Ländern entstammen, erarbeitet und verabschiedet. Wenngleich das Gremium (genauer: International Accounting Standards Commitee, kurz: IASC) als privatrechtlich organisierte Institution und damit wegen fehlender gesetzlicher Autorität die Anwendung ihrer Rechnungslegungsgrundsätze nicht erzwingen kann, genießen die Standards dennoch aufgrund der globalen Mitgliederbesetzung des IASC internationalen Charakter. Das wichtigste Fachorgan des IASC ist der International Accounting Standard Board (kurz: IASB). Die Hauptaufgabe des IASB liegt in der Verabschiedung von Standards sowie Exposure Drafts und deren Interpretation. Die Auslegung und Klärung von strittigen Zweifelsfragen einzelner IAS erfolgt durch das Standing Interpretations Commitee (kurz: SIC).

- Die US-amerikanischen Rechnungslegungsgrundsätze nach US-GAAP werden von einem Gremium (dem Financial Accounting Standars Board, kurz: FASB) unabhängiger Sachverständiger entwickelt und veröffentlicht. Die an das FASB – in der Rechtsstellung einer privaten Institution – delegierte Entwicklung der Rechnungslegung und die daraus entstehenden Empfehlungen (sog. Financial Accounting Standards, kurz: FAS) erlangen ihre Allgemeingültigkeit erst dann, wenn die FAS in der Praxis einen bestimmten Anwendungsumfang erreicht haben. Da die amerikanische Börsenaufsichtsbehörde (Securities and Exchange Commission, kurz: SEC) von börsennotierten Unternehmen regelmäßig die Beachtung der FAS verlangt, wird auf diesem Wege in kurzer Zeit die allgemeine Anerkennung der FAS durch die Praxis erreicht. Wenngleich die US-GAAP primär für Unternehmen gelten, deren Aktien insbesondere an der New Yorker Börse notiert sind, erlangen diese ihren internationalen Charakter durch die weltweite Bedeutung der New Yorker Börse.

- Im Vergleich zur deutschen Rechnungslegung nach HGB ist festzustellen, dass weder die IAS noch die US-GAAP kraft Gesetz allgemein gültige Anerkennung finden. Des Weiteren ist anzumerken, dass im Gegensatz zur kontinentaleuropäischen Gesetzgebung den IAS als auch den US-GAAP keine allgemein gültigen – für eine unbestimmte Anzahl von Rechtsfällen bestimmte – Obersätze zu Grunde liegen, sondern vielmehr Einzelfalllösungen aufzeigen. Inhalt der Rahmenwerke nach IAS und US-GAAP sind daher die Darstellung und Lösung von einzelnen (Geschäftsvor-)Fällen. Wegen Fehlens von weitestgehend detaillierten Gesetzesvorschriften ist ein solches Rechtssystem deshalb als common law/case law zu charakterisieren. Schließlich ist festzustellen, dass den Regelungen nach IAS und US-GAAP im Vergleich zur HGB-Konzeption nicht der Gläubigerschutz und damit das sog. Vorsichtsprinzip als vorrangiges Ziel zu Grunde liegt, sondern vielmehr eine Informationsfunktion zukommt.

Fall 74: Anwendungsbereich der IFRS in der deutschen Rechnungslegung

Erläutern Sie den Anwendungsbereich der IFRS in der deutschen Rechnungslegung.

Lösung:

Der Gesetzgeber ermöglichte durch das Kapitalaufnahmeerleichterungsgesetz (KapAEG) deutschen kapitalmarktorientierten Unternehmen ihren Konzernabschluss nach international anerkannten Rechnungslegungsvorschriften aufzustellen unter gleichzeitiger Befreiung von der Aufstellungspflicht nach HGB. Diese Regelung ergab sich bislang aus § 292 a HGB und galt für Geschäftsjahre, die spätestens am 31.12.2004 endeten.

Für Konzernabschlüsse ab dem Jahr 2005 sieht § 315 a Abs. 1 HGB vor, dass kapitalmarktorientierte Mutterunternehmen zwingend ihren Konzernabschluss nach den IFRS aufstellen müssen. Gleichzeitig entfällt die Pflicht zur Aufstellung eines Konzernabschlusses nach den Vorschriften des HGB. Nicht kapitalmarktorientierte Mutterunternehmen haben gem. § 315 a Abs. 1 HGB ein Wahlrecht, ihren Konzernabschluss nach den IFRS aufzustellen.

Für Nicht-Konzernabschlüsse (= Einzelabschlüsse) eröffnet § 325 Abs. 2 a HGB die Möglichkeit, dass publizitätspflichtige Unternehmen die Offenlegungspflicht ihres Jahresabschlusses im Bundesanzeiger durch Einreichung eines IFRS-Abschlusses erfüllen können. Für Finanzamtszwecke ist aber weiterhin ein Jahresabschluss nach den Vorschriften des HGB und EStG aufzustellen.

Nachfolgende Übersicht fasst den Anwendungsbereich der IFRS überblickartig zusammen:

Anwendungsbereich der IFRS für Einzelabschlüsse:					
Einzelabschluss					
Kapitalgesellschaften			dem KapCoRiLiG	dem PublG	Kreditinstitute
kleine	mittelgroße	große	unterliegende Unternehmen	unterliegende Unternehmen	
			Wahlrecht Aufstellung nach IFRS für Offenlegung		

Anwendungsbereich der IFRS für Konzernabschlüsse:	
Konzernabschluss	
kapitalmarktorientiert	nicht kapitalmarkorientiert
Pflicht zur Aufstellung nach IFRS	**Wahlrecht zur Aufstellung nach IFRS**

DATEV-Kontenrahmen SKR 03

DATEV-Kontenrahmen nach dem Bilanzrichtlinien-Gesetz
Standardkontenrahmen (SKR) 03
Gültig ab 2006

Bilanz-Posten[2]	Programm-verbindung[4]	0 Anlage- und Kapitalkonten	Bilanz-Posten[2]	Programm-verbindung[4]	0 Anlage- und Kapitalkonten
Aufwendungen für die Ingangsetzung und Erweiterung des Geschäftsbetriebs		**0001 Aufwendungen für die Ingangsetzung und Erweiterung des Geschäftsbetriebs**	Grundstücke, grundstücksgleiche Rechte und Bauten einschließlich der Bauten auf fremden Grundstücken		0140 Wohnbauten 0145 Garagen 0146 Außenanlagen 0147 Hof- und Wegebefestigungen 0148 Einrichtungen für Wohnbauten 0149 Gebäudeteil des häuslichen Arbeitszimmers[1)13)]
Aufwendungen für die Währungsumstellung auf den Euro		**0002 Aufwendungen für die Währungsumstellung auf den Euro**	Geleistete Anzahlungen und Anlagen im Bau		0150 Wohnbauten im Bau 0159 Anzahlungen auf Wohnbauten auf eigenen Grundstücken und grundstücksgleichen Rechten
		Immaterielle Vermögensgegenstände	Grundstücke, grundstücksgleiche Rechte und Bauten einschließlich der Bauten auf fremden Grundstücken		**0160 Bauten auf fremden Grundstücken** 0165 Geschäftsbauten 0170 Fabrikbauten 0175 Garagen 0176 Außenanlagen 0177 Hof- und Wegebefestigungen 0178 Einrichtungen für Geschäfts- und Fabrikbauten 0179 Andere Bauten
Konzessionen, gewerbliche Schutzrechte und ähnliche Rechte und Werte sowie Lizenzen an solchen Rechten und Werten		**0010 Konzessionen, gewerbliche Schutzrechte und ähnliche Rechte und Werte sowie Lizenzen an solchen Rechten und Werten** 0015 Konzessionen 0020 Gewerbliche Schutzrechte 0025 Ähnliche Rechte und Werte 0027 EDV-Software 0030 Lizenzen an gewerblichen Schutzrechten und ähnlichen Rechten und Werten	Geleistete Anzahlungen und Anlagen im Bau		0180 Geschäfts-, Fabrik- und andere Bauten im Bau 0189 Anzahlungen auf Geschäfts-, Fabrik- und andere Bauten auf fremden Grundstücken
Geschäfts- oder Firmenwert		**0035 Geschäfts- oder Firmenwert**	Grundstücke, grundstücksgleiche Rechte und Bauten einschließlich der Bauten auf fremden Grundstücken		0190 Wohnbauten 0191 Garagen 0192 Außenanlagen 0193 Hof- und Wegebefestigungen 0194 Einrichtungen für Wohnbauten
Geleistete Anzahlungen		**0038 Anzahlungen auf Geschäfts- oder Firmenwert** **0039 Anzahlungen auf immaterielle Vermögensgegenstände**			
Verschmelzungsmehrwert		**0040 Verschmelzungsmehrwert**	Geleistete Anzahlungen und Anlagen im Bau		0195 Wohnbauten im Bau 0199 Anzahlungen auf Wohnbauten auf fremden Grundstücken
		Sachanlagen			
Grundstücke, grundstücksgleiche Rechte und Bauten einschließlich der Bauten auf fremden Grundstücken		**0050 Grundstücke, grundstücksgleiche Rechte und Bauten einschließlich der Bauten auf fremden Grundstücken** 0059 Grundstücksanteil des häuslichen Arbeitszimmers[1)13)] **0060 Grundstücke und grundstücksgleiche Rechte ohne Bauten** 0065 Unbebaute Grundstücke 0070 Grundstücksgleiche Rechte (Erbbaurecht, Dauerwohnrecht) 0075 Grundstücke mit Substanzverzehr	Technische Anlagen und Maschinen		**0200 Technische Anlagen und Maschinen** 0210 Maschinen 0220 Maschinengebundene Werkzeuge 0240 Maschinelle Anlagen 0260 Transportanlagen und Ähnliches 0280 Betriebsvorrichtungen
Geleistete Anzahlungen und Anlagen im Bau		0079 Anzahlungen auf Grundstücke und grundstücksgleiche Rechte ohne Bauten	Geleistete Anzahlungen und Anlagen im Bau		0290 Technische Anlagen und Maschinen im Bau 0299 Anzahlungen auf technische Anlagen und Maschinen
Grundstücke, grundstücksgleiche Rechte und Bauten einschließlich der Bauten auf fremden Grundstücken		**0080 Bauten auf eigenen Grundstücken und grundstücksgleichen Rechten** 0085 Grundstückswerte eigener bebauter Grundstücke 0090 Geschäftsbauten 0100 Fabrikbauten 0110 Garagen 0111 Außenanlagen 0112 Hof- und Wegebefestigungen 0113 Einrichtungen für Geschäfts- und Fabrikbauten 0115 Andere Bauten 0120 Geschäfts-, Fabrik- und andere Bauten im Bau 0129 Anzahlungen auf Geschäfts-, Fabrik- und andere Bauten auf eigenen Grundstücken und grundstücksgleichen Rechten	Andere Anlagen, Betriebs- und Geschäftsausstattung		**0300 Andere Anlagen, Betriebs- und Geschäftsausstattung** 0310 Andere Anlagen 0320 Pkw 0350 Lkw 0380 Sonstige Transportmittel 0400 Betriebsausstattung 0410 Geschäftsausstattung 0420 Büroeinrichtung 0430 Ladeneinrichtung 0440 Werkzeuge 0450 Einbauten 0460 Gerüst- und Schalungsmaterial 0480 Geringwertige Wirtschaftsgüter bis 410 Euro 0490 Sonstige Betriebs- und Geschäftsausstattung
Geleistete Anzahlungen und Anlagen im Bau			Geleistete Anzahlungen und Anlagen im Bau		0498 Andere Anlagen, Betriebs- und Geschäftsausstattung im Bau 0499 Anzahlungen auf andere Anlagen, Betriebs- und Geschäftsausstattung

DATEV-Kontenrahmen SKR 03

Bilanz-Posten[2]	Programm-verbindung[4]	0 Anlage- und Kapitalkonten	Bilanz-Posten[2]	Programm-verbindung[4]	0 Anlage- und Kapitalkonten
		Finanzanlagen	Verbindlichkeiten gegenüber verbundenen Unternehmen oder Forderungen gegen verbundene Unternehmen		**0700 Verbindlichkeiten gegenüber verbundenen Unternehmen**
Anteile an verbundenen Unternehmen		**0500 Anteile an verbundenen Unternehmen (Anlagevermögen)**			0701 – Restlaufzeit bis 1 Jahr
		0504 Anteile an herrschender oder mit Mehrheit beteiligter Gesellschaft			0705 – Restlaufzeit 1 bis 5 Jahre
					0710 – Restlaufzeit größer 5 Jahre
Ausleihungen an verbundene Unternehmen		**0505 Ausleihungen an verbundene Unternehmen**			
Beteiligungen		**0510 Beteiligungen**	Verbindlichkeiten gegenüber Unternehmen, mit denen ein Beteiligungsverhältnis besteht oder Forderungen gegen Unternehmen, mit denen ein Beteiligungsverhältnis besteht		**0715 Verbindlichkeiten gegenüber Unternehmen, mit denen ein Beteiligungsverhältnis besteht**
		0513 Typisch stille Beteiligungen			0716 – Restlaufzeit bis 1 Jahr
		0516 Atypisch stille Beteiligungen			0720 – Restlaufzeit 1 bis 5 Jahre
		0517 Andere Beteiligungen an Kapitalgesellschaften			0725 – Restlaufzeit größer 5 Jahre
		0518 Andere Beteiligungen an Personengesellschaften			
		0519 Beteiligung einer GmbH & Co.KG an einer Komplementär GmbH			
Ausleihungen an Unternehmen, mit denen ein Beteiligungsverhältnis besteht		**0520 Ausleihungen an Unternehmen, mit denen ein Beteiligungsverhältnis besteht**			
			Sonstige Verbindlichkeiten		**0730 Verbindlichkeiten gegenüber Gesellschaftern**
					0731 – Restlaufzeit bis 1 Jahr
					0740 – Restlaufzeit 1 bis 5 Jahre
Wertpapiere des Anlagevermögens		**0525 Wertpapiere des Anlagevermögens**			0750 – Restlaufzeit größer 5 Jahre
		0530 Wertpapiere mit Gewinnbeteiligungsansprüchen			0755 Verbindlichkeiten gegenüber Gesellschaftern für offene Ausschüttungen
		0535 Festverzinsliche Wertpapiere			0760 Darlehen typisch stiller Gesellschafter
Sonstige Ausleihungen		**0540 Sonstige Ausleihungen**			0761 – Restlaufzeit bis 1 Jahr
		0550 Darlehen			0764 – Restlaufzeit 1 bis 5 Jahre
Genossenschaftsanteile		**0570 Genossenschaftsanteile zum langfristigen Verbleib**			0767 – Restlaufzeit größer 5 Jahre
					0770 Darlehen atypisch stiller Gesellschafter
Sonstige Ausleihungen		0580 Ausleihungen an Gesellschafter			0771 – Restlaufzeit bis 1 Jahr
		0590 Ausleihungen an nahe stehende Personen			0774 – Restlaufzeit 1 bis 5 Jahre
					0777 – Restlaufzeit größer 5 Jahre
Rückdeckungsansprüche aus Lebensversicherungen		**0595 Rückdeckungsansprüche aus Lebensversicherungen zum langfristigen Verbleib**			0780 Partiarische Darlehen
					0781 – Restlaufzeit bis 1 Jahr
					0784 – Restlaufzeit 1 bis 5 Jahre
					0787 – Restlaufzeit größer 5 Jahre
		Verbindlichkeiten			0790 (frei, in Bilanz kein Restlaufzeit-
					-98 vermerk)
					0799 Gegenkonto 0730-0789 bei Aufteilung der Konten 0790-0798
Anleihen		**0600 Anleihen** nicht konvertibel			**Kapital Kapitalgesellschaft**
		0601 – Restlaufzeit bis 1 Jahr	Gezeichnetes Kapital	K	**0800 Gezeichnetes Kapital**[17]
		0605 – Restlaufzeit 1 bis 5 Jahre			
		0610 – Restlaufzeit größer 5 Jahre	Ausstehende Einlagen auf das gezeichnete Kapital		**0801 Ausstehende Einlagen auf das**
		0615 Anleihen konvertibel			**-09 gezeichnete Kapital,** nicht eingefordert (Aktivausweis)
		0616 – Restlaufzeit bis 1 Jahr			0810 Ausstehende Einlagen auf das
		0620 – Restlaufzeit 1 bis 5 Jahre			-19 gezeichnete Kapital, eingefordert (Aktivausweis)
		0625 – Restlaufzeit größer 5 Jahre			
Verbindlichkeiten gegenüber Kreditinstituten oder Schecks, Kassenbestand, Bundesbank- und Postbankguthaben, Guthaben bei Kreditinstituten		**0630 Verbindlichkeiten gegenüber Kreditinstituten**	Nicht eingeforderte ausstehende Einlagen		0820 Ausstehende Einlagen auf das
		0631 – Restlaufzeit bis 1 Jahr			-29 gezeichnete Kapital, nicht eingefordert (Passivausweis, von gezeichnetem Kapital offen abgesetzt; eingeforderte ausstehende Einlagen s. Konten 0830-0838), Ausstehende Einlagen auf das Kommanditkapital
		0640 – Restlaufzeit 1 bis 5 Jahre			
		0650 – Restlaufzeit größer 5 Jahre			
		0660 Verbindlichkeiten gegenüber Kreditinstituten aus Teilzahlungsverträgen			
		0661 – Restlaufzeit bis 1 Jahr			
		0670 – Restlaufzeit 1 bis 5 Jahre			
		0680 – Restlaufzeit größer 5 Jahre	Eingeforderte, noch ausstehende Kapitaleinlagen		0830 Ausstehende Einlagen auf das
		0690 (frei, in Bilanz kein Restlaufzeit-			-38 gezeichnete Kapital, eingefordert (Forderungen, nicht eingeforderte ausstehende Einlagen s. Konten 0820-0829)
		-98 vermerk)			
		0699 Gegenkonto 0630-0689 bei Aufteilung der Konten 0690-0698			
Verbindlichkeiten gegenüber Kreditinstituten			Eingeforderte Nachschüsse		0839 Eingeforderte Nachschüsse (Forderungen, Gegenkonto 0845)

Bilanz-Posten[2]	Programm-verbindung[4]	0 Anlage- und Kapitalkonten	Bilanz-Posten[2]	Programm-verbindung[4]	0 Anlage- und Kapitalkonten
		Kapitalrücklage	Sonderposten mit Rücklageanteil		0936 Sonderposten mit Rücklageanteil nach § 7d EStG
Kapitalrücklage	K	0840 Kapitalrücklage[17]			0937 Sonderposten mit Rücklageanteil nach § 79 EStDV
	K	0841 Kapitalrücklage durch Ausgabe von Anteilen über Nennbetrag[17]			0938 Sonderposten mit Rücklageanteil nach § 80 EStDV
	K	0842 Kapitalrücklage durch Ausgabe von Schuldverschreibungen für Wandlungsrechte und Optionsrechte zum Erwerb von Anteilen[17]			0939 Sonderposten mit Rücklageanteil nach § 52 Abs. 16 EStG
	K	0843 Kapitalrücklage durch Zuzahlungen gegen Gewährung eines Vorzugs für Anteile[17]			0940 Sonderposten mit Rücklageanteil, Sonderabschreibungen[6]
	K	0844 Kapitalrücklage durch andere Zuzahlungen in das Eigenkapital[17]			0941 Sonderposten mit Rücklageanteil nach § 82a EStDV
	K	0845 Eingefordertes Nachschusskapital (Gegenkonto 0839)[17]			0942 Sonderposten mit Rücklageanteil nach § 82d EStDV
					0943 Sonderposten mit Rücklageanteil nach § 82e EStDV
		Gewinnrücklagen			0944 Sonderposten mit Rücklageanteil nach § 14 BerlinFG
Gesetzliche Rücklage	K	0846 Gesetzliche Rücklage[17]			0945 Sonderposten mit Rücklageanteil für Förderung nach § 3 Zonen-RFG/§ 4-6 FördergebietsG
Rücklage für eigene Anteile	K	0850 Rücklage für eigene Anteile[17]			0946 Sonderposten mit Rücklageanteil nach § 4d EStG
Satzungs-mäßige Rücklagen	K	0851 Satzungsmäßige Rücklagen[17]			0947 Sonderposten mit Rücklageanteil nach § 7g Abs. 1 EStG
					0948 Sonderposten mit Rücklageanteil nach § 7g Abs. 3 u. 7 EStG
Andere Gewinn-rücklagen	K K	0855 Andere Gewinnrücklagen[17] 0856 Eigenkapitalanteil von Wertaufholungen[17]	Sonderposten für Zuschüsse und Zulagen		0949 Sonderposten für Zuschüsse und Zulagen
Gewinnvortrag oder *Verlustvortrag*	K	0860 Gewinnvortrag vor Verwendung[17]			**Rückstellungen**
	K	0868 Verlustvortrag vor Verwendung[17]	Rückstellungen für Pensionen und ähnliche Verpflichtungen		0950 Rückstellungen für Pensionen und ähnliche Verpflichtungen
Vortrag auf neue Rechnung	K	0869 Vortrag auf neue Rechnung (Bilanz)[17]	Steuerrückstellungen		0955 Steuerrückstellungen
		Kapital Personenhandelsgesellschaft			0957 Gewerbesteuerrückstellung
		Vollhafter/Einzelunternehmer			0963 Körperschaftsteuerrückstellung
		0870 Festkapital -79			0969 Rückstellung für latente Steuern
		0880 Variables Kapital -89	Sonstige Rückstellungen		0970 Sonstige Rückstellungen
		0890 Gesellschafter-Darlehen[12] -99			0971 Rückstellungen für unterlassene Aufwendungen für Instandhaltung, Nachholung in den ersten drei Monaten
		Teilhafter			0972 Rückstellungen für unterlassene Aufwendungen für Instandhaltung, Nachholung innerhalb des 4. bis 12. Monats
		0900 Kommandit-Kapital -09			
		0910 Verlustausgleichskonto -19			0973 Rückstellungen für Abraum- und Abfallbeseitigung
		0920 Gesellschafter-Darlehen[12] -29			0974 Rückstellungen für Gewährleistungen (Gegenkonto 4790)
		Sonderposten mit Rücklageanteil			0976 Rückstellungen für drohende Verluste aus schwebenden Geschäften
Sonderposten mit Rücklage-anteil		0930 Sonderposten mit Rücklageanteil, steuerfreie Rücklagen[6]			0977 Rückstellungen für Abschluss- und Prüfungskosten
		0931 Sonderposten mit Rücklageanteil nach § 6b EStG			0978 Aufwandsrückstellungen gemäß § 249 Abs. 2 HGB
		0932 Sonderposten mit Rücklageanteil nach Abschnitt 35 EStR			0979 Rückstellungen für Umweltschutz
		0933 Sonderposten mit Rücklageanteil nach § 6d EStG			
		0934 Sonderposten mit Rücklageanteil nach § 1 EntwLStG			
Sonderposten aus der Währungsumstellung auf den Euro		0935 Sonderposten aus der Währungsumstellung auf den Euro[11]			

DATEV-Kontenrahmen SKR 03

Bilanz-Posten[2]	Programm-verbindung[4]	0 Anlage- und Kapitalkonten	Bilanz-Posten[2]	Programm-verbindung[4]	1 Finanz- und Privatkonten
		Abgrenzungsposten			KU 1000-1509 V 1510-1520 KU 1521-1709 M 1710-1729 KU 1730-1868 V 1869[10] KU 1870-1878 M 1879[10] KU 1880-1999
Rechnungsabgrenzungsposten (Aktiva)		0980 **Aktive Rechnungsabgrenzung**			
Abgrenzung latenter Steuern		0983 Abgrenzung aktive latente Steuern			
Rechnungsabgrenzungsposten (Aktiva)		0984 Als Aufwand berücksichtigte Zölle und Verbrauchsteuern auf Vorräte 0985 Als Aufwand berücksichtigte Umsatzsteuer auf Anzahlungen 0986 Damnum/Disagio			Schecks, Kassenbestand, Bundesbank- und Postbankguthaben, Guthaben bei Kreditinstituten
			Kassenbestand, Bundesbankguthaben, Guthaben bei Kreditinstituten und Schecks		F 1000 **Kasse** F 1010 Nebenkasse 1 F 1020 Nebenkasse 2
Rechnungsabgrenzungsposten (Passiva)		0990 **Passive Rechnungsabgrenzung**			
Sonstige Aktiva oder *sonstige Passiva*		0992 **Abgrenzungen zur unterjährigen Kostenverrechnung für BWA**	Kassenbestand, Bundesbankguthaben, Guthaben bei Kreditinstituten und Schecks oder *Verbindlichkeiten gegenüber Kreditinstituten*		F 1100 **Postbank** F 1110 Postbank 1 F 1120 Postbank 2 F 1130 Postbank 3 F 1190 LZB-Guthaben F 1195 Bundesbankguthaben F 1200 **Bank** F 1210 Bank 1 F 1220 Bank 2 F 1230 Bank 3 F 1240 Bank 4 F 1250 Bank 5 1290 Finanzmittelanlagen im Rahmen der kurzfristigen Finanzdisposition
Forderungen aus Lieferungen und Leistungen H-Saldo		0996 Pauschalwertberichtigung auf Forderungen mit einer Restlaufzeit bis zu 1 Jahr 0997 Pauschalwertberichtigung auf Forderungen mit einer Restlaufzeit von mehr als 1 Jahr 0998 Einzelwertberichtigungen auf Forderungen mit einer Restlaufzeit bis zu 1 Jahr 0999 Einzelwertberichtigungen auf Forderungen mit einer Restlaufzeit von mehr als 1 Jahr			
			Forderungen aus Lieferungen und Leistungen oder *sonstige Verbindlichkeiten*		F 1300 Wechsel aus Lieferungen und Leistungen F 1301 – Restlaufzeit bis 1 Jahr F 1302 – Restlaufzeit größer 1 Jahr F 1305 Wechsel aus Lieferungen und Leistungen, bundesbankfähig
			Forderungen gegen verbundene Unternehmen oder *Verbindlichkeiten gegenüber verbundenen Unternehmen*		1310 Besitzwechsel gegen verbundene Unternehmen 1311 – Restlaufzeit bis 1 Jahr 1312 – Restlaufzeit größer 1 Jahr 1315 Besitzwechsel gegen verbundene Unternehmen, bundesbankfähig
			Forderungen gegenüber Unternehmen, mit denen ein Beteiligungsverhältnis besteht oder *Verbindlichkeiten gegenüber Unternehmen, mit denen ein Beteiligungsverhältnis besteht*		1320 Besitzwechsel gegen Unternehmen, mit denen ein Beteiligungsverhältnis besteht 1321 – Restlaufzeit bis 1 Jahr 1322 – Restlaufzeit größer 1 Jahr 1325 Besitzwechsel gegen Unternehmen, mit denen ein Beteiligungsverhältnis besteht, bundesbankfähig
			Sonstige Wertpapiere		1327 Finanzwechsel 1329 Andere Wertpapiere mit unwesentlichen Wertschwankungen im Sinne Textziffer 18 DRS 2
			Kassenbestand, Bundesbankguthaben, Guthaben bei Kreditinstituten und Schecks		F 1330 **Schecks**

Bilanz-Posten[2]	Programm-verbindung[4]	1 Finanz- und Privatkonten	Bilanz-Posten[2]	Programm-verbindung[4]	1 Finanz- und Privatkonten
		Wertpapiere	Forderungen gegen verbundene Unternehmen H-Saldo		1478 Wertberichtigungen auf Forderungen mit einer Restlaufzeit bis zu 1 Jahr gegen verbundene Unternehmen
Anteile an verbundenen Unternehmen		1340 **Anteile an verbundenen Unternehmen (Umlaufvermögen)**			
		1344 **Anteile an herrschender oder mit Mehrheit beteiligter Gesellschaft**			1479 Wertberichtigungen auf Forderungen mit einer Restlaufzeit von mehr als 1 Jahr gegen verbundene Unternehmen
Eigene Anteile		1345 **Eigene Anteile**			
Sonstige Wertpapiere		1348 **Sonstige Wertpapiere**	Forderungen gegen Unternehmen, mit denen ein Beteiligungsverhältnis besteht oder *sonstige Verbindlichkeiten gegenüber Unternehmen, mit denen ein Beteiligungsverhältnis besteht*		F 1480 Forderungen aus Lieferungen und Leistungen gegen Unternehmen, mit denen ein Beteiligungsverhältnis besteht
		1349 Wertpapieranlagen im Rahmen der kurzfristigen Finanzdisposition			F 1481 – Restlaufzeit bis 1 Jahr
		Forderungen und sonstige Vermögensgegenstände			F 1485 – Restlaufzeit größer 1 Jahr
Sonstige Vermögensgegenstände		1350 GmbH-Anteile zum kurzfristigen Verbleib			
		1352 Genossenschaftsanteile zum kurzfristigen Verbleib			
		1355 Ansprüche aus Rückdeckungsversicherungen			
Sonstige Vermögensgegenstände oder *sonstige Verbindlichkeiten*		F 1358 -59	Forderungen gegen Unternehmen, mit denen ein Beteiligungsverhältnis besteht		1488 Wertberichtigungen auf Forderungen mit einer Restlaufzeit bis zu 1 Jahr gegen Unternehmen, mit denen ein Beteiligungsverhältnis besteht
		F 1360 Geldtransit			
		F 1370 Verrechnungskonto für Gewinnermittlung § 4/3 EStG, ergebniswirksam			
		F 1371 Verrechnungskonto für Gewinnermittlung § 4/3 EStG, nicht ergebniswirksam			1489 Wertberichtigungen auf Forderungen mit einer Restlaufzeit von mehr als 1 Jahr gegen Unternehmen, mit denen ein Beteiligungsverhältnis besteht
		F 1380 Überleitungskonto Kostenstelle			
		F 1390 Verrechnungskonto Ist-Versteuerung			
Forderungen aus Lieferungen und Leistungen oder *sonstige Verbindlichkeiten*		S 1400 **Forderungen aus Lieferungen und Leistungen**	Forderungen aus Lieferungen und Leistungen oder *sonstige Verbindlichkeiten*		F 1490 Forderungen aus Lieferungen und Leistungen gegen Gesellschafter
		R 1401 Forderungen aus Lieferungen und -06 Leistungen			F 1491 – Restlaufzeit bis 1 Jahr
		F 1410 Forderungen aus Lieferungen und -44 Leistungen ohne Kontokorrent			F 1495 – Restlaufzeit größer 1 Jahr
		F 1445 Forderungen aus Lieferungen und Leistungen zum allgemeinen Umsatzsteuersatz oder eines Kleinunternehmers (EÜR)[13]	Forderungen aus Lieferungen und Leistungen H-Saldo		1498 Gegenkonto zu sonstigen Vermögensgegenständen bei Buchungen über Debitorenkonto
		F 1446 Forderungen aus Lieferungen und Leistungen zum ermäßigten Umsatzsteuersatz (EÜR)[13]	Forderungen aus Lieferungen und Leistungen H-Saldo oder *sonstige Verbindlichkeiten* S-Saldo		1499 Gegenkonto 1451-1497 bei Aufteilung Debitorenkonto
		F 1447 Forderungen aus steuerfreien oder nicht steuerbaren Lieferungen und Leistungen (EÜR)[13]			
		F 1448 Forderungen aus Lieferungen und Leistungen nach Durchschnittssätzen gemäß § 24 UStG (EÜR)[13]	Sonstige Vermögensgegenstände		**1500 Sonstige Vermögensgegenstände**
		F 1449 Gegenkonto 1445-1448 bei Aufteilung der Forderungen nach Steuersätzen (EÜR)[13]			1501 – Restlaufzeit bis 1 Jahr
					1502 – Restlaufzeit größer 1 Jahr
		F 1450 Forderungen nach § 11 Abs. 1 Satz 2 EStG für § 4/3 EStG			1503 Forderungen gegen Vorstandsmitglieder und Geschäftsführer – Restlaufzeit bis 1 Jahr
		F 1451 Forderungen aus Lieferungen und Leistungen ohne Kontokorrent – Restlaufzeit bis 1 Jahr			1504 Forderungen gegen Vorstandsmitglieder und Geschäftsführer – Restlaufzeit größer 1 Jahr
		F 1455 – Restlaufzeit größer 1 Jahr			1505 Forderungen gegen Aufsichtsrats- und Beiratsmitglieder – Restlaufzeit bis 1 Jahr
		F 1460 Zweifelhafte Forderungen			
		F 1461 – Restlaufzeit bis 1 Jahr			1506 Forderungen gegen Aufsichtsrats- und Beiratsmitglieder – Restlaufzeit größer 1 Jahr
		F 1465 – Restlaufzeit größer 1 Jahr			
Forderungen gegen verbundene Unternehmen oder *Verbindlichkeiten gegenüber verbundenen Unternehmen*		F 1470 Forderungen aus Lieferungen und Leistungen gegen verbundene Unternehmen			1507 Forderungen gegen Gesellschafter – Restlaufzeit bis 1 Jahr
		F 1471 – Restlaufzeit bis 1 Jahr			1508 Forderungen gegen Gesellschafter – Restlaufzeit größer 1 Jahr
		F 1475 – Restlaufzeit größer 1 Jahr			

DATEV-Kontenrahmen SKR 03

Bilanz-Posten[2]	Programmverbindung[4]	1 Finanz- und Privatkonten	Bilanz-Posten[2]	Programmverbindung[2]	1 Finanz- und Privatkonten
Geleistete Anzahlungen		1510 Geleistete Anzahlungen auf Vorräte AV 1511 Geleistete Anzahlungen, 7 % Vorsteuer R 1512 -15 AV 1516 Geleistete Anzahlungen, 15 % Vorsteuer AV 1517 Geleistete Anzahlungen, 16 % Vorsteuer R 1518	Sonstige Vermögensgegenstände oder *sonstige Verbindlichkeiten*		1580 Gegenkonto Vorsteuer § 4/3 EStG 1581 Auflösung Vorsteuer aus Vorjahr § 4/3 EStG 1582 Vorsteuer aus Investitionen § 4/3 EStG 1583 Gegenkonto für Vorsteuer nach Durchschnittssätzen für § 4 Abs. 3 EStG[13]
Sonstige Vermögensgegenstände		1521 Agenturwarenabrechnung 1525 Kautionen 1526 – Restlaufzeit bis 1 Jahr 1527 – Restlaufzeit größer 1 Jahr		U	S 1584 Abziehbare Vorsteuer aus innergemeinschaftlichem Erwerb von Neufahrzeugen von Lieferanten ohne Umsatzsteuer-Identifikationsnummer
Sonstige Vermögensgegenstände oder *sonstige Verbindlichkeiten*	U U	F 1528 Nachträglich abziehbare Vorsteuer, § 15a Abs. 2 UStG[1] F 1529 Zurückzuzahlende Vorsteuer, § 15a Abs. 2 UStG[1]		U U U	S 1585 Abziehbare Vorsteuer aus der Auslagerung von Gegenständen aus einem Umsatzsteuerlager R 1586 F 1587 Vorsteuer nach allgemeinen Durchschnittssätzen UStVA Kz. 63 F 1588 Bezahlte Einfuhrumsatzsteuer R 1589
Sonstige Vermögensgegenstände		1530 Forderungen gegen Personal aus Lohn- und Gehaltsabrechnung 1531 – Restlaufzeit bis 1 Jahr 1537 – Restlaufzeit größer 1 Jahr 1540 Steuerüberzahlungen 1542 Steuererstattungsansprüche gegenüber anderen EG-Ländern F 1543 Forderungen an das Finanzamt aus abgeführtem Bauabzugsbetrag 1545 Umsatzsteuerforderungen 1547 Forderungen aus entrichteten Verbrauchsteuern	Sonstige Verbindlichkeiten S-Saldo		1590 Durchlaufende Posten 1592 Fremdgeld F 1593 Verrechnungskonto erhaltene Anzahlungen bei Buchung über Debitorenkonto
Sonstige Vermögensgegenstände oder *sonstige Verbindlichkeiten*		1548 Vorsteuer im Folgejahr abziehbar	Forderungen gegen verbundene Unternehmen oder *Verbindlichkeiten gegenüber verbundenen Unternehmen*		**1594 Forderungen gegen verbundene Unternehmen** 1595 – Restlaufzeit bis 1 Jahr 1596 – Restlaufzeit größer 1 Jahr
Sonstige Vermögensgegenstände		1549 Körperschaftsteuerrückforderung 1550 Darlehen 1551 – Restlaufzeit bis 1 Jahr 1555 – Restlaufzeit größer 1 Jahr	Forderungen gegen Unternehmen, mit denen ein Beteiligungsverhältnis besteht oder *Verbindlichkeiten gegenüber Unternehmen, mit denen ein Beteiligungsverhältnis besteht*		1597 Forderungen gegen Unternehmen, mit denen ein Beteiligungsverhältnis besteht 1598 – Restlaufzeit bis 1 Jahr 1599 – Restlaufzeit größer 1 Jahr
Sonstige Vermögensgegenstände oder *sonstige Verbindlichkeiten*	U U U U	F 1556 Nachträglich abziehbare Vorsteuer, § 15a Abs. 1 UStG, bewegliche Wirtschaftsgüter F 1557 Zurückzuzahlende Vorsteuer, § 15a Abs. 1 UStG, bewegliche Wirtschaftsgüter F 1558 Nachträglich abziehbare Vorsteuer, § 15a Abs. 1 UStG, unbewegliche Wirtschaftsgüter F 1559 Zurückzuzahlende Vorsteuer, § 15a Abs. 1 UStG, unbewegliche Wirtschaftsgüter			
		S 1560 Aufzuteilende Vorsteuer S 1561 Aufzuteilende Vorsteuer 7 % S 1562 Aufzuteilende Vorsteuer aus innergemeinschaftlichem Erwerb R 1563 -64 S 1565 Aufzuteilende Vorsteuer 16 % R 1566 S 1567 Aufzuteilende Vorsteuer nach §§ 13a/13b UStG S 1568 Aufzuteilende Vorsteuer nach §§ 13a/13b UStG 16 % R 1569	Verbindlichkeiten aus Lieferungen und Leistungen oder *sonstige Vermögensgegenstände*		**Verbindlichkeiten** S 1600 **Verbindlichkeiten aus Lieferungen und Leistungen** R 1601 Verbindlichkeiten aus Lieferungen -03 und Leistungen F 1605 Verbindlichkeiten aus Lieferungen und Leistungen zum allgemeinen Umsatzsteuersatz (EUR)[13] F 1606 Verbindlichkeiten aus Lieferungen und Leistungen zum ermäßigten Umsatzsteuersatz (EUR)[13] F 1607 Verbindlichkeiten aus Lieferungen und Leistungen ohne Vorsteuer (EUR) F 1609 Gegenkonto 1605-1607 bei Aufteilung der Verbindlichkeiten nach Steuersätzen (EUR)[13]
	U U U U U U U	S 1570 Abziehbare Vorsteuer S 1571 Abziehbare Vorsteuer 7 % S 1572 Abziehbare Vorsteuer aus innergemeinschaftlichem Erwerb S 1573 Abziehbare Vorsteuer aus innergemeinschaftlichem Erwerb 16 % R 1574 S 1575 Abziehbare Vorsteuer 16 % R 1576 -77 S 1578 Abziehbare Vorsteuer nach § 13b UStG S 1579 Abziehbare Vorsteuer nach § 13b UStG 16 %			F 1610 Verbindlichkeiten aus Lieferungen -23 und Leistungen ohne Kontokorrent F 1624 Verbindlichkeiten aus Lieferungen und Leistungen für Investitionen für § 4/3 EStG F 1625 Verbindlichkeiten aus Lieferungen und Leistungen ohne Kontokorrent – Restlaufzeit bis 1 Jahr F 1626 – Restlaufzeit 1 bis 5 Jahre F 1628 – Restlaufzeit größer 5 Jahre

197

Bilanz-Posten[2]	Programm-verbindung[4]	1 Finanz- und Privatkonten	Bilanz-Posten[2]	Programm-verbindung[4]	1 Finanz- und Privatkonten
Verbindlichkeiten gegenüber verbundenen Unternehmen oder *Forderungen gegen verbundene Unternehmen*		F 1630 Verbindlichkeiten aus Lieferungen und Leistungen gegenüber verbundenen Unternehmen F 1631 – Restlaufzeit bis 1 Jahr F 1635 – Restlaufzeit 1 bis 5 Jahre F 1638 – Restlaufzeit größer 5 Jahre	Sonstige Verbindlichkeiten		1730 Kreditkartenabrechnung 1731 Agenturwarenabrechnung 1732 Erhaltene Kautionen 1733 – Restlaufzeit bis 1 Jahr 1734 – Restlaufzeit 1 bis 5 Jahre 1735 – Restlaufzeit größer 5 Jahre 1736 Verbindlichkeiten aus Betriebssteuern und -abgaben 1737 – Restlaufzeit bis 1 Jahr 1738 – Restlaufzeit 1 bis 5 Jahre 1739 – Restlaufzeit größer 5 Jahre 1740 Verbindlichkeiten aus Lohn und Gehalt
Verbindlichkeiten gegenüber Unternehmen, mit denen ein Beteiligungsverhältnis besteht oder *Forderungen gegen Unternehmen, mit denen ein Beteiligungsverhältnis besteht*		F 1640 Verbindlichkeiten aus Lieferungen und Leistungen gegenüber Unternehmen, mit denen ein Beteiligungsverhältnis besteht F 1641 – Restlaufzeit bis 1 Jahr F 1645 – Restlaufzeit 1 bis 5 Jahre F 1648 – Restlaufzeit größer 5 Jahre	Sonstige Verbindlichkeiten oder *sonstige Vermögensgegenstände*		1741 Verbindlichkeiten aus Lohn- und Kirchensteuer
			Sonstige Verbindlichkeiten		1742 Verbindlichkeiten im Rahmen der sozialen Sicherheit 1743 – Restlaufzeit bis 1 Jahr 1744 – Restlaufzeit 1 bis 5 Jahre 1745 – Restlaufzeit größer 5 Jahre 1746 Verbindlichkeiten aus Einbehaltungen (KapESt und Solz auf KapESt) 1747 Verbindlichkeiten für Verbrauchsteuern 1748 Verbindlichkeiten für Einbehaltungen von Arbeitnehmern 1749 Verbindlichkeiten an das Finanzamt aus abzuführendem Bauabzugsbetrag 1750 Verbindlichkeiten aus Vermögensbildung 1751 – Restlaufzeit bis 1 Jahr 1752 – Restlaufzeit 1 bis 5 Jahre 1753 – Restlaufzeit größer 5 Jahre 1754 Steuerzahlungen an andere EG-Länder
Verbindlichkeiten aus Lieferungen und Leistungen oder *sonstige Vermögensgegenstände*		F 1650 Verbindlichkeiten aus Lieferungen und Leistungen gegenüber Gesellschaftern F 1651 – Restlaufzeit bis 1 Jahr F 1655 – Restlaufzeit 1 bis 5 Jahre F 1658 – Restlaufzeit größer 5 Jahre			
Verbindlichkeiten aus Lieferungen und Leistungen S-Saldo oder *sonstige Vermögensgegenstände* H-Saldo		1659 Gegenkonto 1625-1658 bei Aufteilung Kreditorenkonto			
Verbindlichkeiten aus der Annahme gezogener Wechsel und aus der Ausstellung eigener Wechsel		F 1660 **Schuldwechsel** F 1661 – Restlaufzeit bis 1 Jahr F 1680 – Restlaufzeit 1 bis 5 Jahre F 1690 – Restlaufzeit größer 5 Jahre	Sonstige Verbindlichkeiten oder *sonstige Vermögensgegenstände*		**1755 Lohn- und Gehaltsverrechnung** 1756 Lohn- und Gehaltsverrechnung § 11 Abs. 2 EStG für § 4/3 EStG[1] R 1758 1759 Voraussichtliche Beitragsschuld gegenüber den Sozialversicherungsträgern[1]
Sonstige Verbindlichkeiten		**1700 Sonstige Verbindlichkeiten** 1701 – Restlaufzeit bis 1 Jahr 1702 – Restlaufzeit 1 bis 5 Jahre 1703 – Restlaufzeit größer 5 Jahre 1704 Sonstige Verbindlichkeiten z. B. nach § 11 Abs. 2 Satz 2 EStG für § 4/3 EStG 1705 Darlehen 1706 – Restlaufzeit bis 1 Jahr 1707 – Restlaufzeit 1 bis 5 Jahre 1708 – Restlaufzeit größer 5 Jahre 1709 Gewinnverfügungskonto stiller Gesellschafter	Steuerrückstellungen oder *sonstige Vermögensgegenstände*		S 1760 Umsatzsteuer nicht fällig S 1761 Umsatzsteuer nicht fällig 7 % S 1762 Umsatzsteuer nicht fällig aus im Inland steuerpflichtigen EG-Lieferungen S 1763 Umsatzsteuer nicht fällig aus im Inland steuerpflichtigen EG-Lieferungen 16 % R 1764 S 1765 Umsatzsteuer nicht fällig 16 % R 1766 S 1767 Umsatzsteuer aus im anderen EG-Land steuerpflichtigen Lieferungen S 1768 Umsatzsteuer aus im anderen EG-Land steuerpflichtigen sonstigen Leistungen/Werklieferungen
Sonstige Verbindlichkeiten oder *sonstige Vermögensgegenstände*					
Erhaltene Anzahlungen auf Bestellungen (Passiva)	U U U	**1710 Erhaltene Anzahlungen (Verbindlichkeiten)** AM 1711 Erhaltene, versteuerte Anzahlungen 7 % USt (Verbindlichkeiten) R 1712 -15 AM 1716 Erhaltene, versteuerte Anzahlungen 15 % USt (Verbindlichkeiten) AM 1717 Erhaltene, versteuerte Anzahlungen 16 % USt (Verbindlichkeiten) R 1718 1719 Erhaltene Anzahlungen – Restlaufzeit bis 1 Jahr 1720 – Restlaufzeit 1 bis 5 Jahre 1721 – Restlaufzeit größer 5 Jahre 1722 Erhaltene Anzahlungen (von Vorräten offen abgesetzt)			
Erhaltene Anzahlungen auf Bestellungen (Aktiva)					

DATEV-Kontenrahmen SKR 03

GuV-Posten[2]	Programmverbindung[4]	2 Abgrenzungskonten	GuV-Posten[2]	Programmverbindung[4]	2 Abgrenzungskonten
		M 2400-2449	Steuern vom Einkommen und Ertrag	K	**Steueraufwendungen**
		Außerordentliche Aufwendungen i.S.d. BiRiLiG		K	2200 Körperschaftsteuer
				K	2203 Körperschaftsteuer für Vorjahre
Außerordentliche Aufwendungen		2000 Außerordentliche Aufwendungen		K	2204 Körperschaftsteuererstattungen für Vorjahre
		2001 Außerordentliche Aufwendungen finanzwirksam		K	2208 Solidaritätszuschlag
		2005 Außerordentliche Aufwendungen nicht finanzwirksam		K	2209 Solidaritätszuschlag für Vorjahre
				K	2210 Solidaritätszuschlagerstattungen für Vorjahre
		Betriebsfremde und periodenfremde Aufwendungen		G K	2212 Kapitalertragsteuer 20 %
Sonstige betriebliche Aufwendungen		2010 Betriebsfremde Aufwendungen (soweit nicht außerordentlich)		G K	2213 Kapitalertragsteuer 25 %[1]
		2020 Periodenfremde Aufwendungen (soweit nicht außerordentlich)		G K	2214 Anrechenbarer Solidaritätszuschlag auf Kapitalertragsteuer 20 %
				G K	2215 Zinsabschlagsteuer
		Zinsen und ähnliche Aufwendungen		G K	2216 Anrechenbarer Solidaritätszuschlag auf Kapitalertragsteuer 25 %[1]
Zinsen und ähnliche Aufwendungen		2100 Zinsen und ähnliche Aufwendungen		G K	2218 Anrechenbarer Solidaritätszuschlag auf Zinsabschlagsteuer
		2103 Steuerlich abzugsfähige, andere Nebenleistungen zu Steuern			2280 Steuernachzahlungen Vorjahre für Steuern vom Einkommen und Ertrag
	G K	2104 Steuerlich nicht abzugsfähige, andere Nebenleistungen zu Steuern			2282 Steuererstattungen Vorjahre für Steuern vom Einkommen und Ertrag
		2107 Zinsaufwendungen § 233a AO betriebliche Steuern			2284 Erträge aus der Auflösung von Rückstellungen für Steuern vom Einkommen und Ertrag
	G K	2108 Zinsaufwendungen §§ 233a bis 237 AO Personensteuern	Sonstige Steuern		2285 Steuernachzahlungen Vorjahre für sonstige Steuern
		2109 Zinsaufwendungen an verbundene Unternehmen			2287 Steuererstattungen Vorjahre für sonstige Steuern
		2110 Zinsaufwendungen für kurzfristige Verbindlichkeiten			2289 Erträge aus der Auflösung von Rückstellungen für sonstige Steuern
	G	2113 Nicht abzugsfähige Schuldzinsen gemäß § 4 Abs. 4a EStG (Hinzurechnungsbetrag)[13]			**Sonstige Aufwendungen**
	G K	2115 Zinsen und ähnliche Aufwendungen 100 % / 50 % nicht abzugsfähig (inländische Kap.Ges.)[9]	Sonstige betriebliche Aufwendungen		**2300 Sonstige Aufwendungen**
					2307 Sonstige Aufwendungen betriebsfremd und regelmäßig
	G K	2116 Zinsen und ähnliche Aufwendungen an verbundene Unternehmen 100 % / 50 % nicht abzugsfähig (inländische Kap.Ges.)[9]			2309 Sonstige Aufwendungen unregelmäßig
					2310 Anlagenabgänge Sachanlagen (Restbuchwert bei Buchverlust)
		2118 In Dauerschuldzinsen umqualifizierte Zinsen auf kurzfristige Verbindlichkeiten			2311 Anlagenabgänge immaterielle Vermögensgegenstände (Restbuchwert bei Buchverlust)
		2119 Zinsaufwendungen für kurzfristige Verbindlichkeiten an verbundene Unternehmen			2312 Anlagenabgänge Finanzanlagen (Restbuchwert bei Buchverlust)
	G K	2120 Zinsaufwendungen für langfristige Verbindlichkeiten		G K	2313 Anlagenabgänge Finanzanlagen 100 %/50 % nicht abzugsfähig, (inländische Kap. Ges.) (Restbuchwert bei Buchverlust)[9]
	G K	2125 Zinsaufwendungen für Gebäude, die zum Betriebsvermögen gehören[13]	Sonstige betriebliche Erträge		2315 Anlagenabgänge Sachanlagen (Restbuchwert bei Buchgewinn)
	G K	2126 Zinsen zur Finanzierung des Anlagevermögens			2316 Anlagenabgänge immaterielle Vermögensgegenstände (Restbuchwert bei Buchgewinn)
	G K	2127 Renten und dauernde Lasten aus Gründung/Erwerb § 8 GewStG			2317 Anlagenabgänge Finanzanlagen (Restbuchwert bei Buchgewinn)
	G	2128 Zinsaufwendungen an Mitunternehmer für die Hingabe von Kapital § 15 EStG		G K	2318 Anlagenabgänge Finanzanlagen 100 %/50 % steuerfrei (inländische Kap. Ges.) (Restbuchwert bei Buchgewinn)[9]
	G K	2129 Zinsaufwendungen für langfristige Verbindlichkeiten an verbundene Unternehmen			2320 Verluste aus dem Abgang von Gegenständen des Anlagevermögens
		2130 Diskontaufwendungen	Sonstige betriebliche Aufwendungen		
		2139 Diskontaufwendungen an verbundene Unternehmen		G K	2323 Verluste aus der Veräußerung von Anteilen an Kapitalgesellschaften 100 %/50 % nicht abzugsfähig (inländische Kap. Ges.)[9]
		2140 Zinsähnliche Aufwendungen			
		2149 Zinsähnliche Aufwendungen an verbundene Unternehmen			2325 Verluste aus dem Abgang von Gegenständen des Umlaufvermögens (außer Vorräte)
Sonstige betriebliche Aufwendungen		2150 Aufwendungen aus Kursdifferenzen			
		2166 Aufwendungen aus Bewertung Finanzmittelfonds			
		2170 Nicht abziehbare Vorsteuer			
		2171 Nicht abziehbare Vorsteuer 7 %			
		2175 Nicht abziehbare Vorsteuer 16 %			
		R 2176			

GuV-Posten[2]	Programmverbindung[4]	2 Abgrenzungskonten	GuV-Posten[2]	Programmverbindung[4]	2 Abgrenzungskonten
		M 2400-2449	Steuern vom Einkommen und Ertrag	K K K K K K G K G K G K G K G K G K	**Steueraufwendungen** 2200 Körperschaftsteuer 2203 Körperschaftsteuer für Vorjahre 2204 Körperschaftsteuererstattungen für Vorjahre 2208 Solidaritätszuschlag 2209 Solidaritätszuschlag für Vorjahre 2210 Solidaritätszuschlagerstattungen für Vorjahre 2212 Kapitalertragsteuer 20 % 2213 Kapitalertragsteuer 25 %[1] 2214 Anrechenbarer Solidaritätszuschlag auf Kapitalertragsteuer 20 % 2215 Zinsabschlagsteuer 2216 Anrechenbarer Solidaritätszuschlag auf Kapitalertragsteuer 25 % 2218 Anrechenbarer Solidaritätszuschlag auf Zinsabschlagsteuer 2280 Steuernachzahlungen Vorjahre für Steuern vom Einkommen und Ertrag 2282 Steuererstattungen Vorjahre für Steuern vom Einkommen und Ertrag 2284 Erträge aus der Auflösung von Rückstellungen für Steuern vom Einkommen und Ertrag
Außerordentliche Aufwendungen		**Außerordentliche Aufwendungen i.S.d. BiRiLiG** 2000 Außerordentliche Aufwendungen 2001 Außerordentliche Aufwendungen finanzwirksam 2005 Außerordentliche Aufwendungen nicht finanzwirksam			
Sonstige betriebliche Aufwendungen		**Betriebsfremde und periodenfremde Aufwendungen** 2010 Betriebsfremde Aufwendungen (soweit nicht außerordentlich) 2020 Periodenfremde Aufwendungen (soweit nicht außerordentlich)			
		Zinsen und ähnliche Aufwendungen	Sonstige Steuern		2285 Steuernachzahlungen Vorjahre für sonstige Steuern 2287 Steuererstattungen Vorjahre für sonstige Steuern 2289 Erträge aus der Auflösung von Rückstellungen für sonstige Steuern
Zinsen und ähnliche Aufwendungen	 G K G K G G K G K G K G K G K G G K	2100 Zinsen und ähnliche Aufwendungen 2103 Steuerlich abzugsfähige, andere Nebenleistungen zu Steuern 2104 Steuerlich nicht abzugsfähige, andere Nebenleistungen zu Steuern 2107 Zinsaufwendungen § 233a AO betriebliche Steuern 2108 Zinsaufwendungen §§ 233a bis 237 AO Personensteuern 2109 Zinsaufwendungen an verbundene Unternehmen 2110 Zinsaufwendungen für kurzfristige Verbindlichkeiten 2113 Nicht abzugsfähige Schuldzinsen gemäß § 4 Abs. 4a EStG (Hinzurechnungsbetrag)[3] 2115 Zinsen und ähnliche Aufwendungen 100 % / 50 % nicht abzugsfähig (inländische Kap.Ges.)[9] 2116 Zinsen und ähnliche Aufwendungen an verbundene Unternehmen 100 % / 50 % nicht abzugsfähig (inländische Kap.Ges.)[9] 2118 In Dauerschuldzinsen umqualifizierte Zinsen auf kurzfristige Verbindlichkeiten 2119 Zinsaufwendungen für kurzfristige Verbindlichkeiten an verbundene Unternehmen 2120 Zinsaufwendungen für langfristige Verbindlichkeiten 2125 Zinsaufwendungen für Gebäude, die zum Betriebsvermögen gehören[13] 2126 Zinsen zur Finanzierung des Anlagevermögens 2127 Renten und dauernde Lasten aus Gründung/Erwerb § 8 GewStG 2128 Zinsaufwendungen an Mitunternehmer für die Hingabe von Kapital § 15 EStG 2129 Zinsaufwendungen für langfristige Verbindlichkeiten an verbundene Unternehmen 2130 Diskontaufwendungen 2139 Diskontaufwendungen an verbundene Unternehmen 2140 Zinsähnliche Aufwendungen 2149 Zinsähnliche Aufwendungen an verbundene Unternehmen	Sonstige betriebliche Aufwendungen		**Sonstige Aufwendungen** **2300 Sonstige Aufwendungen** 2307 Sonstige Aufwendungen betriebsfremd und regelmäßig 2309 Sonstige Aufwendungen unregelmäßig 2310 Anlagenabgänge Sachanlagen (Restbuchwert bei Buchverlust) 2311 Anlagenabgänge immaterielle Vermögensgegenstände (Restbuchwert bei Buchverlust) 2312 Anlagenabgänge Finanzanlagen (Restbuchwert bei Buchverlust)
			Sonstige betriebliche Erträge	G K G K	2313 Anlagenabgänge Finanzanlagen 100 %/50 % nicht abzugsfähig, (inländische Kap. Ges.) (Restbuchwert bei Buchverlust)[9] 2315 Anlagenabgänge Sachanlagen (Restbuchwert bei Buchgewinn) 2316 Anlagenabgänge immaterielle Vermögensgegenstände (Restbuchwert bei Buchgewinn) 2317 Anlagenabgänge Finanzanlagen (Restbuchwert bei Buchgewinn) 2318 Anlagenabgänge Finanzanlagen 100 %/50 % steuerfrei (inländische Kap. Ges.) (Restbuchwert bei Buchgewinn)[9]
			Sonstige betriebliche Aufwendungen	 G K	2320 Verluste aus dem Abgang von Gegenständen des Anlagevermögens 2323 Verluste aus der Veräußerung von Anteilen an Kapitalgesellschaften 100 %/50 % nicht abzugsfähig (inländische Kap. Ges.)[9] 2325 Verluste aus dem Abgang von Gegenständen des Umlaufvermögens (außer Vorräte)
Sonstige betriebliche Aufwendungen		2150 Aufwendungen aus Kursdifferenzen 2166 Aufwendungen aus Bewertung Finanzmittelfonds 2170 Nicht abziehbare Vorsteuer 2171 Nicht abziehbare Vorsteuer 7 % 2175 Nicht abziehbare Vorsteuer 16 % R 2176			

DATEV-Kontenrahmen SKR 03

GuV-Posten[21]	Programmverbindung[4]	2 Abgrenzungskonten
		Zinserträge
Erträge aus Beteiligungen	G K	**2600 Erträge aus Beteiligungen**
		2615 Laufende Erträge aus Anteilen an Kapitalgesellschaften (Beteiligung 100 % / 50 % steuerfrei) (inländische Kap.Ges.)[9]
	G K	2616 Laufende Erträge aus Anteilen an Kapitalgesellschaften (verbundene Unternehmen) 100 % / 50 % steuerfrei (inländische Kap.Ges.)[9]
	G K	2617 Gewinne aus Anteilen an nicht steuerbefreiten inländischen Kapitalgesellschaften § 9 Nr. 2a GewStG
	G K	2618 Gewinnanteile aus Mitunternehmerschaften § 9 GewStG
		2619 Erträge aus Beteiligungen an verbundenen Unternehmen
Erträge aus anderen Wertpapieren und Ausleihungen des Finanzanlagevermögens		**2620 Erträge aus anderen Wertpapieren und Ausleihungen des Finanzanlagevermögens**
	G K	2625 Laufende Erträge aus Anteilen an Kapitalgesellschaften (Finanzanlagevermögen) 100 % / 50 % steuerfrei (inländische Kap.Ges.)[9]
	G K	2626 Laufende Erträge aus Anteilen an Kapitalgesellschaften (verbundene Unternehmen) 100 % / 50 % steuerfrei (inländische Kap.Ges.)[9]
		2649 Erträge aus anderen Wertpapieren und Ausleihungen des Finanzanlagevermögens aus verbundenen Unternehmen
Sonstige Zinsen und ähnliche Erträge		**2650 Sonstige Zinsen und ähnliche Erträge**
	G K	2655 Laufende Erträge aus Anteilen an Kapitalgesellschaften (Umlaufvermögen) 100 % / 50 % steuerfrei (inländische Kap.Ges.)[9]
	G K	2656 Laufende Erträge aus Anteilen an Kapitalgesellschaften (verbundene Unternehmen) 100 % / 50 % steuerfrei (inländische Kap.Ges.)[9]
		2657 Zinserträge § 233a AO
		2658 Zinserträge § 233a AO Sonderfall Anlage A KSt
		2659 Sonstige Zinsen und ähnliche Erträge aus verbundenen Unternehmen
Sonstige betriebliche Erträge		2660 Erträge aus Kursdifferenzen
		2666 Erträge aus Bewertung Finanzmittelfonds
Sonstige Zinsen und ähnliche Erträge		2670 Diskonterträge
		2679 Diskonterträge aus verbundenen Unternehmen
		2680 Zinsähnliche Erträge
		2689 Zinsähnliche Erträge aus verbundenen Unternehmen
		Sonstige Erträge
Sonstige betriebliche Erträge		**2700 Sonstige Erträge**
		2705 Sonstige Erträge betrieblich und regelmäßig
		2707 Sonstige Erträge betriebsfremd und regelmäßig
		2709 Sonstige Erträge unregelmäßig
		2710 Erträge aus Zuschreibungen des Sachanlagevermögens
		2711 Erträge aus Zuschreibungen des immateriellen Anlagevermögens
		2712 Erträge aus Zuschreibungen des Finanzanlagevermögens
	G K	2713 Erträge aus Zuschreibungen des Finanzanlagevermögens 100 % / 50 % steuerfrei (inländische Kap. Ges.)[9]

GuV-Posten[21]	Programmverbindung[4]	2 Abgrenzungskonten
Sonstige betriebliche Erträge	G K	2714 Erträge aus Zuschreibungen des anderen Anlagevermögens 100 % / 50 % steuerfrei (inländische Kap. Ges.)[9]
		2715 Erträge aus Zuschreibungen des Umlaufvermögens
	G K	2716 Erträge aus Zuschreibungen des Umlaufvermögens 100 % / 50 % steuerfrei (inländische Kap. Ges.)[9]
		2720 Erträge aus dem Abgang von Gegenständen des Anlagevermögens
	G K	2723 Erträge aus der Veräußerung von Anteilen an Kapitalgesellschaften 100 % / 50 % steuerfrei (inländische Kap. Ges.)[9]
		2725 Erträge aus dem Abgang von Gegenständen des Umlaufvermögens (außer Vorräte)
	G K	2726 Erträge aus dem Abgang von Gegenständen des Umlaufvermögens (außer Vorräte) 100 % / 50 % steuerfrei (inländische Kap.Ges.)[9]
		2730 Erträge aus Herabsetzung der Pauschalwertberichtigung zu Forderungen
		2731 Erträge aus Herabsetzung der Einzelwertberichtigung zu Forderungen
		2732 Erträge aus abgeschriebenen Forderungen
		2733 Erträge aus der Auflösung von Sonderposten mit Rücklageanteil (Existenzgründerrücklage)[13]
		2734 Erträge aus der steuerlich niedrigeren Bewertung von Verbindlichkeiten
		2735 Erträge aus der Auflösung von Rückstellungen
		2736 Erträge aus der steuerlich niedrigeren Bewertung von Rückstellungen
		2737 Erträge aus der Auflösung von Sonderposten mit Rücklageanteil (aus der Währungsumstellung auf den Euro)[11]
		2738 Erträge aus der Auflösung von Sonderposten mit Rücklageanteil nach § 52 Abs. 16 EStG
		2739 Erträge aus der Auflösung von Sonderposten mit Rücklageanteil (Ansparabschreibungen)
		2740 Erträge aus der Auflösung von Sonderposten mit Rücklageanteil (steuerfreie Rücklagen)
		2741 Erträge aus der Auflösung von Sonderposten mit Rücklageanteil (Sonderabschreibungen)
		2742 Versicherungsentschädigungen
		2743 Investitionszuschüsse (steuerpflichtig)
	G K	2744 Investitionszulagen (steuerfrei)
Erträge aus Kapitalherabsetzung		2745 Erträge aus Kapitalherabsetzung
Sonstige betriebliche Erträge	G K	2746 Steuerfreie Erträge aus der Auflösung von Sonderposten mit Rücklageanteil[13]
	G K	2747 Sonstige steuerfreie Betriebseinnahmen[13]
		2750 Grundstückserträge
Erträge aus Verlustübernahme	K	2790 Erträge aus Verlustübernahme

GuV-Posten[2]	Programm-verbindung[4]	2 Abgrenzungskonten	GuV-Posten[2]	Programm-verbindung[4]	2 Abgrenzungskonten
		Zinserträge	Sonstige betriebliche Erträge	G K	2714 Erträge aus Zuschreibungen des anderen Anlagevermögens 100 %/50 % steuerfrei (inländische Kap. Ges.)[9]
Erträge aus Beteiligungen	G K	**2600 Erträge aus Beteiligungen** 2615 Laufende Erträge aus Anteilen an Kapitalgesellschaften (Beteiligung 100 % / 50 % steuerfrei (inländische Kap.Ges.)[9]			2715 Erträge aus Zuschreibungen des Umlaufvermögens
	G K	2616 Laufende Erträge aus Anteilen an Kapitalgesellschaften (verbundene Unternehmen) 100 % / 50 % steuerfrei (inländische Kap.Ges.)[9]		G K	2716 Erträge aus Zuschreibungen des Umlaufvermögens 100 % /50 % steuerfrei (inländische Kap. Ges.)[9]
	G K	2617 Gewinne aus Anteilen an nicht steuerbefreiten inländischen Kapitalgesellschaften § 9 Nr. 2a GewStG			2720 Erträge aus dem Abgang von Gegenständen des Anlagevermögens
	G K	2618 Gewinnanteile aus Mitunternehmerschaften § 9 GewStG 2619 Erträge aus Beteiligungen an verbundenen Unternehmen		G K	2723 Erträge aus der Veräußerung von Anteilen an Kapitalgesellschaften 100 %/50 % steuerfrei (inländische Kap. Ges.)[9] 2725 Erträge aus dem Abgang von Gegenständen des Umlaufvermögens (außer Vorräte)
Erträge aus anderen Wertpapieren und Ausleihungen des Finanzanlagevermögens	G K	**2620 Erträge aus anderen Wertpapieren und Ausleihungen des Finanzanlagevermögens** 2625 Laufende Erträge aus Anteilen an Kapitalgesellschaften (Finanzanlagevermögen) 100 % / 50 % steuerfrei (inländische Kap. Ges.)[9]		G K	2726 Erträge aus dem Abgang von Gegenständen des Umlaufvermögens (außer Vorräte) 100 %/50 % steuerfrei (inländische Kap.Ges.)[9] 2730 Erträge aus Herabsetzung der Pauschalwertberichtigung zu Forderungen
	G K	2626 Laufende Erträge aus Anteilen an Kapitalgesellschaften (verbundene Unternehmen) 100 % / 50 % steuerfrei (inländische Kap.Ges.)[9] 2649 Erträge aus anderen Wertpapieren und Ausleihungen des Finanzanlagevermögens aus verbundenen Unternehmen			2731 Erträge aus Herabsetzung der Einzelwertberichtigung zu Forderungen 2732 Erträge aus abgeschriebenen Forderungen 2733 Erträge aus der Auflösung von Sonderposten mit Rücklageanteil (Existenzgründerrücklage)[13] 2734 Erträge aus der steuerlich niedrigeren Bewertung von Verbindlichkeiten
Sonstige Zinsen und ähnliche Erträge	G K	**2650 Sonstige Zinsen und ähnliche Erträge** 2655 Laufende Erträge aus Anteilen an Kapitalgesellschaften (Umlaufvermögen) 100 % / 50 % steuerfrei (inländische Kap.Ges.)[9]			2735 Erträge aus der Auflösung von Rückstellungen 2736 Erträge aus der steuerlich niedrigeren Bewertung von Rückstellungen
	G K	2656 Laufende Erträge aus Anteilen an Kapitalgesellschaften (verbundene Unternehmen) 100 % / 50 % steuerfrei (inländische Kap.Ges.)[9] 2657 Zinserträge § 233a AO			2737 Erträge aus der Auflösung von Sonderposten mit Rücklageanteil (aus der Währungsumstellung auf den Euro)[11]
	G K	2658 Zinserträge § 233a AO Sonderfall Anlage A KSt 2659 Sonstige Zinsen und ähnliche Erträge aus verbundenen Unternehmen			2738 Erträge aus der Auflösung von Sonderposten mit Rücklageanteil nach § 52 Abs. 16 EStG 2739 Erträge aus der Auflösung von Sonderposten mit Rücklageanteil (Ansparabschreibungen)
Sonstige betriebliche Erträge		2660 Erträge aus Kursdifferenzen 2666 Erträge aus Bewertung Finanzmittelfonds			2740 Erträge aus der Auflösung von Sonderposten mit Rücklageanteil (steuerfreie Rücklagen)
Sonstige Zinsen und ähnliche Erträge		2670 Diskonterträge 2679 Diskonterträge aus verbundenen Unternehmen 2680 Zinsähnliche Erträge 2689 Zinsähnliche Erträge aus verbundenen Unternehmen			2741 Erträge aus der Auflösung von Sonderposten mit Rücklageanteil (Sonderabschreibungen) 2742 Versicherungsentschädigungen 2743 Investitionszuschüsse (steuerpflichtig)
		Sonstige Erträge		G K	2744 Investitionszulagen (steuerfrei)
Sonstige betriebliche Erträge		**2700 Sonstige Erträge** 2705 Sonstige Erträge betrieblich und regelmäßig 2707 Sonstige Erträge betriebsfremd und regelmäßig 2709 Sonstige Erträge unregelmäßig 2710 Erträge aus Zuschreibungen des Sachanlagevermögens 2711 Erträge aus Zuschreibungen des immateriellen Anlagevermögens 2712 Erträge aus Zuschreibungen des Finanzanlagevermögens	Erträge aus Kapitalherabsetzung		2745 Erträge aus Kapitalherabsetzung
			Sonstige betriebliche Erträge	G K	2746 Steuerfreie Erträge aus der Auflösung von Sonderposten mit Rücklageanteil[13]
				G K	2747 Sonstige steuerfreie Betriebseinnahmen[13] 2750 Grundstückserträge
	G K	2713 Erträge aus Zuschreibungen des Finanzanlagevermögens 100 %/50 % steuerfrei (inländische Kap. Ges.)[9]	Erträge aus Verlustübernahme	K	2790 Erträge aus Verlustübernahme

DATEV-Kontenrahmen SKR 03

Bilanz-/GuV-Posten[2]	Programmverbindung[4]	3 Wareneingangs- und Bestandskonten	Bilanz-/GuV-Posten[2]	Programmverbindung[4]	3 Wareneingangs- und Bestandskonten
Aufwendungen für Roh-, Hilfs- und Betriebsstoffe und für bezogene Waren		3200 **Wareneingang** AV 3300 Wareneingang 7 % Vorsteuer -09 R 3310 -49 AV 3400 Wareneingang 16 % Vorsteuer -09 R 3410 -19	Aufwendungen für Roh-, Hilfs- und Betriebsstoffe und für bezogene Waren	U U U	AV 3724 Nachlässe aus innergemeinschaftlichem Erwerb 7 % Vorsteuer und 7 % Umsatzsteuer AV 3725 Nachlässe aus innergemeinschaftlichem Erwerb 16 % Vorsteuer und 16 % Umsatzsteuer R 3726 AV 3727 Nachlässe aus innergemeinschaftlichem Erwerb 15 % Vorsteuer und 15 % Umsatzsteuer
	U	AV 3420 Innergemeinschaftlicher Erwerb -24 7 % Vorsteuer und 7 % Umsatzsteuer			R 3728 -29 S 3730 Erhaltene Skonti S/AV 3731 Erhaltene Skonti 7 % Vorsteuer R 3732 -34
	U	AV 3425 Innergemeinschaftlicher Erwerb -29 16 % Vorsteuer und 16 % Umsatzsteuer			S/AV 3735 Erhaltene Skonti 16 % Vorsteuer R 3736 -38 3740 Erhaltene Boni[16] S 3745 Erhaltene Skonti aus steuerpflichtigem innergemeinschaftlichem Erwerb[1]
	U	AV 3430 Innergemeinschaftlicher Erwerb ohne Vorsteuer und 7 % Umsatzsteuer R 3431 -34		U	S/AV 3746 Erhaltene Skonti aus steuerpflichtigem innergemeinschaftlichem Erwerb 7 % Vorsteuer und 7 % Umsatzsteuer[1] R 3747 -48
	U	AV 3435 Innergemeinschaftlicher Erwerb ohne Vorsteuer und 16 % Umsatzsteuer R 3436 -39		U	S/AV 3749 Erhaltene Skonti aus steuerpflichtigem innergemeinschaftlichem Erwerb 16 % Vorsteuer und 16 % Umsatzsteuer[1]
	U	AV 3440 Innergemeinschaftlicher Erwerb von Neufahrzeugen von Lieferanten ohne Umsatzsteuer-Identifikationsnummer 16 % Vorsteuer und 16 % Umsatzsteuer R 3441 -49			AV 3750 Erhaltene Boni 7 % Vorsteuer -51 R 3752 -59 AV 3760 Erhaltene Boni 16 % Vorsteuer -61 R 3762 -68
		AV 3500 Wareneingang 5 % Vorsteuer -04 R 3505 -29 AV 3530 Wareneingang 9 % Vorsteuer -34 R 3535 -39 AV 3540 Wareneingang 9 % Vorsteuer -49			3769 Erhaltene Boni[1] 3770 Erhaltene Rabatte AV 3780 Erhaltene Rabatte 7 % Vorsteuer -81 R 3782 -89 AV 3790 Erhaltene Rabatte 16 % Vorsteuer -91 R 3792 -99
	U	AV 3550 Steuerfreier innergemeinschaftlicher Erwerb R 3551 -58 3559 Steuerfreie Einfuhren			3800 Bezugsnebenkosten 3830 Leergut 3850 Zölle und Einfuhrabgaben 3960 Bestandsveränderungen Roh-, -69 Hilfs- und Betriebsstoffe sowie bezogene Waren
	U	AV 3560 Waren aus einem Umsatzsteuerlager, § 13a UStG 7 % Vorsteuer und 7 % Umsatzsteuer R 3561 -64			**Bestand an Vorräten** 3970 Bestand Roh-, Hilfs- und -79 Betriebsstoffe
	U	AV 3565 Waren aus einem Umsatzsteuerlager, § 13a UStG 16 % Vorsteuer und 16 % Umsatzsteuer R 3566 -69			3980 Bestand Waren -89 **Verrechnete Stoffkosten** 3990 Verrechnete Stoffkosten -99 (Gegenkonto zu 4000-99)
		3600 Nicht abziehbare Vorsteuer -09 3610 Nicht abziehbare Vorsteuer 7 % -19 3650 Nicht abziehbare Vorsteuer 16 % -59 R 3660 -69 3700 Nachlässe AV 3710 Nachlässe 7 % Vorsteuer -11 R 3712 -19 AV 3720 Nachlässe 16 % Vorsteuer -21 R 3722 AV 3723 Nachlässe 15 % Vorsteuer	Roh-, Hilfs- und Betriebsstoffe Fertige Erzeugnisse und Waren Aufwendungen für Roh-, Hilfs- und Betriebsstoffe und für bezogene Waren		

GuV-Posten[2]	Programm-verbindung[4]	4 Betriebliche Aufwendungen	GuV-Posten[2]	Programm-verbindung[4]	4 Betriebliche Aufwendungen
Sonstige betriebliche Aufwendungen		4600 Werbekosten[8]	Abschreibungen auf immaterielle Vermögensgegenstände des Anlagevermögens und Sachanlagen sowie auf aktivierte Aufwendungen für die Ingangsetzung und Erweiterung des Geschäftsbetriebs		4815 Kaufleasing
		4610 Werbekosten[16]			**4820 Abschreibungen** auf Aufwendungen für die Ingangsetzung und Erweiterung des Geschäftsbetriebs
	G K	4630 Geschenke abzugsfähig			
		4635 Geschenke nicht abzugsfähig			
		4638 Geschenke ausschließlich betrieblich genutzt			4821 Abschreibungen auf Aufwendungen für die Währungsumstellung auf den Euro
		4640 Repräsentationskosten			
		4650 Bewirtungskosten			4822 Abschreibungen auf immaterielle Vermögensgegenstände
		4651 Sonstige eingeschränkt abziehbare Betriebsausgaben (abziehbarer Anteil)[13]			4824 Abschreibungen auf den Geschäfts- oder Firmenwert
	G K	4652 Sonstige eingeschränkt abziehbare Betriebsausgaben (nicht abziehbarer Anteil)[13]			4826 Außerplanmäßige Abschreibungen auf immaterielle Vermögensgegenstände
		4653 Aufmerksamkeiten			
	G K	4654 Nicht abzugsfähige Bewirtungskosten			4830 Abschreibungen auf Sachanlagen (ohne AfA auf Kfz und Gebäude)
	G K	4655 Nicht abzugsfähige Betriebsausgaben aus Werbe- und Repräsentationskosten (nicht abziehbarer Anteil)[8]			4831 Abschreibungen auf Gebäude[13]
					4832 Abschreibungen auf Kfz[13]
		4656 [14]			4833 Abschreibungen auf Gebäudeanteil des häuslichen Arbeitszimmers[1]
		4657 [14]			
		4660 Reisekosten Arbeitnehmer			4840 Außerplanmäßige Abschreibungen auf Sachanlagen
	G K	4662 Reisekosten Arbeitnehmer (nicht abziehbarer Anteil)[1]			4841 Absetzung für außergewöhnliche technische und wirtschaftliche Abnutzung der Gebäude[13]
		4663 Reisekosten Arbeitnehmer Fahrtkosten			
		4664 Reisekosten Arbeitnehmer Verpflegungsmehraufwand			4842 Absetzung für außergewöhnliche technische und wirtschaftliche Abnutzung des Kfz[13]
		4666 Reisekosten Arbeitnehmer Übernachtungsaufwand			
		R 4667			4843 Absetzung für außergewöhnliche technische und wirtschaftliche Abnutzung sonstiger Wirtschaftsgüter[13]
		4668 Kilometergelderstattung Arbeitnehmer			
		4670 Reisekosten Unternehmer			4850 Abschreibungen auf Sachanlagen auf Grund steuerlicher Sondervorschriften
	G K	4672 Reisekosten Unternehmer (nicht abziehbarer Anteil)[1]			
		4673 Reisekosten Unternehmer Fahrtkosten			4851 Sonderabschreibungen nach § 7g Abs. 1 und 2 EStG (ohne Kfz)[13]
		4674 Reisekosten Unternehmer Verpflegungsmehraufwand			4852 Sonderabschreibungen nach § 7g Abs. 1 und 2 EStG (für Kfz)[13]
		R 4675			4855 Sofortabschreibung geringwertiger Wirtschaftsgüter
		4676 Reisekosten Unternehmer Übernachtungsaufwand			4860 Abschreibungen auf aktivierte, geringwertige Wirtschaftsgüter
		R 4677			
		4678 Fahrten zwischen Wohnung und Arbeitsstätte (abziehbarer Anteil)[13]			4865 Außerplanmäßige Abschreibungen auf aktivierte, geringwertige Wirtschaftsgüter
	G	4679 Fahrten zwischen Wohnung und Arbeitsstätte (nicht abziehbarer Anteil)[13]	Abschreibungen auf Finanzanlagen und auf Wertpapiere des Umlaufvermögens		4870 Abschreibungen auf Finanzanlagen
		4680 Fahrten zwischen Wohnung und Arbeitsstätte (Haben)[13]		G K	4871 Abschreibungen auf Finanzanlagen 100 % / 50 % nicht abzugsfähig (inländische Kap. Ges.)[9]
		R 4685			
		4700 Kosten der Warenabgabe			4872 Abschreibungen auf Grund von Verlustanteilen an Mitunternehmerschaften § 8 GewStG
		4710 Verpackungsmaterial			
		4730 Ausgangsfrachten		G K	4873 Abschreibungen auf Finanzanlagen auf Grund steuerlicher Sondervorschriften 100 % / 50 % nicht abzugsfähig (inländische Kap. Ges.)[9]
		4750 Transportversicherungen			
		4760 Verkaufsprovisionen			
		4780 Fremdarbeiten (Vertrieb)			
		4790 Aufwand für Gewährleistungen			
		4800 Reparaturen und Instandhaltungen von technischen Anlagen und Maschinen			4874 Abschreibungen auf Finanzanlagen auf Grund steuerlicher Sondervorschriften
		4805 Reparaturen und Instandhaltungen von anderen Anlagen und Betriebs- und Geschäftsausstattung			4875 Abschreibungen auf Wertpapiere des Umlaufvermögens
		4806 Wartungskosten für Hard- und Software		G K	4876 Abschreibungen auf Wertpapiere des Umlaufvermögens 100 %/ 50 % nicht abzugsfähig (inländische Kap. Ges.)[9]
		4809 Sonstige Reparaturen und Instandhaltungen			
		4810 Mietleasing			4879 Vorwegnahme künftiger Wertschwankungen bei Wertpapieren des Umlaufvermögens
	G K	4814 Gewerbesteuerlich zu berücksichtigendes Mietleasing § 8 GewStG[5]			

DATEV-Kontenrahmen SKR 03

GuV-Posten[2]	Programmverbindung[4]	4 Betriebliche Aufwendungen		GuV-Posten[2]	Programmverbindung[4]	4 Betriebliche Aufwendungen	
		V	4000-4099	Sonstige betriebliche Aufwendungen	G K	4228	Gewerbesteuerlich zu berücksichtigende Pacht § 8 GewStG [5]
		V	4200-4299		G	4229	Vergütungen an Mitunternehmer für die pachtweise Überlassung ihrer Wirtschaftsgüter § 15 EStG
		V	4400-4819			4230	Heizung
		V	4900-4989			4240	Gas, Strom, Wasser
		Material- und Stoffverbrauch				4250	Reinigung
Aufwendungen für Roh-, Hilfs- und Betriebsstoffe und für bezogene Waren		4000 -99	Material- und Stoffverbrauch			4260	Instandhaltung betrieblicher Räume
						4270	Abgaben für betrieblich genutzten Grundbesitz
						4280	Sonstige Raumkosten
						4288	Aufwendungen für ein häusliches Arbeitszimmer (abziehbarer Anteil)[13]
		Personalaufwendungen			G	4289	Aufwendungen für ein häusliches Arbeitszimmer (nicht abziehbarer Anteil)[13]
Löhne und Gehälter		4100	Löhne und Gehälter			4290	Grundstücksaufwendungen betrieblich[1]
		4110	Löhne				
		4120	Gehälter			4300	Nicht abziehbare Vorsteuer
		4124	Geschäftsführergehälter der GmbH-Gesellschafter			4301	Nicht abziehbare Vorsteuer 7 %
	K	4125	Ehegattengehalt			4305	Nicht abziehbare Vorsteuer 16 %
		4126	Tantiemen			R 4306	
		4127	Geschäftsführergehälter				
	G	4128	Vergütungen an angestellte Mitunternehmer § 15 EStG	Steuern vom Einkommen und Ertrag	G K	4320	Gewerbesteuer
Soziale Abgaben und Aufwendungen für Altersversorgung und für Unterstützung		4130	Gesetzliche soziale Aufwendungen			4340	Sonstige Betriebssteuern
	G	4137	Gesetzliche soziale Aufwendungen für Mitunternehmer § 15 EStG	Sonstige Steuern		4350	Verbrauchsteuer
		4138	Beiträge zur Berufsgenossenschaft			4355	Ökosteuer
				Sonstige betriebliche Aufwendungen		4360	Versicherungen
		4139	Ausgleichsabgabe i.S.d. Schwerbehindertengesetzes			4366	Versicherungen für Gebäude
						4370	Netto-Prämie für Rückdeckung künftiger Versorgungsleistungen
Sonstige betriebliche Aufwendungen		4140	Freiwillige soziale Aufwendungen, lohnsteuerfrei			4380	Beiträge
						4390	Sonstige Abgaben
Soziale Abgaben und Aufwendungen für Altersversorgung und für Unterstützung						4396	Steuerlich abzugsfähige Verspätungszuschläge und Zwangsgelder
					G K	4397	Steuerlich nicht abzugsfähige Verspätungszuschläge und Zwangsgelder
Löhne und Gehälter		4145	Freiwillige soziale Aufwendungen, lohnsteuerpflichtig			4400 -99	(zur freien Verfügung)
		4149	Pauschale Steuer auf sonstige Bezüge (z. B. Fahrtkostenzuschüsse)			4500	Fahrzeugkosten
		4150	Krankengeldzuschüsse				
		4155	Zuschüsse der Agenturen für Arbeit (Haben)				
		4160	Versorgungskassen	Sonstige Steuern		4510	Kfz-Steuer
		4165	Aufwendungen für Altersversorgung				
Soziale Abgaben und Aufwendungen für Altersversorgung und für Unterstützung		4167	Pauschale Steuer auf sonstige Bezüge (z. B. Direktversicherungen)	Sonstige betriebliche Aufwendungen		4520	Kfz-Versicherungen
						4530	Laufende Kfz-Betriebskosten
	G	4168	Aufwendungen für Altersversorgung für Mitunternehmer § 15 EStG			4540	Kfz-Reparaturen
						4550	Garagenmiete
		4169	Aufwendungen für Unterstützung			4560	Mautgebühren
Löhne und Gehälter		4170	Vermögenswirksame Leistungen			4570	Leasingfahrzeugkosten
		4175	Fahrtkostenerstattung - Wohnung/Arbeitsstätte			4580	Sonstige Kfz-Kosten
		4180	Bedienungsgelder			4590	Kfz-Kosten für betrieblich genutzte zum Privatvermögen gehörende Kraftfahrzeuge[13]
		4190	Aushilfslöhne				
		4199	Pauschale Steuer für Aushilfen			4595	Fremdfahrzeugkosten[13]
		Sonstige betriebliche Aufwendungen und Abschreibungen					
Sonstige betriebliche Aufwendungen		4200	Raumkosten				
	G K	4210	Miete				
		4218	Gewerbesteuerlich zu berücksichtigende Miete § 8 GewStG [5]				
	G	4219	Vergütungen an Mitunternehmer für die mietweise Überlassung ihrer Wirtschaftsgüter § 15 EStG				
		4220	Pacht				

Bilanz-Posten[2]	Programm-verbindung[4]	7 Bestände an Erzeugnissen	GuV-Posten[2]	Programm-verbindung[4]	8 Erlöskonten
		KU 7000-7999			M 8000-8196
					KU 8197-8198
Unfertige Erzeugnisse, unfertige Leistungen		**7000 Unfertige Erzeugnisse, unfertige Leistungen (Bestand)** 7050 Unfertige Erzeugnisse (Bestand) 7080 Unfertige Leistungen (Bestand)			M 8199-8329 KU 8330-8336 M 8337-8611 KU 8612-8614 M 8615-8904 KU 8905-8909 M 8910-8917
In Ausführung befindliche Bauaufträge		7090 In Ausführung befindliche Bauaufträge			KU 8918-8919 M 8920-8923 KU 8924 M 8925-8928
In Arbeit befindliche Aufträge		7095 In Arbeit befindliche Aufträge			KU 8929 M 8930-8938 KU 8939 M 8940-8948
Fertige Erzeugnisse und Waren		**7100 Fertige Erzeugnisse und Waren (Bestand)** 7110 Fertige Erzeugnisse (Bestand) 7140 Waren (Bestand)	Umsatzerlöse		KU 8949-8999 **Umsatzerlöse** 8000 (Zur freien Verfügung) -99
				U	AM 8100 Steuerfreie Umsätze § 4 Nr. 8 ff. UStG
				U	AM 8110 Sonstige steuerfreie Umsätze Inland
				U	AM 8120 Steuerfreie Umsätze § 4 Nr. 1a UStG
				U	AM 8125 Steuerfreie innergemeinschaftliche Lieferungen § 4 Nr. 1b UStG R 8128
				U	AM 8130 Lieferungen des ersten Abnehmers bei innergemeinschaftlichen Dreiecksgeschäften § 25 b Abs. 2 UStG
				U	AM 8135 Steuerfreie innergemeinschaftliche Lieferungen von Neufahrzeugen an Abnehmer ohne Umsatzsteuer-Identifikationsnummer
				U	AM 8140 Steuerfreie Umsätze Offshore usw.
				U	AM 8150 Sonstige steuerfreie Umsätze (z. B. § 4 Nr. 2-7 UStG) 8190 Erlöse, die mit den Durchschnittssätzen des § 24 UStG versteuert werden[3] R 8192 -93 8195 Erlöse als Kleinunternehmer i. S. d. § 19 Abs. 1 UStG[1,3]
				U	AM 8196 Erlöse aus Geldspielautomaten 16 % USt R 8197 -98 8200 Erlöse
				U	AM 8300 Erlöse 7 % USt -09
				U	AM 8310 Erlöse aus im Inland steuerpflichtigen EG-Lieferungen 7 % USt -14
				U	AM 8315 Erlöse aus im Inland steuerpflichtigen EG-Lieferungen 16 % USt -19 8320 Erlöse aus im anderen EG-Land steuerpflichtigen Lieferungen[3] -29 R 8330 -36
				U	AM 8337 Erlöse aus Leistungen, für die der Leistungsempfänger die Umsatzsteuer nach § 13b UStG schuldet
				U	AM 8338 Erlöse aus im Drittland steuerbaren Leistungen, im Inland nicht steuerbare Umsätze
				U	AM 8339 Erlöse aus im anderen EG-Land steuerbaren Leistungen, im Inland nicht steuerbare Umsätze R 8340 -49
				U	AM 8400 Erlöse 16 % USt -09 R 8410 -49 8500 Provisionserlöse[16]
				U	AM 8504 Provisionserlöse, steuerfrei (§ 4 Nr. 8 ff. UStG)[16]
				U	AM 8505 Provisionserlöse, steuerfrei (§ 4 Nr. 5 UStG)[16]

DATEV-Kontenrahmen SKR 03

GuV-Posten[2]	Programmverbindung[4]	4 Betriebliche Aufwendungen	GuV-Posten[2]	Programmverbindung[4]	4 Betriebliche Aufwendungen
Abschreibungen auf Vermögensgegenstände des Umlaufvermögens, soweit diese die in der Kapitalgesellschaft üblichen Abschreibungen überschreiten		4880 Abschreibungen auf Umlaufvermögen ohne Wertpapiere (soweit unübliche Höhe) 4882 Abschreibungen auf Umlaufvermögen, steuerrechtlich bedingt (soweit unübliche Höhe)	Sonstige betriebliche Aufwendungen		**Kalkulatorische Kosten** 4990 Kalkulatorischer Unternehmerlohn 4991 Kalkulatorische Miete und Pacht 4992 Kalkulatorische Zinsen 4993 Kalkulatorische Abschreibungen 4994 Kalkulatorische Wagnisse 4995 Kalkulatorischer Lohn für unentgeltliche Mitarbeiter
Sonstige betriebliche Aufwendungen		4885 Vorwegnahme künftiger Wertschwankungen im Umlaufvermögen außer Vorräte und Wertpapiere des Umlaufvermögens 4886 Abschreibungen auf Umlaufvermögen außer Vorräte und Wertpapiere des Umlaufvermögens (soweit übliche Höhe) 4887 Abschreibungen auf Umlaufvermögen, steuerrechtlich bedingt (soweit übliche Höhe)	Sonstige betriebliche Aufwendungen		**Kosten bei Anwendung des Umsatzkostenverfahrens** 4996 Herstellungskosten 4997 Verwaltungskosten 4998 Vertriebskosten 4999 Gegenkonto 4996-4998
Abschreibungen auf Vermögensgegenstände des Umlaufvermögens, soweit diese die in der Kapitalgesellschaft üblichen Abschreibungen überschreiten		4890 Vorwegnahme künftiger Wertschwankungen im Umlaufvermögen (soweit unübliche Höhe)			
Sonstige betriebliche Aufwendungen		4900 Sonstige betriebliche Aufwendungen 4905 Sonstige Aufwendungen betrieblich und regelmäßig 4909 Fremdleistungen/Fremdarbeiten 4910 Porto 4920 Telefon 4925 Telefax und Internetkosten 4930 Bürobedarf 4940 Zeitschriften, Bücher 4945 Fortbildungskosten 4946 Freiwillige Sozialleistungen			
	G	4948 Vergütungen an Mitunternehmer § 15 EStG	GuV-Posten[2]	Programmverbindung[4]	5
	G	4949 Haftungsvergütung an Mitunternehmer § 15 EStG			
		4950 Rechts- und Beratungskosten 4955 Buchführungskosten 4957 Abschluss- und Prüfungskosten 4960 Mieten für Einrichtungen 4965 Mietleasing	Sonstige betriebliche Aufwendungen		5000 -5999
	G K	4966 Gewerbesteuerlich zu berücksichtigendes Mietleasing § 8 GewStG[5]			
	G K	4968 Gewerbesteuerlich zu berücksichtigende Miete für Einrichtungen § 8 GewStG[5] 4969 Aufwendungen für Abraum- und Abfallbeseitigung 4970 Nebenkosten des Geldverkehrs			
	G K	4975 Aufwendungen aus Anteilen an Kapitalgesellschaften 100 %/50 % nicht abzugsfähig (inländische Kap.Ges.)[9]	GuV-Posten[2]	Programmverbindung[4]	6
	G	4976 Aufwendungen aus der Veräußerung von Anteilen an Kapitalgesellschaften 100 % /50 % nicht abzugsfähig (inländische Kap. Ges.)[9] 4980 Betriebsbedarf 4985 Werkzeuge und Kleingeräte	Sonstige betriebliche Aufwendungen		6000 -6999

Bilanz-Posten[2]	Programm-verbindung[4]	7 Bestände an Erzeugnissen	GuV-Posten[2]	Programm-verbindung[4]	8 Erlöskonten
		KU 7000-7999			M 8000-8196 KU 8197-8198 M 8199-8329 KU 8330-8336 M 8337-8611 KU 8612-8614 M 8615-8904 KU 8905-8909 M 8910-8917 KU 8918-8919 M 8920-8923 KU 8924 M 8925-8928 KU 8929 M 8930-8938 KU 8939 M 8940-8948 KU 8949-8999
Unfertige Erzeugnisse, unfertige Leistungen		7000 Unfertige Erzeugnisse, unfertige Leistungen (Bestand) 7050 Unfertige Erzeugnisse (Bestand) 7080 Unfertige Leistungen (Bestand)			
In Ausführung befindliche Bauaufträge		7090 In Ausführung befindliche Bauaufträge			
In Arbeit befindliche Aufträge		7095 In Arbeit befindliche Aufträge			
Fertige Erzeugnisse und Waren		7100 Fertige Erzeugnisse und Waren (Bestand) 7110 Fertige Erzeugnisse (Bestand) 7140 Waren (Bestand)			
			Umsatzerlöse		**Umsatzerlöse**
					8000 (Zur freien Verfügung) -99
				U	AM 8100 Steuerfreie Umsätze § 4 Nr. 8 ff. UStG
				U	AM 8110 Sonstige steuerfreie Umsätze Inland
				U	AM 8120 Steuerfreie Umsätze § 4 Nr. 1a UStG
				U	AM 8125 Steuerfreie innergemeinschaftliche Lieferungen § 4 Nr. 1b UStG R 8128
				U	AM 8130 Lieferungen des ersten Abnehmers bei innergemeinschaftlichen Dreiecksgeschäften § 25 b Abs. 2 UStG
				U	AM 8135 Steuerfreie innergemeinschaftliche Lieferungen von Neufahrzeugen an Abnehmer ohne Umsatzsteuer-Identifikationsnummer
				U	AM 8140 Steuerfreie Umsätze Offshore usw.
				U	AM 8150 Sonstige steuerfreie Umsätze (z. B. § 4 Nr. 2-7 UStG)
					8190 Erlöse, die mit den Durchschnittssätzen des § 24 UStG versteuert werden[3] R 8192 -93
					8195 Erlöse als Kleinunternehmer i. S. d. § 19 Abs. 1 UStG[13]
				U	AM 8196 Erlöse aus Geldspielautomaten 16 % USt R 8197 -98
					8200 Erlöse
				U	AM 8300 Erlöse 7 % USt -09
				U	AM 8310 Erlöse aus im Inland steuerpflichtigen EG-Lieferungen 7 % USt -14
				U	AM 8315 Erlöse aus im Inland steuerpflichtigen EG-Lieferungen 16 % USt -19
					8320 Erlöse aus im anderen EG-Land steuerpflichtigen Lieferungen[3] -29 R 8330 -36
				U	AM 8337 Erlöse aus Leistungen, für die der Leistungsempfänger die Umsatzsteuer nach § 13b UStG schuldet
				U	AM 8338 Erlöse aus im Drittland steuerbaren Leistungen, im Inland nicht steuerbare Umsätze
				U	AM 8339 Erlöse aus in anderen EG-Land steuerbaren Leistungen, im Inland nicht steuerbare Umsätze R 8340 -49
				U	AM 8400 Erlöse 16 % USt -09 R 8410 -49
					8500 Provisionserlöse[16]
				U	AM 8504 Provisionserlöse, steuerfrei (§ 4 Nr. 8 ff. UStG)[16]
				U	AM 8505 Provisionserlöse, steuerfrei (§ 4 Nr. 5 UStG)[16]

DATEV-Kontenrahmen SKR 03

GuV-Posten[2]	Programmverbindung[4]	8 Erlöskonten	GuV-Posten[2]	Programmverbindung[4]	8 Erlöskonten
Sonstige betriebliche Aufwendungen		8800 Erlöse aus Verkäufen Sachanlagevermögen (bei Buchverlust)	Sonstige betriebliche Erträge	U	AM 8920 Verwendung von Gegenständen für Zwecke außerhalb des Unternehmens 16 % USt
	U	AM 8801 -06 Erlöse aus Verkäufen Sachanlagevermögen 16 % USt (bei Buchverlust)		U	AM 8921 Verwendung von Gegenständen für Zwecke außerhalb des Unternehmens 16 % USt (Kfz-Nutzung)[13]
	U	AM 8807 Erlöse aus Verkäufen Sachanlagevermögen steuerfrei § 4 Nr. 1a UStG (bei Buchverlust)		U	AM 8922 Verwendung von Gegenständen für Zwecke außerhalb des Unternehmens 16 % USt (Telefon-Nutzung)[13]
		AM 8808 Erlöse aus Verkäufen Sachanlagevermögen steuerfrei § 4 Nr. 1b UStG (bei Buchverlust)			R 8923 8924 Verwendung von Gegenständen für Zwecke außerhalb des Unternehmens ohne USt (Kfz-Nutzung)
	U	AM 8809 Erlöse aus Verkäufen Sachanlagevermögen 16 % USt (bei Buchverlust)		U	AM 8925 -27 Unentgeltliche Erbringung einer sonstigen Leistung 16 % USt
		R 8810 -16			R 8928 8929 Unentgeltliche Erbringung einer sonstigen Leistung ohne USt
		8817 Erlöse aus Verkäufen immaterieller Vermögensgegenstände (bei Buchverlust)		U	AM 8930 -31 Verwendung von Gegenständen für Zwecke außerhalb des Unternehmens 7 % USt
		8818 Erlöse aus Verkäufen Finanzanlagen (bei Buchverlust)		U	AM 8932 -33 Unentgeltliche Erbringung einer sonstigen Leistung 7 % USt
	G K	8819 Erlöse aus Verkäufen Finanzanlagen 100 %/50 % nicht abzugsfähig (inländische Kap. Ges.) (bei Buchverlust)[9]			R 8934
				U	AM 8935 -37 Unentgeltliche Zuwendung von Gegenständen 16 % USt
Sonstige betriebliche Erträge	U	AM 8820 -26 Erlöse aus Verkäufen Sachanlagevermögen 16 % USt (bei Buchgewinn)			R 8938 8939 Unentgeltliche Zuwendung von Gegenständen ohne USt
	U	AM 8827 Erlöse aus Verkäufen Sachanlagevermögen steuerfrei § 4 Nr. 1a UStG (bei Buchgewinn)		U	AM 8940 -43 Unentgeltliche Zuwendung von Waren 16 % USt
	U	AM 8828 Erlöse aus Verkäufen Sachanlagevermögen steuerfrei § 4 Nr. 1b UStG (bei Buchgewinn)			R 8944
		8829 Erlöse aus Verkäufen Sachanlagevermögen (bei Buchgewinn)	Umsatzerlöse	U	AM 8945 -47 Unentgeltliche Zuwendung von Waren 7 % USt
		R 8830 -36			R 8948 8949 Unentgeltliche Zuwendung von Waren ohne USt
		8837 Erlöse aus Verkäufen immaterieller Vermögensgegenstände (bei Buchgewinn)			8950 Nicht steuerbare Umsätze (Innenumsätze)
		8838 Erlöse aus Verkäufen Finanzanlagen (bei Buchgewinn)			8955 Umsatzsteuervergütungen
	G K	8839 Erlöse aus Verkäufen Finanzanlagen 100 %/50 % steuerfrei (inländische Kap. Ges.) (bei Buchgewinn)[9]	Erhöhung des Bestands an fertigen und unfertigen Erzeugnissen oder Verminderung des Bestands an fertigen und unfertigen Erzeugnissen		**8960 Bestandsveränderungen – unfertige Erzeugnisse**
					8970 Bestandsveränderungen – unfertige Leistungen
Umsatzerlöse		8900 Unentgeltliche Wertabgaben			
		8905 Entnahme von Gegenständen ohne USt	Erhöhung des Bestands in Ausführung befindlicher Bauaufträge oder Verminderung des Bestands in Ausführung befindlicher Bauaufträge		**8975 Bestandsveränderungen – in Ausführung befindliche Bauaufträge**
		8906 Verwendung von Gegenständen für Zwecke außerhalb des Unternehmens ohne USt[1]			
		R 8908 -09			
	U	AM 8910 -13 Entnahme durch den Unternehmer für Zwecke außerhalb des Unternehmens (Waren) 16 % USt			
		R 8914			
	U	AM 8915 -17 Entnahme durch den Unternehmer für Zwecke außerhalb des Unternehmens (Waren) 7 % USt	Erhöhung des Bestands in Arbeit befindlicher Aufträge oder Verminderung des Bestands in Arbeit befindlicher Aufträge		**8977 Bestandsveränderungen – in Arbeit befindliche Aufträge**
		8918 Verwendung von Gegenständen für Zwecke außerhalb des Unternehmens ohne USt (Telefon-Nutzung)[1]			
		8919 Entnahme durch den Unternehmer für Zwecke außerhalb des Unternehmens (Waren) ohne USt			

GuV-Posten[2]	Programm-verbindung[4]	8 Erlöskonten	GuV-Posten[2]	Programm-verbindung[4]	8 Erlöskonten
Sonstige betriebliche Aufwendungen	U	8800 Erlöse aus Verkäufen Sachanlagevermögen (bei Buchverlust)	Sonstige betriebliche Erträge	U	AM 8920 Verwendung von Gegenständen für Zwecke außerhalb des Unternehmens 16 % USt
		AM 8801-06 Erlöse aus Verkäufen Sachanlagevermögen 16 % USt (bei Buchverlust)		U	AM 8921 Verwendung von Gegenständen für Zwecke außerhalb des Unternehmens 16 % USt (Kfz-Nutzung)[13]
	U	AM 8807 Erlöse aus Verkäufen Sachanlagevermögen steuerfrei § 4 Nr. 1a UStG (bei Buchverlust)		U	AM 8922 Verwendung von Gegenständen für Zwecke außerhalb des Unternehmens 16 % USt (Telefon-Nutzung)[13]
	U	AM 8808 Erlöse aus Verkäufen Sachanlagevermögen steuerfrei § 4 Nr. 1b UStG (bei Buchverlust)			R 8923 8924 Verwendung von Gegenständen für Zwecke außerhalb des Unternehmens ohne USt (Kfz-Nutzung)
	U	AM 8809 Erlöse aus Verkäufen Sachanlagevermögen 16 % USt (bei Buchverlust)		U	AM 8925-27 Unentgeltliche Erbringung einer sonstigen Leistung 16 % USt
		R 8810-16			R 8928 8929 Unentgeltliche Erbringung einer sonstigen Leistung ohne USt
		8817 Erlöse aus Verkäufen immaterieller Vermögensgegenstände (bei Buchverlust)		U	AM 8930-31 Verwendung von Gegenständen für Zwecke außerhalb des Unternehmens 7 % USt
		8818 Erlöse aus Verkäufen Finanzanlagen (bei Buchverlust)		U	AM 8932-33 Unentgeltliche Erbringung einer sonstigen Leistung 7 % USt
	G K	8819 Erlöse aus Verkäufen Finanzanlagen 100 %/50 % nicht abzugsfähig (inländische Kap. Ges.) (bei Buchverlust)[9]			R 8934
				U	AM 8935-37 Unentgeltliche Zuwendung von Gegenständen 16 % USt
Sonstige betriebliche Erträge	U	AM 8820-26 Erlöse aus Verkäufen Sachanlagevermögen 16 % USt (bei Buchgewinn)			R 8938 8939 Unentgeltliche Zuwendung von Gegenständen ohne USt
	U	AM 8827 Erlöse aus Verkäufen Sachanlagevermögen steuerfrei § 4 Nr. 1a UStG (bei Buchgewinn)		U	AM 8940-43 Unentgeltliche Zuwendung von Waren 16 % USt
	U	AM 8828 Erlöse aus Verkäufen Sachanlagevermögen steuerfrei § 4 Nr. 1b UStG (bei Buchgewinn)			R 8944
		8829 Erlöse aus Verkäufen Sachanlagevermögen (bei Buchgewinn)		U	AM 8945-47 Unentgeltliche Zuwendung von Waren 7 % USt
		R 8830-36			R 8948
		8837 Erlöse aus Verkäufen immaterieller Vermögensgegenstände (bei Buchgewinn)			8949 Unentgeltliche Zuwendung von Waren ohne USt
		8838 Erlöse aus Verkäufen Finanzanlagen (bei Buchgewinn)			8950 Nicht steuerbare Umsätze (Innenumsätze)
	G K	8839 Erlöse aus Verkäufen Finanzanlagen 100 %/50 % steuerfrei (inländische Kap. Ges.) (bei Buchgewinn)[9]			8955 Umsatzsteuervergütungen
			Umsatzerlöse		8960 Bestandsveränderungen – unfertige Erzeugnisse
					8970 Bestandsveränderungen – unfertige Leistungen
Umsatzerlöse		8900 Unentgeltliche Wertabgaben			
		8905 Entnahme von Gegenständen ohne USt	Erhöhung des Bestands an fertigen und unfertigen Erzeugnissen oder Verminderung des Bestands an fertigen und unfertigen Erzeugnissen		
		8906 Verwendung von Gegenständen für Zwecke außerhalb des Unternehmens ohne USt[1]			
		R 8908-09			
	U	AM 8910-13 Entnahme durch den Unternehmer für Zwecke außerhalb des Unternehmens (Waren) 16 % USt	Erhöhung des Bestands in Ausführung befindlicher Bauaufträge oder Verminderung des Bestands in Ausführung befindlicher Bauaufträge		8975 Bestandsveränderungen – in Ausführung befindliche Bauaufträge
		R 8914			
	U	AM 8915-17 Entnahme durch den Unternehmer für Zwecke außerhalb des Unternehmens (Waren) 7 % USt			
		8918 Verwendung von Gegenständen für Zwecke außerhalb des Unternehmens ohne USt (Telefon-Nutzung)[1]	Erhöhung des Bestands in Arbeit befindlicher Aufträge oder Verminderung des Bestands in Arbeit befindlicher Aufträge		8977 Bestandsveränderungen – in Arbeit befindliche Aufträge
		8919 Entnahme durch den Unternehmer für Zwecke außerhalb des Unternehmens (Waren) ohne USt			

DATEV-Kontenrahmen SKR 03

Bilanz-Posten[2]	Programmverbindung[4]	9 Vortrags-, Kapital- und statistische Konten
		Passive Rechnungsabgrenzung
		9230 Baukostenzuschüsse
		9232 Investitionszulagen
		9234 Investitionszuschüsse
		9239 Gegenkonto zu Konten 9230-9238
		9240 Investitionsverbindlichkeiten bei den Leistungsverbindlichkeiten
		9241 Investitionsverbindlichkeiten aus Sachanlagenkäufen bei Leistungsverbindlichkeiten
		9242 Investitionsverbindlichkeiten aus Käufen von immateriellen Vermögensgegenständen bei Leistungsverbindlichkeiten
		9243 Investitionsverbindlichkeiten aus Käufen von Finanzanlagen bei Leistungsverbindlichkeiten
		9244 Gegenkonto zu Konten 9240-9243
		9245 Forderungen aus Sachanlagenverkäufen bei sonstigen Vermögensgegenständen
		9246 Forderungen aus Verkäufen immaterieller Vermögensgegenstände bei sonstigen Vermögensgegenständen
		9247 Forderungen aus Verkäufen von Finanzanlagen bei sonstigen Vermögensgegenständen
		9249 Gegenkonto zu Konten 9245-9247
		Eigenkapitalersetzende Gesellschafterdarlehen
		9250 Eigenkapitalersetzende Gesellschafterdarlehen
		9255 Ungesicherte Gesellschafterdarlehen mit Restlaufzeit größer 5 Jahre
		9259 Gegenkonto zu 9250 und 9255
		Aufgliederung der Rückstellungen
		9260 Kurzfristige Rückstellungen
		9262 Mittelfristige Rückstellungen
		9264 Langfristige Rückstellungen, außer Pensionen
		9269 Gegenkonto zu Konten 9260-9268
		Statistische Konten für in der Bilanz auszuweisende Haftungsverhältnisse
		9270 Gegenkonto zu 9271-9279 (Soll-Buchung)
		9271 Verbindlichkeiten aus der Begebung und Übertragung von Wechseln
		9272 Verbindlichkeiten aus der Begebung und Übertragung von Wechseln gegenüber verbundenen Unternehmen
		9273 Verbindlichkeiten aus Bürgschaften, Wechsel- und Scheckbürgschaften
		9274 Verbindlichkeiten aus Bürgschaften, Wechsel- und Scheckbürgschaften gegenüber verbundenen Unternehmen
		9275 Verbindlichkeiten aus Gewährleistungsverträgen
		9276 Verbindlichkeiten aus Gewährleistungsverträgen gegenüber verbundenen Unternehmen
		9277 Haftung aus der Bestellung von Sicherheiten für fremde Verbindlichkeiten
		9278 Haftung aus der Bestellung von Sicherheiten für fremde Verbindlichkeiten gegenüber verbundenen Unternehmen
		9279 Verpflichtungen aus Treuhandvermögen

Bilanz-Posten[2]	Programmverbindung[4]	9 Vortrags-, Kapital- und statistische Konten
		Statistische Konten für die im Anhang anzugebenden sonstigen finanziellen Verpflichtungen
		9280 Gegenkonto zu 9281-9284
		9281 Verpflichtungen aus Miet- und Leasingverträgen
		9282 Verpflichtungen aus Miet- und Leasingverträgen gegenüber verbundenen Unternehmen
		9283 Andere Verpflichtungen gem. § 285 Nr. 3 HGB
		9284 Andere Verpflichtungen gem. § 285 Nr. 3 HGB gegenüber verbundenen Unternehmen
		9290 Statistisches Konto steuerfreie Auslagen
		9291 Gegenkonto zu 9290
		9292 Statistisches Konto Fremdgeld
		9293 Gegenkonto zu 9292
Einlagen stiller Gesellschafter	G K	9295 Einlagen stiller Gesellschafter
Steuerrechtlicher Ausgleichsposten		9297 Steuerrechtlicher Ausgleichsposten
		F 9300 [7]
		-20
		F 9326 [7]
		-43
		F 9346 [7]
		-49
		F 9357 [7]
		-60
		F 9365 [7]
		-67
		F 9371 [7]
		-72
		F 9399 [7]
		Privat Teilhafter (für Verrechnung Gesellschafterdarlehen mit Eigenkapitalcharakter - Konto 9840-9849)
		9400 Privatentnahmen allgemein
		-09
		9410 Privatsteuern
		-19
		9420 Sonderausgaben beschränkt abzugsfähig
		-29
		9430 Sonderausgaben unbeschränkt abzugsfähig
		-39
		9440 Zuwendungen, Spenden
		-49
		9450 Außergewöhnliche Belastungen
		-59
		9460 Grundstücksaufwand
		-69
		9470 Grundstücksertrag
		-79
		9480 Unentgeltliche Wertabgaben
		-89
		9490 Privateinlagen
		-99

Bilanz-Posten[2]	Programm-verbindung[4]	9 Vortrags-, Kapital- und statistische Konten	Bilanz-Posten[2]	Programm-verbindung[4]	9 Vortrags-, Kapital- und statistische Konten
		Passive Rechnungsabgrenzung 9230 Baukostenzuschüsse 9232 Investitionszulagen 9234 Investitionszuschüsse 9239 Gegenkonto zu Konten 9230-9238 9240 Investitionsverbindlichkeiten bei den Leistungsverbindlichkeiten 9241 Investitionsverbindlichkeiten aus Sachanlagenkäufen bei Leistungsverbindlichkeiten 9242 Investitionsverbindlichkeiten aus Käufen von immateriellen Vermögensgegenständen bei Leistungsverbindlichkeiten 9243 Investitionsverbindlichkeiten aus Käufen von Finanzanlagen bei Leistungsverbindlichkeiten 9244 Gegenkonto zu Konten 9240-9243 9245 Forderungen aus Sachanlagenverkäufen bei sonstigen Vermögensgegenständen 9246 Forderungen aus Verkäufen immaterieller Vermögensgegenstände bei sonstigen Vermögensgegenständen 9247 Forderungen aus Verkäufen von Finanzanlagen bei sonstigen Vermögensgegenständen 9249 Gegenkonto zu Konten 9245-9247 **Eigenkapitalersetzende Gesellschafterdarlehen** 9250 Eigenkapitalersetzende Gesellschafterdarlehen 9255 Ungesicherte Gesellschafterdarlehen mit Restlaufzeit größer 5 Jahre 9259 Gegenkonto zu 9250 und 9255 **Aufgliederung der Rückstellungen** 9260 Kurzfristige Rückstellungen 9262 Mittelfristige Rückstellungen 9264 Langfristige Rückstellungen, außer Pensionen 9269 Gegenkonto zu Konten 9260-9268 **Statistische Konten für in der Bilanz auszuweisende Haftungsverhältnisse** 9270 Gegenkonto zu 9271-9279 (Soll-Buchung) 9271 Verbindlichkeiten aus der Begebung und Übertragung von Wechseln 9272 Verbindlichkeiten aus der Begebung und Übertragung von Wechseln gegenüber verbundenen Unternehmen 9273 Verbindlichkeiten aus Bürgschaften, Wechsel- und Scheckbürgschaften 9274 Verbindlichkeiten aus Bürgschaften, Wechsel- und Scheckbürgschaften gegenüber verbundenen Unternehmen 9275 Verbindlichkeiten aus Gewährleistungsverträgen 9276 Verbindlichkeiten aus Gewährleistungsverträgen gegenüber verbundenen Unternehmen 9277 Haftung aus der Bestellung von Sicherheiten für fremde Verbindlichkeiten 9278 Haftung aus der Bestellung von Sicherheiten für fremde Verbindlichkeiten gegenüber verbundenen Unternehmen 9279 Verpflichtungen aus Treuhandvermögen	Einlagen stiller Gesellschafter Steuerrechtlicher Ausgleichsposten	G K	**Statistische Konten für die im Anhang anzugebenden sonstigen finanziellen Verpflichtungen** 9280 Gegenkonto zu 9281-9284 9281 Verpflichtungen aus Miet- und Leasingverträgen 9282 Verpflichtungen aus Miet- und Leasingverträgen gegenüber verbundenen Unternehmen 9283 Andere Verpflichtungen gem. § 285 Nr. 3 HGB 9284 Andere Verpflichtungen gem. § 285 Nr. 3 HGB gegenüber verbundenen Unternehmen 9290 Statistisches Konto steuerfreie Auslagen 9291 Gegenkonto zu 9290 9292 Statistisches Konto Fremdgeld 9293 Gegenkonto zu 9292 9295 Einlagen stiller Gesellschafter 9297 Steuerrechtlicher Ausgleichsposten F 9300 [7] -20 F 9326 [7] -43 F 9346 [7] -49 F 9357 [7] -60 F 9365 [7] -67 F 9371 [7] -72 F 9399 [7] **Privat Teilhafter (für Verrechnung Gesellschafterdarlehen mit Eigenkapitalcharakter - Konto 9840-9849)** 9400 Privatentnahmen allgemein -09 9410 Privatsteuern -19 9420 Sonderausgaben beschränkt abzugsfähig -29 9430 Sonderausgaben unbeschränkt abzugsfähig -39 9440 Zuwendungen, Spenden -49 9450 Außergewöhnliche Belastungen -59 9460 Grundstücksaufwand -69 9470 Grundstücksertrag -79 9480 Unentgeltliche Wertabgaben -89 9490 Privateinlagen -99

DATEV-Kontenrahmen SKR 03

Bilanz-Posten[2]	Programmverbindung[4]	9 Vortrags-, Kapital- und statistische Konten
		Statistische Konten für die Kapitalkontenentwicklung
		9500 Anteil für Konto 0900-09
		-09 Teilhafter
		9510 Anteil für Konto 0910-19
		-19 Teilhafter
		9520 Anteil für Konto 0920-29
		-29 Teilhafter[2]
		9530 Anteil für Konto 0830-39
		-39 /9950-59 Teilhafter[8]
		9540 Anteil für Konto 0810-19
		-49 /9930-39 Vollhafter[8]
		9550 Anteil für Konto 9810-19
		-59 Vollhafter
		9560 Anteil für Konto 9820-29
		-69 Vollhafter
		9570 Anteil für Konto 0870-79
		-79 Vollhafter
		9580 Anteil für Konto 0880-89
		-89 Vollhafter
		9590 Anteil für Konto 0890-99
		-99 Vollhafter[2]
		9600 Name des Gesellschafters
		-09 Vollhafter
		9610 Tätigkeitsvergütung
		-19 Vollhafter
		9620 Tantieme
		-29 Vollhafter
		9630 Darlehensverzinsung
		-39 Vollhafter
		9640 Gebrauchsüberlassung
		-49 Vollhafter
		9650 Sonstige Vergütungen
		-89 Vollhafter
		9690 Restanteil
		-99 Vollhafter
		9700 Name des Gesellschafters
		-09 Teilhafter
		9710 Tätigkeitsvergütung
		-19 Teilhafter
		9720 Tantieme
		-29 Teilhafter
		9730 Darlehensverzinsung
		-39 Teilhafter
		9740 Gebrauchsüberlassung
		-49 Teilhafter
		9750 Sonstige Vergütungen
		-79 Teilhafter
		9780 Anteil für Konto 9840-49
		-89 Teilhafter
		9790 Restanteil
		-99 Teilhafter
		9800 Lösch- und Korrekturschlüssel
		9801 Lösch- und Korrekturschlüssel
		Kapital Personenhandelsgesellschaft Vollhafter
		9810 Gesellschafter Darlehen
		-19
		9820 Verlust-/Vortragskonto
		-29
		9830 Verrechnungskonto für Einzah-
		-39 lungsverpflichtungen
		Kapital Personenhandelsgesellschaft Teilhafter
		9840 Gesellschafter-Darlehen
		-49
		9850 Verrechnungskonto für Einzah-
		-59 lungsverpflichtungen
		Einzahlungsverpflichtungen im Bereich der Forderungen
		9860 Einzahlungsverpflichtungen per-
		-69 sönlich haftender Gesellschafter
		9870 Einzahlungsverpflichtungen
		-79 Kommanditisten

Bilanz-Posten[2]	Programmverbindung[4]	9 Vortrags-, Kapital- und statistische Konten
		Ausgleichsposten für aktivierte eigene Anteile und Bilanzierungshilfen
		9880 Ausgleichsposten für aktivierte eigene Anteile
		9882 Ausgleichsposten für aktivierte Bilanzierungshilfen
		Nicht durch Vermögenseinlagen gedeckte Entnahmen
		9883 Nicht durch Vermögenseinlagen gedeckte Entnahmen persönlich haftender Gesellschafter
		9884 Nicht durch Vermögenseinlagen gedeckte Entnahmen Kommanditisten
		Verrechnungskonto für nicht durch Vermögenseinlagen gedeckte Entnahmen
		9885 Verrechnungskonto für nicht durch Vermögenseinlagen gedeckte Entnahmen persönlich haftender Gesellschafter
		9886 Verrechnungskonto für nicht durch Vermögenseinlagen gedeckte Entnahmen Kommanditisten
		Steueraufwand der Gesellschafter
		9887 Steueraufwand der Gesellschafter
		9889 Gegenkonto zu 9887
		Statistische Konten für Gewinnzuschlag
		9890 Statistisches Konto für den Gewinnzuschlag nach §§ 6b, 6c und 7g EStG (Haben-Buchung)
	G K	9891 Statistisches Konto für den Gewinnzuschlag - Gegenkonto zu 9890
		Vorsteuer-/Umsatzsteuerkonten zur Korrektur der Forderungen/Verbindlichkeiten (EÜR)
		9893 Umsatzsteuer in den Forderungen zum allgemeinen Umsatzsteuersatz (EÜR)[13]
		9894 Umsatzsteuer in den Forderungen zum ermäßigten Umsatzsteuersatz (EÜR)[13]
		9895 Gegenkonto 9893-9894 für die Aufteilung der Umsatzsteuer (EÜR)[13]
		9896 Vorsteuer in den Verbindlichkeiten zum allgemeinen Umsatzsteuersatz (EÜR)[13]
		9897 Vorsteuer in den Verbindlichkeiten zum ermäßigten Umsatzsteuersatz (EÜR)[13]
		9899 Gegenkonto 9896-9897 für die Aufteilung der Vorsteuer (EÜR)[13]
		Statistische Konten zu § 4 (4a) EStG
		9910 Gegenkonto zur Korrektur der Entnahmen § 4 (4a) EStG[1]
		9911 Korrektur der Entnahmen § 4 (4a) EStG (Haben)[1]
		Ausstehende Einlagen
		9920 Ausstehende Einlagen auf das
		-29 Komplementär-Kapital, nicht eingefordert[1]
		9930 Ausstehende Einlagen auf das
		-39 Komplementär-Kapital, eingefordert[1]
		9940 Ausstehende Einlagen auf das
		-49 Kommandit-Kapital, nicht, eingefordert[1]
		9950 Ausstehende Einlagen auf das
		-59 Kommandit-Kapital, eingefordert[1]

Bilanz-Posten[2]	Programm-verbindung[4]	9 Vortrags-, Kapital- und statistische Konten	Bilanz-Posten[2]	Programm-verbindung[4]	9 Vortrags-, Kapital- und statistische Konten
		Personenkonten			
Sollsalden: Forderungen aus Lieferungen und Leistungen		10000 -69999 Debitoren			
Habensalden: *Sonstige Verbindlichkeiten*					
Habensalden: Verbindlichkeiten aus Lieferungen und Leistungen		70000 -99999 Kreditoren			
Sollsalden: *Sonstige Vermögensgegenstände*					

Stichwortverzeichnis

Abschreibung 27, 42
-, außerplanmäßige 67, 72, 78, 98, 124
-, geometrisch-degressive 79, 80, 82, 86
-, lineare ....68, 79 f.
-, planmäßige 67
Abschreibungsmethoden 79
Abschreibungsquote 169
Abschreibungsverbot 78
Abschreibungswahlrecht 69, 73, 77
Abzinsung 128, 133
Abzinsungsgebot 120
AfA, geometrisch-degressive 80
Aktive latente Steuern 45
Aktivierungsfähigkeit, abstrakte 27
-, konkrete 27
Aktivierungsgebote, handelsrechtliche 21
Aktivierungsverbot 58, 96
Aktivierungswahlrechte, handelsbilanzielle 23
aliud 58
Analyse, erfolgswirtschaftliche 172
Anhang 150
Anlageabnutzungsgrad 169
Anlageintensität 168
Anlagevermögen 53, 83
-, immaterielles 74
Ansammlungsrückstellung 120, 127
Anschaffungskosten 27, 48, 52, 54, 181
-, nachträgliche 52, 54
Anschaffungskosten 47, 83
Anschaffungskostenminderung 56
Anschaffungskostenprinzip 47, 78
Anschaffungsnebenkosten 52, 54
Anschaffungspreisminderungen 54
Anspar- und Sonderabschreibung 82
Ansparabschreibung 84
Ansparrücklage ....84 f.
Ansparrückstellung 120
Anzahlungen, erhaltene 105, 129
Assoziiertes Unternehmen 181
Aufwandsrückstellung 42, 46
Aufwandsstrukturanalyse ....172 f.
Aufwendungen für die Ingangsetzung oder
   Erweiterung des Geschäftsbetriebes 43
Ausgliederung 159
Ausschüttungssperrfunktion 21
Ausschüttungssperrwirkung 22
Ausstehende Einlagen ....110 f.

Bargründung 144
BASEL I 167
BASEL II 167
BASEL-Regelungen 167

Benutzungsdauer 72
Berechnungsmethode, indirekte 171
Bestandsaufnahme, körperliche 92
Bestandsveränderungen 62, 138, 162
Beteiligung 181
Beteiligungserträge 53
Beteiligungsquote 182
Betriebsausgaben, nicht abzugsfähige 141
Betriebsprüfung 161
Betriebsvermögen 84
-, gewillkürtes 39
-, notwendiges 36
Betriebsvermögensvergleich ....15 ff.
Bewertbarkeit, selbstständige 26
Bewertung von Gebäuden 54
Bilanzanalyse 167
Bilanzanpassungsbuchungen 161
Bilanzenzusammenhang 162
Bilanzgliederungsschema 27
Bilanzierungshilfe ....41, 43 f., 58, 109, 125 f., 175
Bilanzierungsverbot 27
Bilanzkennzahlen 167
Bildung steuerfreier Rücklagen 21
Bonitätsbeurteilung 167
Börsenpreis 77
Bruttomethode 111, 113, 129
Buchführungspflicht 12
-, Einzelunternehmen 11
-, Freistellung 12
-, Gesellschaften 13
-, handelsrechtliche 13
-, steuerliche 12
-, vermögenswirksame Gesellschaft 14
Buchwertfortführung 156

Cash-Flow 171
Control-Konzept 179, 181

Derivativer Geschäfts- oder Firmenwert 57
Disagio 104, 107, 109, 175
Dividendenerträge 53
Drohverlustrückstellung ....120 f. 124
Durchschnitt, gewogener 93
Durchschnittsbewertung 94

Eigenkapital, bilanzanalytisches 176
Eigenkapitalquote 169, 177
Eigenkapitalrentabilität 172, 177
Eigenkapitalunterlegung 167
Eigentum, bürgerlich-rechtliches 29
-, wirtschaftliches 54
Eigentümer, wirtschaftlicher 29

Einbeziehungsverbot 179
Einbringung 144, 157, 159
Eingefordertes Kapital 112
Einheitsbilanz 24, 81
Einheitstheorie 184
Einkommen, zu versteuerndes 163
Einlagen 49, 145, 158
-, ausstehende 175
Einnahmen-Überschuss-Rechnung .... 15 ff.
Einrichtungen, kaufmännische 11
Einzelbewertungsgrundsatz 93, 101
Einzelwertberichtigung auf Forderungen 97
Entgelt 28
Entnahme 49
Entwicklungsaufwendungen 97
Equity-Methode .... 181 f.
Ergänzungsbilanz 51, 143
Ergebnisquellenanalyse .... 172 f.
Erhaltungsaufwand 63
Ermittlung, indirekte 171
Erwerb, entgeltlicher 26
Existenzgründer 84

Factoring 34
-, echtes 34
-, unechtes 35
Fahrten zwischen Wohnung und Betriebsstätte 141
Fahrtenbuch 37
Fahrtenbuchmethode 38
FAS 188
Fertigungseinzelkosten 60
Fertigungsgemeinkosten 61, 66
Festbewertung 90
Festwert 92
FIFO-Methode 42
FIFO-Verfahren 95
Finanzanlage 73
Finanzierungsanalyse .... 168 f.
Finanzierungsleasingvertrag 30
Finanzrating 167
Finanzwirtschaftliche Analyse 168
Firmenwert 41
Forderung 17, 20
-, aus Lieferungen und Leistungen 100
Formwechsel 153
Fortschritt, technischer 69
Fremdkapital 88
-, bilanzanalytisches 176
Fremdkapitalquote 169
Fremdwährungsverbindlichkeit 132
full-pay-out-Vertrag 31
Funktionserweiterung 64

Gebäudeabschreibung 54
Gemeinkosten, unechte 60
Gemeinschaftsunternehmen 181
Generally Accepted Accounting Principles 187
Geringwertige Wirtschaftsgüter 74

Gesamthandsergebnis 143
Gesamthandsvermögen 51, 147
Gesamtkapitalrentabilität 172
Gesamtkostenverfahren 137
Geschäftsbetrieb, in kaufmännischer Weise 13
-, kaufmännischer 12
Geschäftswert 41
Gesellschafterwechsel 144
Gewillkürtes Betriebsvermögen 39
Gewillkürtes Privatvermögen 39
Gewinnausschüttung 171
Gewinnausschüttungssperre 109
Gewinne, unrealisierte 78
Gewinnermittlung, steuerliche 15
Gewinnermittlungsarten 14
-, Wechsel .... 16 ff.
Gewinnkorrekturen 16
Gewinnzuschlag 84
Gleichwertigkeit 94
Going-Concern-Prinzip 50
Goodwill 57
Grunderwerbsteuer .... 54 f.
Grundmietzeit .... 30 f.
Grundsatz, umgekehrte Maßgeblichkeit 21
-, der Einzelbewertung 91
Grundsätze ordnungsmäßiger Buchführung 21, 95
Gründung einer Personenhandelsgesellschaft 144
Gruppenbewertung mit Durchschnittswerten 93
Gruppenbewertung 93

Halbeinkünfteverfahren 53
Handelsgesellschaft .... 13 f.
Handelsgewerbe 11, 13
Handelsrechtliche Aktivierungs- und Passivierungs-
   wahlrechte 22
Handelsregister 14
Handelsregistereintrag 12
Herstellungsaufwand, anschaffungsnaher 65
-, bei Gebäuden 65
Herstellungskosten -, nachträgliche 64
Herstellungskosten 42, 59, 63, 65, 138
IAS 187
IASB 187
IASC 187
IFRS 189
Immaterieller Vermögensgegenstand 96
Immaterielles Wirtschaftsgut 27
Imparitätsprinzip 122
Ingangsetzungsaufwendungen .... 44 f.
Instandhaltungsaufwand bei Gebäuden 63
Intensitätskennzahlen 173
International Accounting Standards 187
Internationale Rechnungslegungsgrundsätze 187
Inventar 88
Inventur, nachverlegte 89
-, permanente 89
-, vorverlegte 89

Stichwortverzeichnis

Inventurerleichterung ....88 f.
Investitionen 171
Investitionsanalyse 168
Investitionszuschüsse 55
Istkaufleute 13
Istkaufmann 12, 15

Kannkaufmann 12
KapAEG 189
KapCoRiliG 150
Kapital, gezeichnetes 111
Kapitalangleichung 161, 163
Kapitalaufnahmeerleichterungsgesetz ...189
Kapitalertragsteuer 53
Kapitalgesellschaft, Anteil 50, 52
Kapitalkonsolidierung 183
Kapitalkonto 146
Kapitalstrukturanalyse 169
Kaufmann 11
Kaufmannseigenschaft .... 11 f.
Kennzahlenrechnung 167, 177
Konzept der einheitlichen Leitung 183
Konzernabschluss 179
Kosten der allgemeinen Verwaltung 61
Kosten für die Ingangsetzung des
 Geschäftsbetriebes 125
Kreditzins 167

Lagebericht 150
Leasing 30
Leasing-Erlasse 32
Leerkosten 65
Leistungsabschreibung 79
Leverage-Effekt 173
LIFO-Verfahren 95
Liquidität dritten Grades 171, 177
Liquidität ersten Grades 171
Liquidität zweiten Grades 171
Liquiditätsabflüsse 169
Liquiditätsanalyse 168, 170

Managementqualifikation 167
Marktpotenzial 167
Maßgeblichkeit, umgekehrte 21, 75
Maßgeblichkeit der Handels- für die
 Steuerbilanz 21, 68
Maßgeblichkeitsgrundsatz 72, 145
Maßgeblichkeitsregeln 21
Materialeinzelkosten 60
Materialgemeinkosten 60, 66
Materialintensität 174
Materielles Wirtschaftsgut 25
Mitunternehmerschaft 51
Montage- und Frachtkosten 48

Naturkatastrophe 69
Nettomethode ....112 f., 131
Nichtkaufmann 12

Niederstwertprinzip 102, 122
-, strenges 101
non-pay-out-Vertrag 33
Nutzen, mehrjähriger 28
Nutzungsdauer, betriebsgewöhnliche 83
Nutzungsentnahme .... 36, 38 f.

Objektzurechnung 31
Offenlegungspflichten 151
Öffnungsklausel 22, 56, 76, 85

Passivierungsgebote 120
-, handelsrechtliche 21
Passivierungsverbot 120
Passivierungswahlrecht 24, 120
-, handelsrechtliches 46
-, handelsbilanzielle 23
Pauschalierungsmethode 36, 37
Pauschalwertberichtigung .... 101 f.
-, auf Forderungen 100
Personalintensität 173, 177
Privatvermögen, gewillkürtes 39
-, notwendiges 40
PWB 101

Quotenkonsolidierung 181

Realisationsprinzip 47, 97, 132, 146
Rechnungsabgrenzungsposten 103
-, aktive 26, 104
-, aktivische 106
-, antizipative 104
-, passivische 105
-, transitorische 104
Recht, selbstständiges 29
Reinvestitionsrücklage nach § 6 b EStG ...114
Rentabilitätsanalyse 172
Restbuchwert 72
Rohergebnis 137, 139
Rücklage 82, 115
Rücklagenübertragung 148
Rückstellung, für bedingt rückzahlbare
 Zuwendungen 120
-, für gleichartige Verpflichtungen 120
-, für latente Steuern 125
-, für Rückbauverpflichtung 127
-, für ungewisse Verbindlichkeiten 118
-, wegen Jubiläumszuwendungen 120
-, wegen Patentverletzung 120

Sachgründung 144
Sachleistungsrückstellungen 120
Sachliche Zurechnung 36
Sammelbewertung 94
Scheingewinne 47
Schuldenkonsolidierung 183
Schuldentilgung 171
Schwebende Geschäfte 122, 124

SEC 188
Selbstständige Bewertbarkeit 25
SIC 188
Sicherungsübereignung 29
Sofortabschreibung 75
Sonderabschreibungen 21, 83, 85, 87
Sonderbetriebsvermögen .... 51, 147 f.
Sondereinzelkosten der Fertigung 60
Sonderleasingzahlung 106
Sonderposten 116
-, mit Rücklageanteil 87, 115, 148, 176
Sonstige Forderungen 104
Sonstige Verbindlichkeiten 104, 134
Spaltung 153
Sperrfrist 51
Spezial-Leasing 31
Steuerlatenzen 41, 46
-, aktive 46
-, passive 46
Steuern, aktive, latente 109
-, latente 46
Stichtagsinventur 89
Stille Reserven 146
Strukturbilanz .... 175 f.
Stufenkonzeption 179
Systematik Umwandlungssteuergesetz 153

Teilamortisationsleasing 33
Teilamortisationsleasingfälle 33
Teilamortisationsleasingvertrag 32
Teilherstellungskosten 140
Teilkosten 140
Teilwert 49, 51
-, niedriger 70
Teilwertabschreibung .... 71 ff., 123
Tochterunternehmen 179
Trivialprogramme 76

Überführung 51
Übergangsgewinn 18
Übernahmegewinn 156
Übertragung 51, 158
-, von aufgedeckten stillen Reserven 21
Übertragungsgewinn 155
Umgekehrte Maßgeblichkeit 22
Umlaufintensität 168
Umlaufvermögen 53, 100
Umsatzkostenverfahren 137, 139
Umsatzsteuer auf erhaltene Anzahlungen .. 129
Umsatzsteuer 20, 133
Umsatzsteuerzahllast 18
Umwandlung einer Kapitalgesellschaft in
  eine Personenhandelsgesellschaft 154

Uneinbringlichkeit der Forderungen 98
Unternehmensvermögen, umsatzsteuerliches ... 37, 40
US-GAAP 187

Verbindlichkeiten 17, 20
-, aus Lieferungen und Leistungen 17
-, in ausländischer Währung 131
-, kurzfristige, langfristige, mittelfristige .. 176
Verbindlichkeitsrückstellungen 45, 118
Verbrauchsfolgeverfahren 95
Vereinfachungsregel 75, 80
Verhältniszahlen 167
Vermögensgegenstand 47, 52, 54, 58
-, abnutzbarer 49
Vermögensstrukturanalyse 168
Vermögenswerter Vorteil 28
Verpflichtungskompensierende Berück-
  sichtigung 120
Verschmelzung .... 153 f.
Vollamortisationsleasing 31
Vollkonsolidierung .... 181 f.
Vollkosten 137, 139
Voraussichtlich dauernde Wertminderung ... 69
Vorsteuer 105
-, im Folgejahr abziehbar 135

Warenbestand 18. 20
Wechsel der Gewinnermittlungsart ..... 16 ff.
Wert, beizulegender 77
-, niedriger beizulegender 70
Wertansatz, niedriger 78
Wertaufhellende Erkenntnisse 70
Wertaufhellungstheorie 98
Wertaufholungsgebot 78
Wertberichtigung 175
Werteverzehr des Anlagevermögens 66
Wertminderung 98
-, dauerhafte 71
-, voraussichtlich dauernde 99, 123
-, vorübergehende 73, 78
Wertuntergrenze 62
Wirtschaftsgut 25, 28
-, geringwertiges 75
-, immaterielles 25, 76
-, materielles 26

Zinsen für Fremdkapital 61
Zinskonditionen 167
Zu- und Abflussprinzip 15
Zurechnung, personelle 30
Zuschreibungswahlrecht 71
Zuschüsse 56
Zwischenergebniskonsolidierung 183

Bestens informiert!

Kompakt-Training Internationale Rechnungslegung nach IFRS

Von Dipl.-Ök. WP/StB Prof. Dr. Johannes Ditges und Dipl.-Kfm. WP/StB Uwe Arendt
2. Auflage. 2006. 230 Seiten. € 16,-
ISBN 3 470 **54152** 3

Das vorliegende Buch hilft dem Leser, die wesentlichen Grundsätze der IFRS in systematischer und kompakter Form zu erarbeiten. Die Struktur des Buches orientiert sich an den Abschlussbestandteilen Bilanz und Anhang, Gewinn- und Verlustrechnung, Eigenkapitalveränderungsrechnung und Kapitalflussrechnung. Darüber hinaus finden sich Erläuterungen zu konzernspezifischen Vorschriften. In jedem Kapitel werden einleitend die wesentlichen IFRS-Vorschriften den HGB-Vorschriften gegenübergestellt. So erhalten Sie einen komprimierten Überblick über den Inhalt des Kapitels und den wichtigen Bezug zum bisherigen Handelsrecht. Danach werden die einschlägigen Regeln systematisiert nach Ansatz, Bewertung, Ausweis und Anhangangaben dargestellt. Die beschriebenen Regeln werden mithilfe zahlreicher Beispiele und Übersichten veranschaulicht. Rechtsstand ist der 1.1.2006, berücksichtigt sind alle Standards von IFRS 1-IFRS 7.

- *Kompakte Einführung in die IFRS-Vorschriften*
- *50 Übungsaufgaben*
- *Mit IFRS 7*

Kiehl Kiehl Verlag · 67021 Ludwigshafen · www.kiehl.de

Bestellen Sie bitte per Telefon: **06 21 / 6 35 02-0**, per Fax: **06 21 / 6 35 02 22**, per E-Mail: **bestellung@kiehl.de** oder bei Ihrer Buchhandlung!

Unsere Preise verstehen sich inkl. MwSt. Bei Bestellungen über den Verlag betragen die Versandkosten bis zu einem Warenwert von € 30,- pauschal € 2,-, darüber hinaus € 4,50. Bei Bestellungen über das Internet sind alle Lieferungen ab einem Warenwert von € 20,- versandkostenfrei.

Lehr- und Prüfungsbücher für die steuerliche Aus- und Weiterbildung

Allgemeine Wirtschaftslehre für Steuerfachangestellte
Von Diplom-Volkswirt Oberstudienrat Wolfgang Leib

Steuerlehre für Steuerfachangestellte
Von Rechtsanwalt Diplom-Finanzwirt Reinhard Schweizer

Rechnungswesen für Steuerfachangestellte
Von Diplom-Handelslehrer Studiendirektor a. D. Helmut Kotz

Mandantenorientierte Sachbearbeitung für Steuerfachangestellte
Von Diplom-Handelslehrer Studiendirektor a. D. Helmut Kotz

Die Prüfung der Steuerfachangestellten
Von Studiendirektor Diplom-Kaufmann Diplom-Handelslehrer Ekkehard Kliewer und Oberstudienrat Diplom-Handelslehrer Oliver Zschenderlein

Fälle mit Lösungen zum handels- und steuerrechtlichen Jahresabschluss
Von Diplom-Kaufmann Klaus Wagener und Diplom-Kauffrau Juliane Berg

Die Prüfung der Steuerfachwirte
Von Rechtsanwalt Diplom-Finanzwirt Reinhard Schweizer und Diplom-Kaufmann Werner Kaspari

Die Prüfung der Bilanzbuchhalter
Begründet von Dr. Hans Reinheimer. Bearbeitet von Diplom-Betriebswirt Jochen Langenbeck, Rechtsanwalt Diplom-Finanzwirt Reinhard Schweizer, Diplom-Kauffrau Dr. Annette Traumann-Reinheimer und Rechtsanwalt Dr. Clemens Traumann

Steuerfachangestellten Handbuch
Von Diplom-Finanzwirt Rainer Breit, Rechtsanwalt Diplom-Finanzwirt Reinhard Schweizer und Steuerberater Wirtschaftsprüfer Diplom-Kaufmann Johannes Weßling

Steuerfachangestellten Lexikon
Von Diplom-Kaufmann Steuerberater Adolf Schmidt

Unternehmenssteuern
Von Steuerberater Professor Dr. Cord Grefe

Buchführung (nach DATEV)
Von Oberstudienrat Diplom-Handelslehrer Oliver Zschenderlein

Internationale Rechnungslegung nach IFRS
Von Diplom-Ökonom Wirtschaftsprüfer Steuerberater Professor Dr. Johannes Ditges und Diplom-Kaufmann Wirtschaftsprüfer Steuerberater Uwe Arendt

Kiehl-Verlagsverzeichnis + Leseproben online: www.kiehl.de
Hier finden Sie ausführliche Informationen zum umfangreichen Ausbildungsprogramm für die kaufmännischen Ausbildungsberufe.

Kiehl Kiehl Verlag · 67021 Ludwigshafen · www.kiehl.de